저절로 잘되는 나

김열방 김사라 박경애 박미혜
박수정 오송미 정은하 최경숙

꿈을 이루고 싶으면 성령의 비행기를 타라
성령의 비행기를 탔으면 몸부림칠 필요가 없다
비행기 안에서 가만히 앉아 쉬며 행복을 느껴라
비행기는 조용하지만 가장 빨리 목적지에 도착한다
인생은 자전거 페달을 밟듯 밤낮 힘쓰고 애쓰며
머리를 굴린다고 성공하는 것이 아니다
성령의 비행기를 타면 저절로 날아간다

날개미디어

페달 밟는 자전거와 저절로 가는 비행기

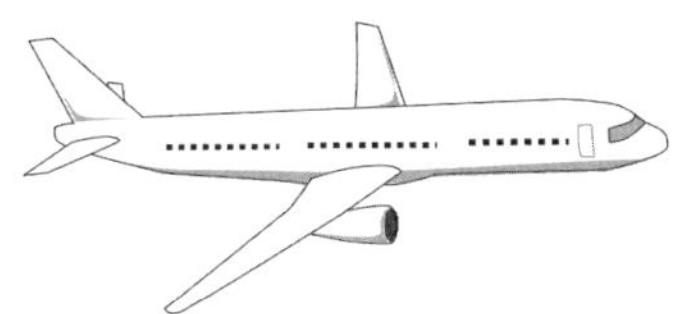

당신은 비행기를 타본 적이 있습니까?

나는 비행기를 타고 서울에서 브라질까지 간 적이 있습니다.

브라질의 한 서점에서 내 책을 사서 읽은 목사님이 부흥회를 열고 나를 강사로 초청한 것입니다. 서울에서 미국의 로스앤젤레스까지 12시간, 로스앤젤레스에서 브라질의 상파울로까지 12시간, 총 24시간을 비행기 안에 앉아서 날아갔습니다. 그때 내가 무엇을 했을까요? 아무것도 한 것이 없습니다. 밤낮 자고 깨는 중에 목적지에 도착했습니다. 사실 가장 큰일을 했습니다. 무엇일까요? 밤낮 자고 깼다는 것입니다. 밤낮 자고 깨는 중에……

이것이 성공의 비결입니다. 너무 쉬운가요?

첫째, 목적지를 잘 정하고 비행기 표를 끊어야 합니다.

둘째, 정확하게 비행기를 타고 자리에 앉아야 합니다.

셋째, 밤낮 자고 깨는 중에 저절로 목적지에 도착합니다.

이것을 하나씩 자세히 살펴보겠습니다.

첫째, 목적지를 잘 정하고 표를 끊어야 합니다.

우리 인생의 목적지는 의와 성령 충만, 건강과 부요함, 지혜와 평화와 생명입니다. 다 아는 거 아니냐고요? 아닙니다. 어떤 사람은 잘못된 목적지를 정하고 삽니다. 죄와 목마름, 병과 가난, 어리석음과 징계와 죽음이라는 목적지를 정합니다. 그렇게 생각하고 말하고 행동합니다. 그것이 당연한 삶이라고 믿습니다. 그 사람은 지옥으로 가는 비행기를 타려고 계획을 세운 것과 같습니다.

우리의 궁극적인 목적지는 지옥이 아닙니다. 천국입니다.

이 땅의 여행 목적지도 지옥의 속성들이 아닌 천국의 속성들입니다. "마음의 생각이 어떠하면 그 위인도 그러하다"고 했습니다.

왜 마음에서 지옥의 속성들을 떠올리며 그것을 믿습니까?

'사람이 죄를 짓고 목마른 것이 당연해.'

'사람이 병들고 가난한 것이 당연해.'

'사람이 어리석고 징계를 받고 죽는 것이 당연해.'

그렇지 않습니다. 그런 죄와 목마름, 병과 가난, 어리석음과 징계와 죽음의 저주는 예수님이 십자가에서 피와 땀과 눈물을 쏟으며 값을 다 지불하고 다 해결했습니다. 그분이 표 값을 다 지불했습니다. 우리는 믿음으로 표를 거저 받습니다. 예수님이 율법의 저주에서 우리를 속량하셨습니다. 그러므로 우리는 그리스도 안에서 저절로 잘된다는 생각으로 바꾸어야 합니다.

‘사람이 의롭고 성령 충만한 것이 당연해.’

‘사람이 건강하고 부요한 것이 당연해.’

‘사람이 지혜롭고 평화를 누리고 영원히 사는 것이 당연해.’

그렇습니다. 이것이 천국 마인드입니다. 예수님이 말씀하셨습니다. “내가 성령을 힘입어 귀신을 쫓아내는 것이면 하나님의 나라가 너희에게 임한 것이다. 하나님의 나라가 여기 있다 저기 있다 하지 말지니 하나님의 나라는 너희 안에 있느니라.”

하나님의 나라는 당신 안에 있습니다. 성령님이 하나님의 나라의 모든 속성을 가지고 당신 안에 한강처럼 넘치게 임하셨습니다.

둘째, 정확한 목적지를 정했으면 정확하게 비행기를 타고 자리에 앉아야 합니다. 다른 비행기를 타면 안 됩니다. 자리에 앉지 않고 서서 돌아다녀서도 안 됩니다. 율법주의 교사가 가르치는 모임에 가서 앉아 있지 마십시오. 그것은 다른 비행기를 탄 것과 같습니다. 불안한 마음으로 여기저기 돌아다니지 마십시오.

“다 이루었다. 두려워 말고 믿기만 하라.”(요 19:30, 눅 8:50)

셋째, 밤낮 자고 깨고 하면서 저절로 목적지에 도착합니다.

“하나님의 나라는 사람이 씨를 땅에 뿌림과 같으니 ‘그가 밤낮 자고 깨고 하는 중에’ 씨가 나서 자라되 어떻게 그리 되는지를 알지 못하느니라. 땅이 스스로 열매를 맺되 처음에는 싹이요 다음에는 이삭이요 그 다음에는 이삭에 충실한 곡식이라. 열매가 익으면 곧 낫을 대나니 이는 추수 때가 이르렀음이라.”(막 4:26~29)

많은 사람들이 복음을 믿으면 재미없다고 생각합니다.

‘뭐야, 그냥 믿기만 하라니? 너무 싱겁잖아? 뭔가 짜릿해야지.’

그래서 율법주의로 자꾸 미끄러집니다. 밤낮 울며 눈물을 펑펑 쏟으면 뭔가 짜릿한 것 같습니다. 온몸에 전류가 흐르고 진동이 오면 뭔가 대단한 것 같습니다. 자전거를 타고 산길을 달리면 그렇겠지만 하늘을 나는 비행기에는 그런 것이 없습니다. 그런 것이 있으면 안 됩니다. 난기류를 만나지 않고 조용히 가야 합니다.

자전거를 타면 밤낮 열심히 페달을 밟아야 하지만 비행기 안에서는 다른 일을 해야 합니다. 무엇일까요? 밤낮 자고 깨고 하는 것입니다. '땅이 스스로 열매를 맺되'라고 했습니다. '비행기가 스스로 목적지까지 날아가되'라는 말과 같습니다. 기장은 성령님이십니다. 승무원은 주의 종들입니다. 당신은 승객입니다.

나는 비행기를 타고 밤낮 자고 깨고 했습니다. 그런 중에 서울에서 브라질까지 24시간 날아갔습니다. 그 비행기를 타고 아무것도 한 것이 없습니다. '밤낮 자고 깨고' 했을 뿐입니다.

인생은 '낮밤'이 아닙니다. '밤낮'입니다. '낮에 죽도록 일했으니 밤에 자야지'가 아닙니다. 성경적으로 보면 밤에 잠부터 자면서 하루를 시작하는 것입니다. '저녁이 되고 아침이 되니 첫째 날이니라'고 했습니다. 하나님은 6일 동안 천지를 창조하고 7일째 되는 날 쉬셨고 사람은 7일째 되는 날을 먼저 쉬고 나머지 6일을 살아가야 합니다. 인생은 끝에서부터 시작해야 합니다. '깨고 자고 하는 것'이 아닌 '자고 깨고 하는 것'을 잘해야 성공합니다.

나는 하루에 8시간 푹 잡니다. 어떤 날은 잠을 제대로 못 자고 뒤척이기도 합니다. 그런 날은 다음날 하루 종일 힘들어집니다. 그래서 나는 잠자는 것을 최대한 챙깁니다. 하루 중에 가장 행복한 일, 가장 큰 일, 가장 중대한 일, 가장 재미있는 일은 잠을 자는 것입니다. 당신이 잠자는 동안 하나님이 일하십니다.

야곱은 외삼촌 라반의 집에서 일하면서 밤낮 자지 못하고 14년간 열심히 일했습니다. 그러나 빈손이었습니다. 당신이 밤낮 자지 않고 일한다고 크게 성공하는 것이 결코 아닙니다.

"여호와께서 그의 사랑하시는 자에게 잠을 주신다"고 했습니다. "너희가 일찍이 일어나고 늦게 누우며 수고의 떡을 먹음이 헛되도다. 그러므로 여호와께서 그의 사랑하시는 자에게는 잠을 주시는도다."(시 127:2) 잠을 푹 자면 저절로 성공합니다.

"그렇게 자고 깨고 하는 것은 게으른 것이 아닌가요? 저는 남편도 아이들도 그렇게 늘어지도록 자고 깨고 하는 것을 못 봐요."

나도 그랬습니다. '나는 이렇게 열심히 일하는데 아내는 왜 아직 자는 거지? 저 아이는 정말 아무 생각 없이 늘어지게 자잖아?'

그런데 하나님은 아내를 통해 많은 복을 주셨습니다. 잠을 잘 자는 자녀들도 복입니다. 잠을 잘 자니 키도 쑥쑥 크고 몸매도 날씬합니다. 그래도 성령님이 계속 이끄십니다. 그들이 어떤 일을 할 때는 완전히 몰입해서 신적인 열정으로 큰 성과물을 냅니다.

아내나 자녀가 침대에 누워 푹 자는 모습을 보면 시기 질투하지 말고 조용히 가서 볼에 뽀뽀를 하며 "사랑해"라고 말하십시오.

잠 잘 자는 가족을 보며 억만 번이나 좋다고 생각하십시오.

남편과 자녀를 믿어 주십시오. 그러면 반드시 큰일을 합니다.

세상만사가 사람의 힘으로 되는 것이 아닙니다. 때가 되어 성령님이 인도하시면 조용하던 사람이 신적인 지혜와 열정으로 일하게 됩니다. 보통 사람이 천 년간 해야 할 일을 하루만에도 해냅니다. 나도 그랬습니다. 내 힘과 능으로 천 년간 해야 할 일을 성령님의 능력으로 하루나 한 달 만에 해내는 경우가 많았습니다.

인생을 사는데 가장 중요한 것은 '믿음'입니다. 믿음을 바라는 것들의 실상입니다. '바라는 것들'은 소망입니다. '바라는 것들의 실상'이 믿음입니다. 기도하고 구한 것은 받았다고 믿을 때 그것이 곧 계약서입니다. 계약서를 손에 들고 밤낮 자고 깨고 하는 중에 저절로 잘됩니다. 아브라함 이삭 야곱 요셉이 그랬습니다.

우리는 율법주의 자전거에서 내려 꿈의 비행기, 믿음의 비행기, 성령의 비행기, 복음의 비행기를 탔습니다. 그러므로 저절로 잘됩니다. 당신의 가정에 성령의 바람이 실제로 불고 있습니다.

성령의 바람을 타고 꿈의 비행기가 날고 있습니다.

비행기를 탔으면 '빨리 빨리' 하며 조바심을 갖지 말아야 합니다. 비행기는 조용하지만 가장 빨리 목적지까지 날아갑니다. 비행기 안에서 난동을 부리지 마십시오. 시끄럽게 소리 지르지 마십시오. 긴장하지도 마십시오. 두려워하지도 마십시오. 잡지책을 읽든, 영화를 보든, 바깥의 경치를 구경하든, 조용히 혼자만의 할 일을 하십시오. 노트북을 열고 책을 몇 장 써도 됩니다.

하지만 가장 중대한 일은 '밤낮 자고 깨는 일'입니다.

한 번 기도하고 구한 것은 받았다고 믿고 '자고 깨고' 하십시오.

밤낮 자고 깨고 하는 중에 저절로 성공합니다.

천재멘토 김 열 방

[목차]

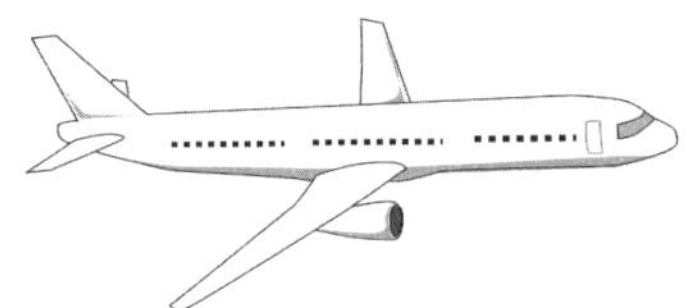

나는 부자 아빠를 두었다

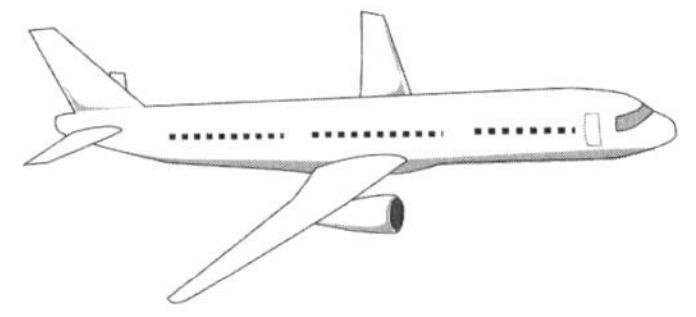

당신은 저절로 잘되고 있나요?

나는 하는 일마다 저절로 다 잘되고 있습니다. 왜 그럴까요?

부자 아빠 하나님을 두었기 때문입니다. 그분이 나를 전적으로 지원하고 있습니다. 그래서 나는 크게 저지르고 크게 잘됩니다.

그동안 내가 꿈꾸고 생각한 것은 다 이루어졌습니다. 나는 수많은 책을 쓰고 전국과 세계를 다니며 강연하고 있습니다. 출판사 사장인 아내가 사준 메르세데스 벤츠를 몰고 다닙니다. 내가 원하는 자유와 행복과 건강과 부와 지혜를 다 얻었습니다. 당신도 얼마든지 가능합니다. 어떻게요? 생각을 바꾸면 됩니다. 애쓰면 잘된다는 생각을 저절로 잘된다는 생각으로 바꾸십시오.

행복은 성적순이 아닙니다. 인생은 자기 힘으로 힘쓰고 애쓴다고 잘되는 것이 아닙니다. 똑똑한 사람들과 동업한다고 성공하는 것도 아닙니다. 하나님은 '사람의 지혜를 헛것으로 아신다'고 했습니다. 사람의 지혜를 내려놓고 부자 아빠인 하나님과 동업해야 잘됩니다. 우리가 믿는 하나님은 우주의 재벌 총수이십니다.

그런 부자 아빠 하나님과 동업하려면 어떻게 해야 할까요?

나는 야곱처럼 6년 만에 거부가 되었다

성경에 백만장자의 삶을 살았던 인물들이 나옵니다.

아브라함과 이삭과 야곱입니다. 그들은 하나님을 경외하는 완전한 믿음을 가졌고 또 하나님이 주시는 재물의 복도 받았습니다.

그들은 우상을 숭배하지도 않았고 가난하지도 않았습니다.

그들은 성령님의 음성을 들으며 성령님의 인도를 받았습니다.

그 중에 야곱은 외삼촌 라반의 집에 가서 밤낮 죽어라고 14년간 일했지만 빈손이었습니다. 그는 "내가 이와 같이 낮에는 더위와 밤에는 추위를 무릅쓰고 눈 붙일 겨를도 없이 지냈나이다"(창 31:40)라며 자기 행위를 내세웠습니다. 어쨌든 결과는 빈손이었습니다. 당신도 야곱처럼 결과가 없는 삶을 살고 있지 않습니까?

10년, 20년 밤낮 죽어라고 일해도 손에 아무것도 남은 것이 없다면 생각을 바꾸어야 합니다. 고집을 버리고 방법을 바꿔야 합니다. 야곱이 생각을 바꾸고 하나님과 동업하기 시작했습니다.

그러자 6년 만에 거부가 되었습니다. "이에 그 사람이 매우 번

창하여 양 떼와 노비와 낙타와 나귀가 많았더라."(창 30:43)

"이에"라는 말은 '이와 같이 하여'라는 의미입니다.

나도 야곱이 한 것처럼 전능하신 하나님과 동업하므로 6년 만에 거부가 되었습니다. 당신도 얼마든지 가능합니다.

이 책을 읽고 야곱이 한 것처럼 실천하면 저절로 잘됩니다.

14년간 일했는데 빈손입니까? 6년 만에 거부가 됩니다.

당신도 하나님과 동업하면 6년 만에 거부가 된다

당신의 삶에 부요해지는 길이 다 막히지 않았나요?

야곱은 14년간 라반 밑에서 라반의 양떼를 쳤습니다. 그러던 중 하나님이 "이제 가나안으로 돌아가라"고 지시하시는 음성을 듣고 그제야 자신의 재산을 만들기 위해 라반과 재계약을 했습니다.

야곱은 양과 염소 중에 '아롱진 것, 점 있는 것, 검은 것'들을 삯으로 달라고 했습니다. 외삼촌 라반은 그렇게 하겠다고 했지만 금방 후회하며 야곱이 부요해지는 길을 다 끊고 차단했습니다.

"라반이 이르되 내가 네 말대로 하리라 하고 그 날에 그가 숫염소 중 얼룩무늬 있는 것과 점 있는 것을 가리고 암염소 중 흰 바탕에 아롱진 것과 점 있는 것을 가리고 양 중의 검은 것들을 가려 자기 아들들의 손에 맡기고 자기와 야곱의 사이를 사흘 길이 뜨게 하였고 야곱은 라반의 남은 양 떼를 치니라."(창 30:34~36)

하지만 전능하신 하나님께서 초자연적인 방법을 통해 야곱에게 복을 쏟아 부어 주셨습니다. 야곱은 하나님과 동업했습니다. 하나님이 그에게 지시한 대로 실천한 결과 기적이 일어났습니다.

"야곱이 버드나무와 살구나무와 신풍나무의 푸른 가지를 가져다가 그것들의 껍질을 벗겨 흰 무늬를 내고 그 껍질 벗긴 가지를 양 떼가 와서 먹는 개천의 물 구유에 세워 양 떼를 향하게 하매 그 떼가 물을 먹으러 올 때에 새끼를 배니 가지 앞에서 새끼를 배므로 얼룩얼룩한 것과 점이 있고 아롱진 것을 낳은지라. 야곱이 새끼 양을 구분하고 그 얼룩무늬와 검은 빛 있는 것을 라반의 양과 서로 마주보게 하며 자기 양을 따로 두어 라반의 양과 섞이지 않게 하며 튼튼한 양이 새끼 밸 때에는 야곱이 개천에다가 양 떼의 눈앞에 그 가지를 두어 양이 그 가지 곁에서 새끼를 배게 하고 약한 양이면 그 가지를 두지 아니하니 그렇게 함으로 약한 것은 라반의 것이 되고 튼튼한 것은 야곱의 것이 된지라. 이에 그 사람이 매우 번창하여 양 떼와 노비와 낙타와 나귀가 많았더라."

야곱은 처음에 희귀한 양으로 조금씩 부를 얻기 시작했습니다.

그리고 거래를 통해 노비와 낙타와 나귀까지 많이 얻게 되었습니다. 야곱이 '돈은 필요 없어, 처자만 있으면 돼'라고 생각하며 자기 힘으로 14년간 밤낮 일할 때는 빈손이었습니다.

그러나 "가나안으로 돌아가라"는 하나님의 음성을 듣고 순종하기 위해 생각을 바꾸고 자기 곳간을 만들었습니다. 라반의 방해로 도저히 불가능한 상황이었지만 하나님과 동업하니 저절로 잘되었습니다. 그는 '희귀 양 사업'을 통해 6년 만에 거부가 되었습니다. 이것이 성경에서 말하는 성공의 비결입니다. 당신도 성령님과 동업하며 그분의 음성을 듣고 순종하면 거부가 됩니다.

행위의 자전거를 타지 말고 은혜의 비행기를 타라

당신도 야곱처럼 행위를 내세우며 애쓰지 않습니까?

성경은 이를 '율법의 저주'라고 합니다. 율법주의로 살면 14년간 일해도 빈손이 됩니다. 은혜로 살면 6년 만에 거부가 됩니다.

내 땀과 피와 눈물을 내세우는 율법주의 행위를 내려놓으십시오. 예수의 땀과 피와 눈물을 내세우는 복음적인 삶을 사십시오.

그러면 더딘 것처럼 보여도 가장 빠르게 성공합니다.

행위의 자전거를 타며 열심히 페달을 젖지만 브라질까지 갈 수는 없습니다. 몇 개월 걸려 겨우 간다고 해도 아마 자기 행위를 자랑할 것입니다. 은혜의 비행기를 타면 가만히 있어도 저절로 브라질까지 24시간 동안 계속 날아갑니다. 그리고 도착했을 때 "내가 뭐 한 거 있나? 비행기에서 잠만 잤지"라고 말하게 됩니다.

은혜, 은혜, 은혜의 비행기를 타고 조용히 날아가십시오.

행위, 행위, 행위의 자전거를 타고 힘들게 끙끙대지 마십시오.

옛날에는 내가 하루에 7시간씩 엎드려 울며 기도해도 응답을 못 받았는데 지금은 7초 만에 응답을 받습니다. 옛날에는 한 달에 18만 원을 벌었는데 지금은 한 시간에 18만 원을 법니다. 놀랍지 않나요? 성경을 깨닫고 생각을 바꾸니 모든 것이 쉬워졌습니다.

여기에 대해 더 자세히 알고 싶으면 내가 쓴 〈김열방의 기도응답비결〉이란 책을 꼭 구입해서 읽어보십시오. 수십 년간 부르짖어도 안 되었던 기도 응답을 몇 분 만에 응답받게 될 것입니다.

또한 내 인생에 끝도 없어 보이던 습관적인 죄와 질병과 가난이 모두 사라졌습니다. 하나님이 내게 거룩한 삶과 건강한 몸과 억만장자의 부를 주셨습니다. 한강처럼 넘치는 성령의 기름 부음과 천재적인 지혜를 부어 주셨습니다. 하늘의 평화와 영원한 생명을 주셨습니다. 이 모든 것이 내 행위에서 난 것이 아니요 하나님의 은혜입니다. 당신도 모두 받아 누리기 바랍니다.

많은 사람들이 '지금처럼 잠 안자고 밤낮 땀 흘리며 죽어라고 일하다 보면 언젠가는 잘되겠지'라고 막연하게 생각합니다. 그렇지 않습니다. 잘못된 길을 들어섰다면 아무리 좋은 자동차를 타고 빨리 달린다 해도 엉뚱한 곳에 도착하고 후회하게 됩니다.

애굽에서는 수백 년간 울며 기도해도 복 받을 수 없다

당신은 평온한 중에 목적지까지 잘 가고 있습니까?

왜 몸부림치며 애쓰는데도 인생이 더 힘들어지는 걸까요?

잘못된 믿음 때문입니다. 인생은 믿음대로 되기 때문에 해도 해도 안 되면 믿음의 방향을 바꾸어야 합니다. 자동차를 운전하다가도 길을 잘못 들어섰다는 것을 깨달았으면 핸들을 돌려 올바른 길로 들어서야 합니다. 지금 당신의 믿음을 바꾸십시오.

하나님의 은혜에 대한 믿음이 아닌 율법주의 행위에 대한 믿음을 가지면 자손 삼사 대가 저주 받고 고생합니다. 이스라엘 백성들이 애굽에서 430년간 노예 생활을 했습니다. 그들이 애굽에서 밤낮 울며 기도한다고 하나님의 복이 내릴 수 있을까요?

"하나님, 우리를 축복하소서. 우리를 인도하소서."

노예 생활을 하는 그들을 하나님이 축복하실 수 없습니다. 왜일까요? 노예는 아무리 축복해도 겨우 매를 한 대 덜 맞는 것, 벽돌을 한 장 덜 찍는 것, 주인이 먹다 버린 음식물 쓰레기를 하나 더 주워 먹는 것, 새우잠을 10분 더 자는 것 정도밖에 안 되기 때문입니다. 노예는 아무리 많은 복을 받아도 그들의 것이 될 수 없습니다. 노예 자신도 그들의 소유물도 다 주인의 것입니다.

하나님이 그들에게 복을 주신 것은 '출산의 복'뿐이었습니다. 그들은 모두 아기를 쑥쑥 잘 낳았지만 그 아기들도 모두 노예였고 애굽인에게는 물건과 같았습니다. 애굽인들의 재산은 날마다 더 크게 불어났습니다. 노예의 위치에 있는 사람에게 하나님이 복을 주시면 그 복은 모두 주인의 것이 됩니다. 당신은 어떻습니까?

애굽인들은 날이 갈수록 부요해졌습니다. 그에 비해 이스라엘 백성들의 고역은 날이 갈수록 더욱 심해졌습니다. 애굽에 있는 동안 성령님이 그들을 인도하실 수 없었습니다. 그들이 하나님께로부터 복을 받고 성령님의 인도하심을 따라 크게 잘되려면 애굽에서 빠져나와야 합니다. 그래서 하나님이 그들의 기도에 대한 응답으로 모세를 일으키셨던 것입니다. 모세를 통해 열 가지 재앙의 기적이 일어났고 그들은 애굽에서 빠져나오게 되었습니다.

당신도 율법주의 노예와 같은 신앙생활을 하고 있지 않습니까?

거기에서 빠져나오십시오. 율법주의 교사 밑에 있으면서 그들의 가르침을 받으면 당신은 죽을 때까지 고생하고 당신의 자손 삼사 대가 저주를 받을 것입니다. 아무리 새벽마다 울며 기도하고 밤을 새우며 부르짖어도 하나님은 당신에게 복을 주실 수 없습니다.

율법주의 노예의 신앙생활을 하는 사람들은 자기 의를 내세웁니다. '나는 오늘도 7시간을 채우며 기도했어. 40일 금식도 했어. 나는 의로운 사람이야. 하지만 내 남편은 그렇지 못해. 남편 때문에 우리 집안이 저주를 받고 있는 거야. 어휴, 저놈의 애물단지.'

반대입니다. 당신이 율법주의에 빠져 있기 때문에 당신의 집안에 저주가 임하고 있는 것입니다. 거기서 빠져나와야 합니다.

노예 생활을 하던 이스라엘 백성들은 이렇게 말했을 것입니다. "나는 오늘도 벽돌을 200장 찍었어. 나무를 30단이나 쌓았어. 물을 50동이 떠다 날랐어. 똥을 20통이나 펐어. 밤낮 자지 못하고 일했어. 몸이 부서지도록 노력했어. 그러니 나는 대단해. 나 때문에 우리 집안이 복을 받고 있는 거야. 그런데 저 사람은 뭐하는 거야. 어떻게든 주인이 시키는 대로 다 하고 주인에게 잘 보여야 하는데 저놈의 남편은 왜 저리 게으른 거야. 아직 코를 골며 자고 있네. 당장 발로 차서 깨워 노예 제자 훈련 받으러 가야지."

그들은 노예 간역자들 곧 율법주의 교사들이 만든 온갖 훈련과 교육 프로그램을 하나도 빠지지 않고 다 수료했을 것입니다.

애굽에서는 아무리 신앙 교육을 잘 받아도 복을 못 받습니다.

애굽에서는 안식일을 지키거나 하나님께 예배할 수 없습니다.

애굽에서는 불 기둥과 구름 기둥이 없습니다. 만나와 메추라기도 없습니다. 홍해가 갈라지거나 반석에서 물이 터지는 것도 없습니다. 아무리 "하나님, 불 기둥과 구름 기둥으로 우리를 인도해 주세요. 만나와 메추라기를 내려 주세요. 홍해가 갈라지고 반석에서 물이 터지게 해주세요"라고 기도해도 응답이 오지 않습니다.

물론 노예의 위치에서 이런 기도는 할 수 있습니다.

"하나님, 오늘도 주인에게 매를 한 대 덜 맞게 해주세요."

"하나님, 오늘은 제발 벽돌을 한 장이라도 덜 찍게 해주세요."

그런 기도 외에는 할 수 있는 게 없습니다. 그들이 애굽에서 '기도에 대한 제자 훈련'을 받았다면 아마 이런 기도를 할 겁니다.

"하나님, 어제 벽돌을 50장 찍었는데 오늘 100장 찍게 해주세요. 어제 매를 20대 맞았는데 오늘 10대 맞게 해주세요. 제발 매를 피하게 해주세요. 10분이라도 더 자고 굶지 않게 해주세요."

애굽에서는 가나안 땅에서 받을 복의 한 가지도 못 받습니다.

아무리 수십 년간 금식하고 철야해도 소용없습니다. 좋다는 모든 프로그램을 다 동원해도 안 됩니다. 애굽에서 빠져나와 가나안 땅에 들어가야 그런 복을 받습니다. 당신은 지금 어떤 곳에서 어떻게 신앙생활하고 있습니까? 당신의 믿음을 바꾸십시오.

애굽에서 광야로, 광야에서 가나안으로 움직여야 합니다.

애굽 교회에서 광야 교회로, 광야 교회에서 가나안 교회로 움직여야 합니다. 애굽 마인드에서 광야 마인드로, 광야 마인드에서 가나안 마인드로 완전히 바꾸어야 합니다. 이 책을 읽고 생각을 완전히 바꾸십시오. 당신의 믿음을 복음으로 바꾸십시오.

예수님이 십자가에서 다 이룬 복음을 믿으면 저절로 잘된다

신앙생활은 노예 교육이 아닙니다. 복음을 믿어야 합니다.

교회를 수십 년간 다녀도 복음이 뭔지 전혀 모르는 사람들이 많습니다. 복음만 빼고 온갖 잡다한 것을 다 배워 떠드는 장로님, 권사님들이 많습니다. 그들은 만날 때마다 그런 것만 말합니다.

그들은 만나 입을 열기만 하면 교회 정치 이야기, 훈련 프로그램 이야기, 예배당 규모와 성도 숫자 이야기, 목회자 비판하는 이야기만 합니다. 그런 말을 들은 자녀들은 교회를 떠납니다. 제발 자녀들 앞에서 그런 잡다한 것을 이야기하지 마십시오. 오직 복음만 이야기하십시오. 복음은 '세상에서 가장 기쁜 소식'입니다.

복음은 무엇입니까? '예수님이 십자가에서 다 이루었다'는 것입니다. 믿음으로 시작해서 믿음으로 끝나는 것입니다. 인간의 의를 믿는 것이 아니라 하나님의 의를 믿는 것입니다. 인간의 행위를 내세우는 것이 아니라 하나님의 행위를 내세우는 것입니다.

복음은 하나님의 아들 예수 그리스도가 인간의 몸을 입고 이 땅에 내려와 벌거벗긴 채로 십자가에 매달려 당신 대신 피와 땀과 눈물을 흘리며 모든 값을 지불하고 모든 일을 다 이루었다는 것입니다. 당신의 죄와 목마름, 병과 가난, 어리석음과 징계와 죽음을 다 짊어지고 죽으셨다가 사흘 만에 부활하셨다는 것입니다. 예수를 구주로 믿는 당신에게 의와 성령 충만, 건강과 부요, 지혜와 평화와 생명이 임했다는 것입니다. 이것이 '천국 복음'입니다.

제발 사람들을 만나면 잡다한 이야기를 하지 말고 당신이 천국 복음을 믿음으로 행복해진 이야기만 말하십시오. 당신이 해야 할 일은 오직 한 가지 '복음을 믿고 복음을 전하는 것'뿐입니다.

"다 이루었다. 두려워 말고 믿기만 하라."(요 19:30, 눅 8:50)

다 이루었다면 우리는 그 끝에서부터 시작하면 됩니다.

모든 일을 끝에서부터 시작하십시오. 예수님이 십자가에서 다 이룬 것을 믿고 기뻐하고 즐거워하고 춤추십시오. 한 번 기도하고 구한 것은 받았다고 믿으십시오. 그러면 그대로 됩니다. 나는 특별한 경우가 아니면 대부분의 기도 제목은 한 번만 구합니다.

"하나님, 이런 것이 필요합니다. 예수 이름으로 구합니다. 오늘 꼭 주세요. 부탁합니다. 아멘." 그러면 응답이 옵니다.

골방에서 울며 하루에 7시간씩 '시간 채우기 기도'를 해야 응답되는 것이 아닙니다. 만약 그렇다면 그것은 내 의의 결과입니다. 내 땀과 눈물과 피에 대한 보상입니다. 하나님은 죄를 지은 인간의 땀과 피와 눈물을 기뻐하지 않습니다. 믿음을 기뻐하십니다.

"내 아들 예수가 십자가에서 다 이루었으니 믿기만 하라."

저절로 잘되는 비결은 행위가 아닌 믿음이다

인생을 사는데 있어 가장 중대한 것은 '믿음'입니다.

당신은 자신의 피와 땀과 눈물에 대한 행위를 크게 여기고 예수님의 피와 땀과 눈물에 대한 믿음을 우습게 여기지 않습니까? 하나님의 아들을 짓밟고 하나님의 은혜를 대적하는 자는 큰 심판을 받습니다. 은혜를 알면 평강이 옵니다. 평강이 오면 하는 일이 다 잘됩니다. 하나님은 평온한 중에 당신을 소원의 항구로 인도하신다고 했습니다. "은혜와 평강이 있을지어다."(살후 1:2)

믿음이 없이는 하나님을 기쁘시게 할 수 없습니다.

믿으면 하나님이 기뻐하시고 그 믿음에 대한 상을 주십니다. 이를 '믿음의 상'이라고 합니다. 나는 내가 가진 모든 것을 믿음에 대한 상으로 거저 받았습니다. 인생은 믿음이 가장 중대합니다.

"믿음이 없이는 하나님을 기쁘시게 하지 못하나니 하나님께 나아가는 자는 반드시 그가 계신 것과 또한 그가 자기를 찾는 자들에게 상 주시는 이심을 믿어야 할지니라."(히 11:6)

첫째, 예수님이 십자가에서 다 이룬 것을 믿으십시오.

둘째, 하나님이 당신 안에 살아 계신 것을 믿으십시오.

셋째, 하나님이 믿음의 상을 주신다는 것을 믿으십시오.

행위 신앙에서 믿음 신앙으로 핸들을 돌리십시오. 그러면 그동안 막혔던 인생이 뻥 뚫리고 끊겼던 길이 다시 연결될 것입니다. 안 되던 일이 잘되고 힘든 일이 쉬워질 것입니다.

14년간 알해도 빈손이었던 야곱의 인생에 역전이 왔다

당신도 야곱처럼 14년간 일했는데 빈손입니까?

나도 그랬습니다. 하지만 하나님과 동업하자 6년 만에 거부가 되었습니다. 지금 당신이 빈손이라 할지라도 낙심할 필요가 없습니다. 이 책에 의롭고 성령 충만하고 건강하고 부요하고 지혜로 워지는 모든 성공의 비결이 담겨 있습니다. 읽고 실천하십시오.

나도 빈손이었지만 전능하신 하나님께 내가 원하는 것을 거침 없이 다 구했고 다 받았습니다. 내가 가진 모든 것은 다 하나님께 기도 응답으로 받은 것입니다. "너희가 얻지 못한 것은 구하지 않았기 때문이다. 너희가 지금까지는 아무것도 구하지 않았지만 구하라. 그러면 받을 것이고 너희 기쁨이 충만해질 것이다. 너희가 내 이름으로 무엇을 구하든지 내가 시행하리라"고 했습니다.

그렇다고 '비는 기도'를 한 것 아닙니다. 내가 많이 빌어 응답 받았다면 내 노력과 애씀으로 인한 성공일 것입니다. 하나님은 한 마디만 말해도 다 응답하십니다. 기도는 '주문을 외우는 것'이 아닌 '주문하는 것'입니다. 주문한다는 말은 '선택한다'는 것입니다. 인생은 선택입니다. 우주의 재벌 총수이신 하나님이 나의 아빠라고 믿고 무엇이든지 최고의 것을 선택하고 구하면 다 얻습니다. 한 번 기도하고 구한 것을 받았다고 믿고 하나님께 완전히 맡기면 염려와 근심이 없습니다. 맡긴 순간 내가 하는 것이 아니라 그분이 일하시기 때문입니다. 내 인생은 저절로 다 잘됩니다.

한 번 기도하고 구한 것은 받았다고 믿어야 합니다. 한 가지 기도 제목을 놓고 밤낮 빌며 수십 년간 기도해야 하는 것이 아닙니다. 나는 한 번만 구합니다. 입을 열어 중얼거리며 한 번 구하면서 그 내용을 '과거형, 현재 완료형'으로 공책에 적어 놓습니다. 그것이 꿈과 소원 목록입니다. 놀랍게도 내가 입을 열어 구하고 공책에 적은 대로 다 이루어졌습니다. 당신도 실천하십시오.

나는 부자 아빠를 두었다. 하나님은 우주의 재벌 총수다

당신은 하나님 아빠가 얼마나 부자인지 아십니까?

하나님은 염소 새끼 한 마리 안 잡아 주는 인색한 분이 아닙니다. 살진 송아지를 잡아 주는 부요하고 너그러운 분이십니다.

부자 아빠는 돌아온 둘째 아들을 위해 잔치를 베풀었습니다.

"아버지는 종들에게 이르되 제일 좋은 옷을 내어다가 입히고 손에 가락지를 끼우고 발에 신을 신기라. 그리고 살진 송아지를 끌어다가 잡으라. 우리가 먹고 즐기자."(눅 15:22~23)

큰 아들은 율법주의 행위에 빠져 원망을 퍼부었습니다.

"아버지께 대답하여 이르되 내가 여러 해 아버지를 섬겨 명을 어김이 없거늘……." 자기 의가 대단했습니다. "내가 여러 해 아버지를 섬겼다, 아버지의 명을 어김이 없었다, 그런데 이게 뭐냐? 빈손이다." 당신도 혹시 이런 악한 마음을 품고 있지 않습니까?

큰 아들은 부자 아빠를 아주 인색한 분으로 오해했습니다.

"내게는 염소 새끼라도 주어 나와 내 벗으로 즐기게 하신 일이 없더니 아버지의 살림을 창녀들과 함께 삼켜 버린 이 아들이 돌아오매 이를 위하여 살진 송아지를 잡으셨나이다."

부자 아빠는 큰 아들에게 잘못된 생각을 바꾸라고 했습니다.

"아버지가 이르되 애 너는 항상 나와 함께 있으니 내 것이 다 네 것이로되……."(눅 15:29~31)

그렇습니다. 우리가 믿는 하나님은 부자 아빠이십니다. 그분께 무엇이든지 구하면 다 얻습니다. 왜 당신은 구하지 않습니까?

만약 대기업 회장이 당신에게 "천억 정도 도와줄 테니 원하는 거 있으면 다 말해 보라"고 한다면 무엇을 말하겠습니까?

"멋진 차, 메르세데스 벤츠를 사고 싶다."

"가족이 함께 살 넓고 쾌적한 60평 아파트를 사고 싶다."

"월세 받는 아파트와 빌딩을 많이 갖고 싶다."

"부모님께 생활비를 매달 100만 원씩 드리고 싶다."

"사랑스런 자녀에게 용돈을 마음껏 주고 싶다."

"내 이름과 얼굴이 박힌 책을 100권 써내고 싶다."

"전국과 세계를 다니며 수만 명 군중 앞에서 강연하고 싶다."

"내 몸에 있는 질병과 통증이 다 사라졌으면 좋겠다."

"비만이 사라지고 날씬한 몸매를 가지면 좋겠다."

"옷장에 예쁜 드레스와 고급 외투가 가득하면 좋겠다."

"믿음이 좋고 잘생긴 남자와 결혼해서 아들 딸 낳고 싶다."

"하나님과 동행하며 자손 천대까지 복을 받고 싶다."

"내 평생 수억의 영혼에게 복음을 전하고 싶다."

나와 아내는 그렇게 수많은 꿈과 소원을 당당하게 공책에 적고 입을 열어 구했습니다. 하나님 아빠는 넘치게 응답해주셨습니다.

당신도 무엇이든지 구하십시오. 그러면 예수님이 행하십니다.

"너희가 내 이름으로 무엇을 구하든지 내가 행하리니 이는 아버지로 하여금 아들로 말미암아 영광을 받으시게 하려 함이라. 내 이름으로 무엇이든지 내게 구하면 내가 행하리라."(요 14:13~14)

기왕이면 작은 것을 구하지 말고 큰 것을 구하십시오.

하나님은 크신 분입니다.

천억 정도 있다는 믿음으로 하고 싶은 거 다 하며 살라

하나님은 우주의 재벌 총수이시고 우리의 아빠입니다.

그분은 당신에게 '천억 있다 마인드'를 가지라고 하십니다.

"금도 내 것이요 은도 내 것이다. 천산의 생축이 다 내 것이다. 나는 우주의 재벌 총수다. 너는 내 아들이다. 그러니 부요 믿음으로 살아라. 천억 정도 있다고 믿고 네가 하고 싶은 것 다 하며 살아라. 궁상떨지 마라. 만물이 다 너희 것이다. 무엇이든 구하라."

"만물이 다 너희 것임이라"(고전 3:21)고 했습니다.

"만물이 다 너희 것이 될 것이다"가 아닙니다. "만물이 다 너희 것이다"라고 하셨습니다. 미래형이 아닌 현재 완료형입니다.

하나님은 만물을 하나님의 자녀인 당신에게 상속하셨습니다.

하나님의 자녀인 당신은 이 땅에 사는 동안에 하나님이 허락하신 모든 것을 풍성히 누리며 살 자격이 있습니다. 당신은 노숙자나 거지가 아닙니다. 고아나 과부도 아닙니다. 왕족입니다.

당신이 아직 예수 그리스도를 구주로 영접하지 않았다면 지금 당장 이렇게 중얼거리며 예수 그리스도를 구주로 영접하십시오. 그러면 당신의 모든 죄를 사함 받고 성령으로 거듭나 하나님의 자녀가 될 것입니다. 저절로 잘되는 인생으로 바뀔 것입니다.

"하나님, 지금 제가 하나님의 아들 예수님을 구주로 믿습니다. 예수님이 내 대신 십자가에서 피 흘려 죽으시고 부활하신 것을 믿습니다. 저의 모든 죄를 용서해 주시고 저를 구원해 주신 것을 믿고 감사드립니다. 예수님의 이름으로 기도합니다. 아멘."

당신은 이제 하나님의 자녀가 되었고 하나님 아버지께 무엇이든지 구할 수 있는 자녀의 권세를 얻었습니다. 예수님은 당신에게 "구하라, 그러면 주실 것이요"라고 했습니다. 그분은 생선을 구하는 자에게 전갈을 주지 않고 알을 구하는 자에게 돌을 주지 않습니다. 그분은 좋은 것만 주십니다. 온갖 구하는 것이나 생각하는 것에 더 넘치도록 최대한 많이 주십니다. 믿으십시오.

성령님과 함께 꿈꾸기 시작하십시오. 많은 소원을 가지십시오.

아무것도 제한하지 말고 마음껏 꿈과 소원 목록을 적으십시오.

한 번 기도하고 구한 후에 받았다고 믿고 하나님께 완전히 맡기십시오. 그러면 진짜로 다 이루어집니다. 저절로 다 잘됩니다.

당신의 저주는 예수님이 십자가에서 다 짊어지셨습니다.

저주는 '실패한다'는 뜻입니다. 당신에게는 더 이상 저주가 없습니다. 하는 일마다 다 잘됩니다. 당신은 그리스도 안에서 믿음으로 말미암아 의롭다 함을 얻은 복 있는 사람입니다. 당신은 시냇가에 심은 나무가 철을 따라 열매를 맺으며 그 잎사귀가 마르지 아니함 같습니다. 당신이 하는 모든 일이 다 형통할 것입니다.

당신이 무엇을 생각하든 하나님은 그 이상으로 주신다

당신에게 하나님의 은혜가 넘칩니다. 어느 정도로요?

사도 바울은 하나님의 은혜에 대해 이렇게 말했습니다.

"하나님이 능히 모든 은혜를 너희에게 넘치게 하시나니 이는 너희로 모든 일에 항상 모든 것이 넉넉하여 모든 착한 일을 넘치게 하게 하려 하심이라."(고후 9:8) 와, 기절할 정도입니다.

당신이 무엇을 꿈꾸고 생각하든 하나님이 그 이상으로 다 채우십니다. 당신이 하는 것이 아닙니다. 하나님이 다 하십니다.

"하나님이" 전능하신 하나님이 채우십니다.

"능히" 거뜬히, 쉽게, 하루 만에 다 채우십니다.

"모든 은혜를" 한 가지만 아닌 모든 은혜입니다.

"너희에게" 한 사람에게만 아닌 모든 사람에게 입니다.

"넘치게" 부족하지 않고 남을 정도로 채우십니다.

"하시나니" 당신이 하는 것이 아닌 하나님이 하십니다.

"이는" 그렇게 채우시는 이유가 무엇일까요?

"너희로" 하나님의 자녀인 당신이

"모든 일에" 한 가지만 아니 모든 일에

"항상" 한 번이나 하루나 한 달이 아닌 항상 입니다.

"모든 것이" 종류별로 모든 것을 다 채우십니다.

"넉넉하여" 여유분까지 채우십니다.

"모든 착한 일을" 한계가 없이 채우십니다.

"넘치게" 두 배나 백배로 채우십니다.

"하게 하려 하심이라." 당신이 하나님의 통로입니다.

와, 생각만 해도 가슴이 설레지 않습니까? 하나님은 정말 부자 아빠이고 좋으신 분입니다. 그분은 우주의 재벌 총수이십니다. 그분이 당신의 아빠임을 한순간도 잊지 마십시오. 부요 믿음을 가지십시오. 밤낮 자고 깨고 하는 중에 당신은 저절로 잘됩니다.

나는 재벌 아빠인 하나님의 딸이다

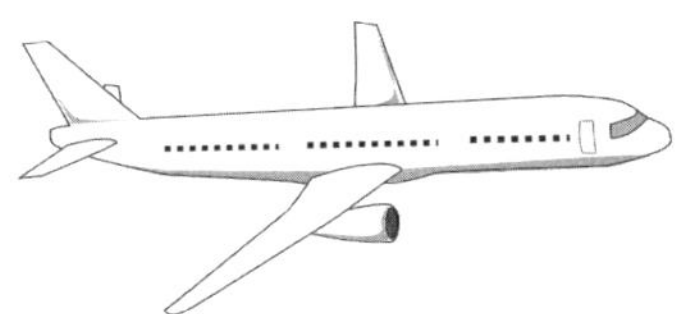

당신은 저절로 잘되는 인생을 살고 있습니까?

나는 시냇가에 심긴 나무이기 때문에 저절로 잘되고 있습니다.

나는 20살에 빛이신 예수님을 만났습니다. 기도하는데 태양보다 더 큰 빛이 내 가슴을 때렸고 그 순간 내 입에서 유창한 방언이 터져 나왔습니다. 그날 나는 우주의 재벌 총수이신 하나님의 자녀가 되었습니다. 나는 하나님의 자녀의 권세인 '기도'로 내가 원하는 모든 것을 하나님께 당당하게 구했고 다 응답받았습니다.

나는 내가 하나님의 자녀임을 한순간도 잊지 않았습니다.

나는 우주의 재벌 총수이신 하나님 아빠의 딸이다

“나는 우주의 재벌 총수이신 하나님 아빠의 딸이야, 하나님의 공주야”라는 최고의 자존감으로 살았습니다. 세상 그 누구도 부럽지 않았습니다. 하나님 아빠는 내게 있어 최고의 존재였습니다.

나는 그 순간부터 혈통과 육정과 사람의 뜻을 따라 살지 않기로 결심했습니다. 그래서 주위 사람들의 말을 듣지 않고 오직 하나님의 말씀만 믿고 따랐습니다. 하나님은 내게 “너는 시냇가에 심긴 나무다. 이제부터 너는 저절로 다 잘된다”고 하셨습니다.

정말 그 말씀대로 내가 하는 일마다 저절로 다 잘되었습니다.

하나님을 경외하는 사람을 만나지 못하면 결혼 안 하고 혼자 살겠다던 내가 결국 하나님을 경외하는 김열방 목사님을 만나 결혼했고 아들 둘, 딸 둘, 네 명의 자녀를 낳아 잘 키웠습니다.

교회를 개척할 때 내가 가진 것을 하나님께 다 드리고 빈손이 되었고 지하 월세로 살았지만 마침내 복을 받아 지금은 60평 아파트를 사서 부요하게 살고 있습니다. 공부도 못하고 순진했던 내가 하나님이 주신 천재적인 지혜로 책을 13권이나 쓰고 메르세데스 벤츠를 두 대나 샀습니다. 하나님은 정말로 내게 하늘 문을 열고 복을 쌓을 곳이 없도록 부어주셨습니다. 꿈만 같던 일이 현실이 되었습니다. 하나님은 내가 꿈꾼 대로 다 이루어주셨습니다.

당신에게도 성령님의 기름부음이 나타나면 인생이 바뀝니다.

내게 성령님의 기름 부음이 나타나자 더 이상 어제까지의 무능한 내가 아니었습니다. 하나님은 내게 사업가의 재능을 나타내셨고 출판 사업을 통해 필요한 돈을 벌게 하셨습니다. “네 하나님 여호와를 기억하라. 그가 네게 재물 얻을 능력을 주셨음이라”(신

8:18)고 한 말씀이 내게 이루어졌습니다. 나는 성령의 기름 부음을 통해 아브라함 이삭 야곱 요셉 같은 사업가가 되었습니다. 이 모두 하나님의 은혜입니다. 당신도 하나님의 은혜를 믿으십시오.

나는 예수님을 믿고 구원 받은 순간부터 우주의 재벌총수이신 하나님 아버지만 의지했습니다. 그리고 하나님 앞에서 우아하게 생활했습니다. 어떤 사람들은 그런 나를 보고 "재벌 집 딸 같다"고 했습니다. 그렇습니다. 나는 진짜 재벌 집 딸입니다. 하나님의 딸이니까요. 어떤 사람은 내게 대놓고 '별종'이라고 말했습니다. 하지만 나는 내가 정상이라고 믿었고 내가 믿은 대로 복을 다 받았습니다. 성경에 나오는 아브라함 이삭 야곱 요셉 모세 다윗 솔로몬 등도 모두 그 당시에는 별종이었습니다. 그런 별종들이 다 하나님께 큰 은혜를 입었고 유복한 삶을 살았습니다.

하나님의 딸은 하나님 아빠가 정한 기준을 따라 산다

나는 하나님의 딸로 행복하게 살고 있습니다.

당신은 어떻습니까? 사람들이 자기 기준으로 당신에게 "이러면 안 된다, 저러면 안 된다"고 말해도 그런 말을 듣지 말고 오직 하나님의 말씀을 따라 행복하게 사십시오. 최고의 삶을 사십시오.

하나님께서 당신에게 "내가 반드시 너를 복주고 복주며 너를 번성케 하고 번성케 하리라"(히 6:14)고 하셨습니다. 하나님의 자녀는 죽어서 천국에 가는 것만 아니라 이 땅에서도 반드시 복을 받아야 합니다. 그러려면 혈통과 육정과 사람의 뜻을 따라 살지 말고 하나님의 말씀을 따라 살아야 합니다. 아브라함처럼 하나님의 말씀을 좇아가면 저절로 잘되고 크게 성공합니다.

"이에 아브람이 여호와의 말씀을 좇아갔고……."(창 12:4)

하나님은 아브라함의 믿음을 보고 그에게 복을 주셨습니다.

아브라함은 하나님의 은혜로 복을 받고 저절로 잘되었습니다.

인생은 하나님의 은혜로 말미암아 복을 받고 저절로 잘되는 것이 정상입니다. 내가 잘된 비결도 '내 행위와 노력'이 아닌 '오직 믿음과 은혜'입니다. 사람은 선한 행실과 인간적인 열심, 온갖 종교적인 고행과 도를 닦음, 수많은 훈련 과정과 교육 프로그램을 통해 복을 받는 것이 아닙니다. 주님의 은혜로 복을 받습니다.

하나님은 오직 그분을 믿고 경외하는 사람에게 복을 주십니다.

우리는 행위가 아닌 오직 믿음으로 생수의 강이신 그리스도에게 심긴 나무가 됩니다. "믿음으로 말미암아 그리스도께서 너희 마음에 계시게 하시옵고 너희가 사랑 가운데서 뿌리가 박히고 터가 굳어져서"(엡 3:17)라고 했습니다. 그 결과가 무엇입니까?

구하거나 생각하는 모든 것에 더 넘치게 복을 받는 것입니다.

"믿음으로 말미암아 그리스도께서 너희 마음에 계시게 하시옵고 너희가 사랑 가운데서 뿌리가 박히고 터가 굳어져서 능히 모든 성도와 함께 지식에 넘치는 그리스도의 사랑을 알고 그 너비와 길이와 높이와 깊이가 어떠함을 깨달아 하나님의 모든 충만하신 것으로 너희에게 충만하게 하시기를 구하노라. 우리 가운데서 역사하시는 능력대로 우리가 구하거나 생각하는 모든 것에 더 넘치도록 능히 하실 이에게 교회 안에서와 그리스도 예수 안에서 영광이 대대로 영원무궁하기를 원하노라. 아멘."(엡 3:17~21)

구하거나 생각하는 모든 것에 더 넘치도록 받는다는 것은 이 땅에서의 풍성한 삶을 의미합니다. 하나님의 뜻은 우리가 죽어 천국에 가서만 큰 복을 받는 것이 아닙니다. 또한 내면의 영적인 복만 받는 것이 아닙니다. 삶의 모든 영역에서 온갖 구하는 것이나 생각하는 것에 더 넘치게 되는 것이 하나님의 뜻입니다.

나는 내가 '시냇가에 심긴 나무'라는 사실을 믿고 있습니다. 그 한 가지를 믿고 행복한 마음으로 밤낮 자고 깨고 하는 중에 다 잘 되고 있습니다. 그렇다면 당신도 지금 이 순간부터 당신 자신이 '시냇가에 심긴 나무'라는 사실을 믿고 행복하게 살면 됩니다.

"나는 시냇가에 심긴 나무다. 그러므로 나는 시절을 좇아 저절로 과실을 맺는다"고 믿으십시오. 그러면 진짜로 다 잘됩니다.

당신은 예수를 구주로 믿는 순간 성령으로 거듭났으며 당신 안에서 아마존 강 같은 성령의 기름 부음이 흘러넘치고 있습니다. 그러므로 당신은 메마른 광야가 아닌 시냇가에 심긴 나무입니다.

시냇가에 심긴 나무인 당신은 그리스도 안에서 복 있는 사람이 되었습니다. 그런 복 있는 사람은 몇 가지를 조심하고 경계해야 합니다. 그것이 무엇일까요? 율법주의 교사와 가르침입니다.

복 있는 사람은 악인의 꾀를 좇지 않습니다.

"복 있는 사람은 악인의 꾀를 좇지 아니하며……."(시 1:1)

복 있는 사람은 곧 '행복한 사람'을 가리킵니다. 다윗은 자신이 행복한 사람이라고 확신했습니다. 당신도 다윗처럼 행복한 사람입니까? 다윗이 행복해진 이유는 믿음에 있었습니다.

믿음으로 말미암아 의롭다 함을 얻은 사람은 행복합니다.

"하나님께서 잘못을 용서해 주시고 죄를 덮어두신 사람들은 행복하다. 주께서 죄 없다고 인정해 주시는 사람도 행복하다"(롬 4:7~8)고 했습니다. 이것은 그리스도 안에 있을 때 가능합니다.

당신이 예수를 구주로 믿고 있다면 그리스도 안에 있습니다. 그렇다면 당신이 율법주의 고행과 도를 닦음, 온갖 종교 훈련과 프로그램을 하지 않더라도 당신은 믿음으로 말미암아 의롭다 함을 얻었고 행복한 사람이 되었습니다. 당신은 의인입니다.

예수 그리스도를 구주로 영접하고 하나님의 자녀가 된 당신은 복 있는 사람입니다. 더러운 죄에서 건짐 받고 의의 옷을 입은 당신은 복 있는 사람입니다. 예수 그리스도를 믿음으로 성령 충만해진 당신은 복 있는 사람입니다. 예수 그리스도의 대속의 은혜를 믿음으로 말미암아 하나님이 주시는 천국의 모든 속성을 받아 누리게 된 당신은 복 있는 사람입니다. 행복한 사람입니다.

이 모든 것은 당신의 노력으로 얻은 것이 아닙니다. 하나님이 거저 주시는 선물입니다. 하나님께서 독생자 예수 그리스도의 십자가 대속의 은혜로 말미암아 거저 주시는 것입니다. 이를 '천국 복음'이라고 합니다. 천국이 당신 안에 가득히 들어와 있습니다.

예수를 믿음으로 말미암아 의와 성령 충만과 건강과 부요와 지혜와 평화와 생명을 받아 누리는 자들은 다 행복한 사람들입니다.

천국의 행복을 누리는 사람은 악인의 꾀를 좇지 않습니다.

악인의 꾀란 '율법주의 교사들의 꾀'를 말합니다. 잠언서를 보면 의인과 악인과 죄인이 나옵니다. 시편에도 행악하는 자들에 대한 내용이 나옵니다. 세상에는 세 종류의 사람이 있는데 믿음으로 의롭다 함을 얻은 의인, 율법의 행위를 내세우는 악인, 아예 믿지 않는 죄인 등입니다. 악인은 믿음으로 구원을 받았지만 율법주의에 미끄러져 종교 행위로 하나님을 대적하는 사람입니다.

율법주의 악인들은 예수님이 "독사의 새끼들아, 외식하는 자들아, 너희가 어찌 지옥의 판결을 피하겠느냐?"라고 책망한 서기관, 바리새인, 제사장들처럼 나름대로 하나님을 안다고 하지만 하나님을 바로 알지 못하고 크게 오해하는 자들입니다. 그들은 하나님의 은혜로 말미암아 주어지는 행복을 모르는 사람들입니다.

예수 그리스도를 믿음으로 말미암아 은혜로 거저 누리는 이 엄청난 행복을 알지 못하고 자기의 종교 행위를 보태야 의로워진다고 생각합니다. 그들은 끝도 없이 머리를 굴리며 꾀를 냅니다.

당신은 그런 악인의 꾀를 좇지 말아야 합니다.

"내가 이렇게 종교 행위를 하면 하나님이 나를 받아 주실 거야. 나는 아직까지 하나님께 완전히 받아들여지지 않았어. 예수 그리스도의 십자가의 대속의 은혜만으로는 뭔가 부족한 것 같아. 너무 단순해. 어떻게 그걸 믿기만 한다고 의로워지고 하나님께 받아들여지고 천국에 넉넉히 들어가겠어. 내가 복잡하고 고상해 보이는 어떤 행위를 보태야 될 것 같아. 종교적이고 윤리적이고 도덕적이고 철학적인 행위를 많이 보태야 구원을 받지 않겠어. 그래야 하나님이 나를 받아 주시지 않을까? 아, 힘들어."

그러면서 자기 머리에서 고안해 낸 꾀를 동원하는 사람들은 다 악인입니다. 자기 육체의 행위를 통해 의로워지려는 사람, 그런 악인의 꾀를 절대로 좇지 말아야 합니다. 그러면 함께 망합니다.

복 있는 사람은 절대로 "내가 뭔가를 더 많이 해서 하나님께 받아들여진다"고 생각하지 않습니다. 대신 다음과 같이 믿습니다.

"나는 예수 그리스도의 십자가의 은혜로 말미암아 완전히 받아들여졌어. 내가 아무것도 할 수 없는 상태, 완전히 죽어 있는 절망적인 상태였는데 죄 없는 하나님의 아들 예수님께서 내 대신 십자가에 못 박혀 피 흘려 죽으셨어. 그 대속의 은혜를 내가 믿음으로 말미암아 나는 의로워졌어. 나는 예수님의 땀과 피와 눈물을 믿어. 그분이 다 이루신 것을 믿어. 나는 해야 할 것이 없어."

그렇습니다. 당신은 해야 할 일이 없습니다.

"다 이루었다, 두려워 말고 믿기만 하라."(요 19:30, 눅 8:50)

하나님의 대속의 은혜를 인정하고 믿는 사람이 의인입니다.

그런 의인은 악인의 꾀를 좇지 않습니다. 의인은 악인처럼 머리에서 잔꾀를 내지도 그 꾀를 좇지도 않습니다. 그럴 필요가 전혀 없다는 것을 알기 때문입니다. 하나님이 거저 주시는 은혜는 결코 작은 것이 아닙니다. 큰 것입니다. 하나님은 예수의 피와 땀과 눈물을 통해 값을 다 지불하고 당신에게 은혜를 주셨습니다.

어떤 은혜일까요? 큰 의입니다. 큰 성령입니다. 큰 건강입니다. 큰 부요입니다. 큰 지혜입니다. 큰 평화입니다. 큰 생명입니다. 결코 당신이 행위로 뭔가 보태야 하는 작은 것이 아닙니다.

"이는 그가 사랑하시는 자 안에서 우리에게 '거저 주시는 바' 그의 은혜의 영광을 찬송하게 하려는 것이라."(엡 1:6)

사람들은 거저 주시는 은혜를 인정하지 않으려고 합니다.

"그래도 더 큰 능력을 받기 위해서는 하루에 3시간, 7시간 기도해야 하지 않나요? 21일이나 40일 금식을 해야 하지 않나요?"

그렇지 않습니다. 고린도후서 4장 7절에 "우리가 이 보배를 질그릇에 가졌으니 이는 능력의 심히 큰 것이 하나님께 있고 우리에게 있지 아니함을 알게 하려 함이라"고 했습니다. "이 보배를 가질 것이니"가 아닙니다. "이 보배를 가졌으니"라고 했습니다. 어떻게 가지게 되었습니까? "이는" 곧 그 이유는 무엇입니까?

"이는 능력의 심히 큰 것이 하나님께 있고 우리에게 있지 아니함을 알게 하려 함이라"고 했습니다. 능력의 심히 큰 것이 하나님의 은혜에 있는 것입니다. 당신 안에 심히 큰 능력을 가지신 하나님의 성령이 한강처럼 가득히 들어와 계십니다. "우리에게 있지 않다"는 것은 "우리의 행위에 있지 않다"는 말입니다.

우리가 무엇을 한다고 의를 더하겠습니까?

우리가 무엇을 한다고 성령을 더하겠습니까?

우리가 무엇을 한다고 건강을 더하겠습니까?

우리가 무엇을 한다고 부요를 더하겠습니까?

우리가 무엇을 한다고 지혜를 더하겠습니까?

우리가 무엇을 한다고 평화를 더하겠습니까?

우리가 무엇을 한다고 생명을 더하겠습니까?

사람이 율법의 행위로는 의롭다 함을 얻을 육체가 하나도 없습니다. 오직 예수를 구주로 믿음으로 말미암아 의로워집니다.

"사람이 의롭게 되는 것은 율법의 행위로 말미암음이 아니요 오직 예수 그리스도를 믿음으로 말미암는 줄 알므로 우리도 그리스도 예수를 믿나니 이는 우리가 율법의 행위로써가 아니고 그리스도를 믿음으로써 의롭다 함을 얻으려 함이라. 율법의 행위로써는 의롭다 함을 얻을 육체가 없느니라."(갈 2:16)

당신이 아직 예수를 구주로 믿지 않고 있다면 이 시간 예수를 구주로 영접하십시오. 이렇게 따라 고백하십시오.

"하나님, 저의 죄를 다 짊어지고 십자가에 매달려 죽으신 예수님을 나의 구주로 믿고 영접합니다. 저의 죄를 사해 주셔서 감사합니다. 저는 이제 하나님의 자녀가 되었습니다. 저에게 성령을 부어 주셔서 감사합니다. 예수님의 이름으로 기도합니다. 아멘."

축하합니다. 당신은 이제 하나님의 자녀와 의인이 되었습니다.

하나님의 딸인 나는 하나님 아빠의 영광에 둘러싸여 산다

믿음으로 말미암아 의로워진 행복한 사람은 죄인의 길에 서지 않습니다. 하나님의 영광의 빛에 둘러싸여 구별된 삶을 삽니다. 하나님은 어디 계십니까? 당신 안에 가득히 계십니다. 당신과 함께 계십니다. 더 이상 믿지 않는 자의 길에 서지 마십시오.

"죄인의 길에 서지 아니하며……."(시 1:1)

죄인의 길이라는 것은 '믿지 않는 자의 길'을 말합니다.

"죄인이 의인의 회중에 들지 못하리로다."(시 1:5)

교회는 의인의 회중입니다. 의인의 회중을 귀하게 여기십시오.

일주일 중에 첫째 날인 주일에는 교회에 나가 예배하십시오.

예배는 세상 모든 모임 중에 가장 영광스런 모임입니다.

그러나 악인은 이 땅에서 하나님의 심판을 견디지 못합니다.

악인은 어떤 심판을 받을까요? 예수를 믿음으로 죄를 사함 받았으므로 죽으면 천국에 가겠지만 이 땅에서는 지옥 같은 비참한 삶을 산다는 것입니다. 율법주의 악인들은 자기 행위를 내세우며 하나님을 향해 복을 안 주신다고 인색하다며 원망을 퍼붓습니다.

"아버지께 대답하여 이르되 내가 여러 해 아버지를 섬겨 명을 어김이 없거늘 내게는 염소 새끼라도 주어 나와 내 벗으로 즐기게 하신 일이 없더니……."(눅 15:29~32)

큰 아들은 하나도 누리지 못하고 원망만 했습니다.

그는 아버지 앞에 자신의 땀과 피와 눈물을 내세웠습니다.

"내가 여러 해 아버지를 섬겼다."

"내가 아버지의 명을 어김이 없었다."

"내게는 염소 새끼라도 준 적이 없었다."

"나와 내 벗으로 즐기게 하신 일이 없었다."

"동생은 아버지의 살림을 창녀들과 함께 삼켜 버린 것 같다."

"이 아들이 돌아온 것이 화가 난다."

"이를 위하여 살진 송아지를 잡으셨다."

하나부터 열까지 다 따지고 들며 자신의 의를 내세웠습니다.

아버지는 큰 아들에게 생각을 바꾸라고 부탁했습니다.

"아버지가 이르되 애 너는 항상 나와 함께 있으니 내 것이 다 네 것이로되 이 네 동생은 죽었다가 살아났으며 내가 잃었다가 얻었기로 우리가 즐거워하고 기뻐하는 것이 마땅하다 하니라."

당신은 어떻습니까? '악인 마인드'를 가지고 있지 않습니까?

악인은 하나님을 믿기는 믿되 율법주의 악한 행위의 길로 빠진 자들을 말하고 죄인은 아예 하나님을 알지 못하는 자들을 말합니다. 죄인은 아예 하나님을 인정하지도 믿지도 않는 자들입니다.

하나님께서 악인을 보고 죄인이라고 하시지는 않았습니다.

악인은 자신의 율법 행위로 악한 짓을 저지르며 하나님을 대적하기 때문에 행복한 삶의 열매를 맺지 못합니다. 하나님과 자신과 이웃에 대해 쓴 뿌리가 있습니다. 그 마음과 혀에서 항상 쓴 물을 냅니다. 계속 자신의 의를 내세우며 남을 저주합니다. 남이 잘되는 꼴을 못 봅니다. 그들은 길에서 망합니다. 왜 망할까요? 완벽주의 마인드 때문입니다. 자신이 세운 기준에 자신과 주위 사람의 행위가 완벽하게 다다르지 못할 때 정죄하기 때문입니다.

그렇게 정죄하면 자신에게 귀신이 붙습니다. 그러면 죄와 목마름과 병과 가난과 어리석음과 징계와 죽음의 열매를 맺습니다. 길에서 망합니다. 완벽주의를 버리고 복음을 믿으십시오.

시편 2편 12절에 보면 "그 아들에게 입 맞추라. 그렇지 않으면 진노하심으로 너희가 길에서 망하리니……"라고 했습니다. 곧 악한 행위의 길에서 망한다는 것입니다. 악인의 성공은 잠깐입니다.

그렇지만 이들은 하나님을 믿음으로 구원을 받았습니다. 단지 그들의 삶에 있어 풍성한 생명을 누리지 못한다는 것뿐입니다. 그러나 복 있는 사람은 그와 반대로 하나님이 말할 수 없는 풍성한 축복, 곧 천국의 행복과 부요와 자유를 누리게 하십니다.

넷째, 행복한 사람은 오만한 자의 자리에 앉지 않습니다.

"복 있는 사람은 오만한 자의 자리에 앉지 아니하며……."(시 1:1) 오만하다는 것은 악인의 마음 자세를 가리킵니다. 오만한 사람은 자신의 행위와 꾀에 대해 만족감을 느끼는 사람입니다.

복 있는 사람은 그런 자들이 모인 자리에 앉지 않습니다.

하나님의 딸은 하나님 아빠의 압에서 나오는 말씀을 좋아한다

행복한 사람은 하나님의 말씀을 즐거워합니다.

"복 있는 사람은 오직 여호와의 율법을 즐거워하여 그 율법을 주야로 묵상하는 자로다."(시 1:2)

복 있는 사람은 단순하게 하나님의 말씀을 읽고 묵상하며 즐거워합니다. 이는 하나님의 말씀을 믿고 따르고 행한다는 것입니다.

율법은 신구약 성경 전체를 의미합니다. 복음을 깨달은 사람은 이러한 성경 말씀 전체를 밤낮 묵상하고 즐거워하게 됩니다.

하나님의 말씀의 핵심은 무엇입니까? 복음입니다.

"오직 주의 말씀은 세세토록 있도다 하였으니 너희에게 전한 '복음'이 곧 이 말씀이니라."(벧전 1:25)

유대인들은 주의 말씀에서 복음이 빠져 있습니다. 그러므로 그들은 율법주의에 푹 절어 있는 것입니다. 어떤 사람들은 '주의 말씀'이라고 하니까 성경을 100독 하고 필사하고 수천 구절을 암송하는 것으로 생각합니다. 신학을 공부해서 신학박사 학위를 받고 히브리어 헬라어에 능통하는 것을 자랑스럽게 여깁니다. 아닙니다. 주의 말씀은 복음입니다. 복음은 아주 명쾌하고 단순합니다.

복음은 "예수님이 십자가에서 다 이루었다. 믿기만 하라"입니다. 이게 사람을 미치게 합니다. 뭔가 대단한 행위를 하라고 하면 주먹을 불끈 쥐고 결단하며 밤낮 목숨 걸고 미친 듯이 자기의 피와 땀과 눈물을 흘리며 하겠는데 믿기만 하라니까 돌아버리는 것입니다. 그래서 수많은 사람들이 자기 의를 내세우기 위해 하나님의 은혜를 짓밟고 예수님이 다 이룬 복음을 대적하는 것입니다.

당신이 값을 지불해야 할 것이 없습니다. 예수님이 십자가에서 피와 땀과 눈물을 흘리며 값을 다 지불했습니다. 이러한 복음을 깨닫고 믿으십시오. 그러면 행복해집니다. 자유로워집니다.

복음을 깨닫고 나면 달라지는 것이 하나 있는데 그것은 곧 성경 말씀을 읽는 것이 즐거워진다는 것입니다. 율법적인 기준으로 볼 때는 성경 말씀이 지겹고 재미가 없고 즐거움도 없고 깨달음도 없습니다. 성경에서 말하는 모든 것이 짐이 됩니다.

"이게 나와 무슨 상관이 있는 거야?"

"도대체 이 성경이 내게 무엇을 말씀하고 있는 걸까?"

"왜 이렇게 하라는 것이 많아. 도대체 얼마나 더 많이 해야 하나? 해도 해도 끝도 없네. 아, 미치겠네."

그러나 예수님이 십자가에서 다 이룬 온전한 복음을 깨닫고 나면 달라집니다. 하나님의 지혜와 계시의 정신으로 가득하게 되어 성경 말씀이 쉽고 재미있고 저절로 이해되고 실로 진주알을 꿰는 것처럼 다 꿰어집니다. 성경 말씀이 다 내게 하시는 친 아빠의 말씀이 됩니다. 성경 말씀이 모두 나와 직접적인 상관이 있습니다.

하나님의 말씀이 내 길에 등불이 되고 나를 이끌고 나를 책임집니다. 그래서 우리가 자연스럽게 말씀을 주야로 묵상하고 암송하고 통독하게 됩니다. 복 있는 사람은 말씀을 즐거워하고 사모하게 됩니다. 복 있는 사람은 매일 말씀을 묵상하고 즐거워하게 되는데, 그 결과가 무엇일까요? 저절로 잘된다는 것입니다.

그리스도 안에서 행복한 사람은 시냇가에 심은 나무와 같습니다. 당신은 성령의 시냇가에 심긴 나무가 되었습니다.

시내는 당신 안에 흘러넘치는 성령의 생수를 가리킵니다.

당신 안에 성령님이 생수의 강처럼 철철 흐르고 있습니다.

아마존 강보다 더 풍성하게 흘러넘치고 있습니다. 그로 말미암아 당신은 성령의 시냇가에 심긴 자가 되었습니다. 당신은 믿음으로 그리스도에게 뿌리를 내리고 있기만 하면 됩니다. 그러면 저절로 시절을 좇아 과실을 맺습니다. 뿐만 아니라 그 잎사귀가 마르지 않고 그 행사가 다 형통합니다. 열매를 저절로 맺습니다.

모든 것이 하나님의 은혜입니다. 당신이 죽어라고 노력하고 엄청나게 많은 행위를 한데 대한 보상으로 주어지는 열매와 축복이 아닙니다. 예수님이 모든 값을 지불하심으로 말미암아 그것을 믿는 당신이 의인이 되었기 때문에 받는 축복입니다.

당신은 성령 충만한 생수의 강가에 심긴 자이기 때문에 날마다 저절로 잘됩니다. 당신은 그리스도 안에서 의롭고 성령 충만하고 건강하고 부요하고 지혜롭고 평화롭고 생명을 가진 자가 되었습니다. 당신에게 임할 모든 저주가 사라졌습니다.

이러한 행복을 저술과 강연으로 주위 사람들과 나누십시오.

그럴 때 당신이 갖고 있는 그리스도의 생명이 그들에게도 흘러 들어갑니다. 당신이 근무하는 직장, 생활하는 가정, 만나는 친구와 친척들에게 생명이 흘러 들어가 풍성한 열매를 맺게 됩니다.

'내일도 잘될까?' 하고 걱정할 필요가 없습니다.

당신은 사계절 내내 시절을 좇아 계속 열매를 맺습니다.

나무가 무럭무럭 자라 아주 울창한 숲이 됩니다. 그 잎사귀가 푸르고 싱싱한 것처럼 당신의 삶도 생기가 넘치게 됩니다.

하지만 율법적인 신앙생활을 하면 수십 년이 지나도 열매는 하나도 없고 저주의 가시만 생깁니다. 아무리 몸부림을 치며 열심히 많은 종교 행위를 한다고 할지라도 진정한 열매가 없습니다.

물론 부분적으로 얻는 것이 있긴 하겠지만 그것은 하나님이 원하시는 분량의 참된 열매가 아닙니다. 기한이 차기 전에 떨어지기도 하고 온전한 열매가 아닌 경우도 많습니다. 하지만 예수 그리스도 복음으로 말미암아 시냇가에 심긴 나무가 되면 저절로 좋은 과실을 많이 맺고 쌓을 곳이 없을 정도로 풍성히 거둡니다.

요한복음 15장 4절에 '참 포도나무'에 대한 비유가 나옵니다.

"내 안에 거하라. 나도 너희 안에 거하리라. 가지가 포도나무에 붙어 있지 아니하면 절로 과실을 맺을 수 없음 같이 너희도 내 안에 있지 아니하면 그러하리라. 나는 포도나무요 너희는 가지니 저가 내 안에 내가 저 안에 있으면 이 사람은 과실을 많이 맺나니 나를 떠나서는 너희가 아무것도 할 수 없음이라. 사람이 내 안에 거하지 아니하면 가지처럼 밖에 버리워 말라지나니 사람들이 이것을 모아다가 불에 던져 사르느니라."

예수님이 '그리스도인의 열매 맺는 삶'에 대해 말씀한 것입니다. 그분은 "내 안에 거하라"고 하셨습니다. 다른 길이 없습니다.

"너희가 내 안에 거하면 나도 너희 안에 거하겠다. 가지는 포도나무에 붙어 있기만 하면 저절로 과실을 많이 맺게 된다. 가지가 포도나무에서 떨어지면 어떻게 과실을 맺을 수 있겠느냐?"

가지가 포도나무에 붙어 있으면 저절로 과실을 많이 맺게 되는 것처럼 당신도 믿음으로 말미암아 예수 그리스도에게 붙어 있으면 저절로 과실을 많이 맺게 됩니다. 그런데 사람들이 그리스도에게 붙어 있는 방법을 몰라서 문제가 심각합니다.

"어떻게 하면 제가 그리스도에게 붙어 있을 수 있나요? 하루에 7시간 기도하면 되나요? 40일 금식 기도를 하면 되나요? 수십 년간 훈련을 받으면 되나요? 도대체 무엇을 더 해야 가능한가요?"

악인은 그런 율법주의 가르침을 좋아하며 "아멘" 합니다.

의인은 그런 율법주의 가르침에 분노하며 "노멘" 합니다.

행위가 아닙니다. 율법 행위를 통해 그리스도께 붙어 있을 수 없습니다. 더 큰 것을 해야 합니다. 무엇일까요? '믿는 것'입니다.

처음 사랑을 회복하는 처음 행위는 '믿는 것'입니다. 행위가 아닌 오직 믿음으로 그리스도에게 붙어 있을 수 있습니다.

"믿음으로 말미암아 그리스도께서 너희 마음에 계시게 하시옵고 너희가 사랑 가운데서 뿌리가 박히고 터가 굳어져서."(엡 3:17)

무엇을 믿어야 합니까? 내 행위가 아닙니다. 하나님의 행위입니다. 내 땀과 피와 눈물이 아닌 예수의 땀과 피와 눈물입니다

"예수님이 십자가에서 피와 땀과 눈물을 흘리며 내 대신 값을 지불하고 다 이루었다는 것을 믿어야 합니다. 그리고 내 안에 예수 그리스도가 실제로 살아 계신다는 것을 믿어야 합니다."

이것을 믿지 않으면 은혜에서 떨어집니다.

"율법 안에서 의롭다 함을 얻으려 하는 너희는 그리스도에게서 끊어지고 은혜에서 떨어진 자로다."(갈 5:4)

이 말씀은 이미 그리스도를 믿고 있는 갈라디아 교인들에게 한 말입니다. 그들이 지옥에 간다는 말이 아닙니다. 이 땅에서 그리스도에게서 끊어지고 은혜에서 떨어진 자의 삶을 산다는 것입니다. 율법의 저주 가운데 비참한 삶을 살게 된다는 말씀입니다.

예수 그리스도를 포도나무에, 당신을 가지에 비유했습니다.

당신은 예수님을 떠나서는 아무것도 할 수 없습니다.

예수님이 십자가에서 다 이루었다는 사실을 믿으십시오.

예수님이 당신 안에 실제로 살아 계신다는 사실을 믿으십시오.

이 두 가지를 믿으면 저절로 과실을 많이 맺게 됩니다.

그런데 사람들은 이 말씀을 다르게 적용합니다. 행위를 통해 붙어 있으라고 가르칩니다. 예배당이나 주의 종에게 껌딱지처럼 붙어 있는 것이 예수님께 붙어 있는 것이 아닙니다. 예배당은 예배하는 장소이고 주의 종은 중매쟁이입니다 신랑 되신 예수님께 붙어 있어야 합니다. 이는 행위가 아닌 오직 믿음으로입니다.

예수님은 사람이 그분에게 붙어 있기만 하면 저절로 과실을 맺게 되고 그분을 믿는 것이 하나님의 일이라고 하셨습니다. 그런데 어떤 사람들은 붙어 있기만 하는 것으로는 안 되고 자신들이 자전거 페달을 밟듯 많은 일을 해야만 한다고 오해하고 있습니다.

비행기를 탄 사람은 페달을 밟을 필요가 없습니다.

비행기가 목적지까지 잘 간다는 것을 믿기만 하면 됩니다.

수고하고 무거운 짐을 다 내려놓고 쉬기만 하면 됩니다.

예수님은 단순한 믿음만 요구하셨습니다.

"너희는 나를 믿기만 해라. 내 안에서 안식을 누리고 내 안에 머물기만 해라. 그러면 저절로 과실을 많이 맺는다."

예수님은 당신이 겨자씨만큼도 의심하지 않는 겨자씨만 한 믿음을 갖고 있으면 풍성한 삶을 살수 있다고 말씀하셨습니다.

당신은 어떻습니까? 엉뚱한 율법주의 가르침을 많이 배워 행위와 노력을 보태야만 풍성한 생명을 얻을 수 있다고 생각하지 않습니까? 그렇지 않습니다. 믿음으로 예수님께 붙어 있기만 해도 저절로 열매를 많이 맺습니다. 저절로 다 잘됩니다.

하나님의 딸에게 일어난 모든 일은 합력해서 선을 이룬다

당신은 실패에 대한 두려움이 없습니까?

나는 실패에 대한 두려움이 없습니다. 왜일까요? 내가 받아야 할 저주를 예수님이 십자가에서 다 받았기 때문입니다. 더 이상 내가 받아야 할 저주는 하나도 없습니다. 저주가 속량되었습니다.

"어머니가 그에게 이르되 내 아들아 너의 저주는 내게로 돌리리니 내 말만 따르고 가서 가져오라."(창 27:13)

이것이 예수님의 마음입니다.

"내 아들아, 너의 저주는 내게로 돌리리니 내 말만 따르고 너는 하나님의 어린 양 예수 그리스도의 속량의 은혜를 믿어라."

당신의 저주는 예수님에게로 다 돌아갔습니다. 그러므로 당신은 형통한 사람이 되었습니다. 당신은 복의 근원입니다.

"그리스도께서 우리를 위하여 저주를 받은 바 되사 율법의 저주에서 우리를 속량하셨으니 기록된 바 나무에 달린 자마다 저주 아래에 있는 자라 하였음이라. 이는 그리스도 예수 안에서 아브라함의 복이 이방인에게 미치게 하고 또 우리로 하여금 믿음으로 말미암아 성령의 약속을 받게 하려 함이라."(갈 3:13~14)

당신은 그리스도 안에서 두 가지 복을 받았습니다.

첫째, 당신은 아브라함처럼 '믿음의 조상'이 되었습니다.

둘째, 당신은 아브라함처럼 '복의 근원'이 되었습니다.

비행기에 두 날개가 있는 것처럼 당신의 인생에도 두 날개가 있어야 합니다. 그것이 곧 '믿음의 조상, 복의 근원'입니다.

수많은 사람들이 '믿음의 조상'이라는 한 날개만 믿고 있습니다. 그렇게 한 날개만 달고는 하늘을 날 수 없습니다. 한 날개가 고장 나면 비행기는 추락합니다. 둘 다 소중하게 여기고 믿으십시오. 당신은 믿음의 조상이자 복의 근원이 되었습니다.

나도 그렇게 믿기 때문에 믿음도 좋고 복도 많이 받았습니다. "여기서 말하는 복은 행복이라면서요?" 네, 맞습니다. 그런데 하나님은 "행복한 사람은 그 하는 일도 다 잘된다"고 하셨습니다. 하나님은 당신의 마음이 행복하기를 원하시고 또 당신의 토지소

산 우양가축이 복을 받기를 원하십니다. 제발 이것을 믿으십시오.

만약 당신의 믿음이 좋고 당신의 마음이 행복한데, 당신이 하는 일마다 망하고 저주 받는다면 어떻게 되겠습니까? 주위 모든 사람이 당신을 향해 손가락질할 것입니다. “욥은 그런 저주를 받았잖아요? 그래도 믿음을 지켰잖아요?” 믿음을 지킨 것은 잘한 것이지만 계속 저주를 받은 것은 아니었습니다. 다 망했을 때 그는 모든 지인으로부터 손가락질 받았습니다. 그것은 과정이지 결코 결말이 아닙니다. 욥의 결말은 갑절의 복을 받은 것입니다.

잠시 고난을 받을 수 있습니다. 하지만 “내가 하는 일이 다 잘된다”고 믿을 때 그 믿음대로 결말이 잘됩니다. “내가 하는 일이 다 망한다”고 믿으면 그 믿음대로 결말이 망합니다. 가장 좋은 것은 무엇일까요? 시작도 좋고 과정도 좋고 결말도 좋은 것입니다.

야베스는 그런 복을 달라고 하나님께 구했고 응답받았습니다.

“야베스는 그의 형제보다 귀중한 자라. 그의 어머니가 이름하여 이르되 야베스라 하였으니 이는 내가 수고로이 낳았다 함이었더라. 야베스가 이스라엘 하나님께 아뢰어 이르되 주께서 내게 복을 주시려거든 나의 지역을 넓히시고 주의 손으로 나를 도우사 나로 환난을 벗어나 내게 근심이 없게 하옵소서 하였더니 하나님이 그가 구하는 것을 허락하셨더라.”(대상 4:9~10)

환난과 근심을 믿지 말고 형통과 평안을 믿으십시오.

당신이 믿음으로 말미암아 의로워진 행복한 사람이라면 당신이 하는 일이 다 형통한다는 것도 믿어야 합니다. 그래야 잘됩니다.

“복 있는 사람은 그 행사가 다 형통하리로다.”(시 1:3)

당신의 모든 행사가 다 형통합니다. 복 있는 사람은 주님께 붙어 있기만 해도 그 하는 모든 일이 잘됩니다. 악인은 그렇지 않습니다. 그들은 믿음으로 주님께 붙어 있기를 원치 않고 자기들의 행위를 의지하고 자기들의 꾀에 만족하기 때문에 그 꾀에 빠져 하는 일마다 실패합니다. 그들은 많은 기준을 만들어 더 열심히 하려고 몸부림치지만 결국 하나님의 진노 가운데 빠져듭니다.

율법주의자들의 업적은 한순간에 다 날아갑니다. "악인은 그렇지 않음이여, 오직 바람에 나는 겨와 같도다."(시 1:4)

하나님을 만나겠다고 신전 곧 바벨탑을 쌓았던 사람들처럼 악인은 자기의 꾀를 내어 그럴 듯한 일을 벌이고 열심히 종교 행위를 하고 주위 사람에게 대단한 인물로 드러날 정도로 거창하게 일하지만 결국 바람에 나는 겨와 같습니다. 순간, 바람이 휙 불면 다 날아갑니다. 아무짝에도 쓸모없는 먼지 같은 존재가 됩니다.

하나님의 딸은 악인의 모임을 싫어하고 가지 않는다

당신은 어떤 모임에 참석합니까?

왜 율법주의 모임에 가서 앉아 있습니까? 아예 가지를 마십시오. 가면 율법주의 가르침을 받게 되고 그러면 저주를 받습니다.

사람은 끼리끼리 모입니다. 죄인은 죄인끼리 모이고 의인은 의인끼리 모입니다. 목마른 자는 목마른 자끼리 모이고 성령 충만한 자는 성령 충만한 자끼리 모입니다. 병든 자는 병든 자끼리 모이고 건강한 자는 건강한 자끼리 모입니다. 가난한 자는 가난한 자끼리 모이고 부요한 자는 부요한 자끼리 모입니다. 어리석은 자는 어리석은 자끼리 모이고 지혜로운 자는 지혜로운 자끼리 모입니다. 징계를 받는 자는 징계를 받는 자끼리 모이고 평화를 누리는 자는 평화를 누리는 자끼리 모입니다. 죽은 자는 죽은 자끼리 모이고 산 자는 산 자끼리 모입니다. 당신은 어떻습니까?

"그러므로 악인이 심판을 견디지 못하고 죄인이 의인의 회중에 들지 못하리로다"(시 1:5)라고 했습니다. 악인은 심판을 견디지 못하고 죄인은 의인의 회중에 들지 못합니다. 여기서 말하는 '심판'은 천국에 갔을 때를 말하는 것이 아닙니다. 악인이 받는 심판은 이 땅에서 사는 동안 받는 '삶에 대한 심판'입니다.

많은 경우 성경에서 말하는 내용은 이 땅에서의 삶에 대한 것입니다. 하나님의 자녀로서의 삶에 대한 결과, 또는 불신자와 악인으로서의 삶의 결과에 대해 말합니다.

악인은 이 땅에서 심판을 받습니다. 율법주의 신앙생활을 하는 사람들을 만나 상담하다 보면 그들의 삶이 형편없음을 알게 됩니다. 너무나 안타깝고 불쌍합니다. 나름대로 열심히 힘쓰고 애쓰지만, 목숨을 다해 하나님을 섬긴다며 달려가지만, 물질과 시간을 다 드리며 몸이 부서질 정도로 헌신 봉사하지만 오히려 그들의 삶이 메마르고 황폐한 것을 보게 됩니다. 그 이유가 무엇일까요?

예수 그리스도의 대속의 은혜에 근거한 행복하고 부요한 삶을 살지 못하고 자기 의를 내세우기 위한 율법주의 행위의 쳇바퀴에 빠져 비참하게 살고 있기 때문입니다. 이런 사람은 말할 수 없느

저주 가운데서 고통을 당합니다. 하는 일마다 온전한 열매를 맺지 못하고 싹이 나고 꽃이 피는 동시에 그것들이 다 떨어집니다.

저주란 '하는 일마다 실패한다'는 의미입니다. 말 그대로 그들이 하는 것마다 실패합니다. '내가 100일 기도를 하면, 거액의 헌금을 드리면, 일천 번 작정 예배를 끝내면, 40일 금식 기도를 마치면 뭔가 길이 열릴 거야. 응답이 오고 복을 받을 거야'라는 식으로 자기 기준을 가지고 열심히 달려가는데 결과는 저주입니다.

"내가 이렇게 대가를 지불할 테니 그 보상으로 하나님도 이렇게 해 주세요. 만약 안 해주시면 나는 하나님을 떠납니다."

크게 잘못된 생각입니다. 그런 사람은 심히 곤핍하고 비참해집니다. 하나님은 악인의 생각을 미워하시고 그를 심판하십니다.

"이 행악하는 자들아, 내게서 떠나가라."

하나님이 그를 버리셨다고 할 정도입니다. 왜냐하면 그가 먼저 하나님의 은혜를 버렸기 때문입니다. 그 정도로 밑바닥의 삶을 살게 된다는 것입니다. 하나님은 어떤 사람을 이유 없이 버리지 않으십니다. 죄를 지었다고 해서, 실수나 허물이 있다고 해서 그를 쉽게 버리지 않으십니다. 그가 하나님의 은혜를 짓밟고 자기의 길을 가기 때문에 스스로 버림받은 삶을 살게 된 것입니다.

율법주의 악인의 길은 예외 없이 다 망합니다. "대저 여호와께서 의인의 길은 인정하시나 악인의 길은 다 망하리로다."(시 1;6)

하나님의 딸인 내 모든 길은 하나님 아빠가 인정하신다

당신은 하나님께 인정받고 있습니까?

나는 하나님의 뜻 가운데 살며 내 모든 길을 인정받고 있습니다. 내가 '그리스도 안에서 의인이기 때문'입니다. 하나님은 오직 의인의 길만 인정하십니다. 하나님은 그분의 은혜를 인정하고 오직 믿음으로 사는 사람, 그의 모든 길을 인정하십니다.

악인도 예수 그리스도를 믿음으로 구원을 받았습니다. 거기까진 잘 했는데 그 후에 "내가 구원받긴 했지만 하나님께 완전히 받아들여지지 않았어. 어떻게 하면 하나님께 받아들여질까? 뭘 더 많이 해야 할까?" 하며 율법주의 행위에 빠져든 것입니다.

이런 율법주의에 한 번 빠져들면 헤어 나오기 어렵습니다.

오늘날 교회 안에서 '복음에 대한 가르침'을 회복해야 합니다.

다른 잡다한 것이 아닌 '예수 그리스도 온전한 복음'을 가르쳐야 합니다. 예수님은 다른 것을 가르치라고 하지 않았습니다. 오직 복음을 전파하고 가르치라고 명령하셨습니다. 하늘과 땅의 모든 권세를 위임하면서 예수 그리스도 복음을 가르치라고 하셨습니다. "예수님이 십자가에서 다 이루었다. 그분이 부활했다."

당신도 만약 율법주의에 빠져 있다면 지금이라도 다시 복음을 믿으십시오. 예수님이 십자가에서 당신 대신 피와 땀과 눈물을 쏟으며 값을 다 지불했습니다. 당신이 지불해야 할 값은 더 이상 없습니다. 예수님이 십자가에서 다 이룬 복음을 믿기만 하면 됩니다. 그리고 그분이 지금 당신 안에 실제로 살아 계신다는 것을 믿어야 합니다. 복음은 이러한 '하나님의 의'를 믿는 믿음으로 시작해서 그 믿음으로 끝내는 것입니다. 믿음이 시작과 끝입니다.

"내가 복음을 부끄러워하지 아니하노니 이 복음은 모든 믿는 자에게 구원을 주시는 하나님의 능력이 됨이라. 먼저는 유대인에 게요 그리고 헬라인에게로다."(롬 1:16)

당신이 먼저 복음 안에 거하고 복음을 누리는 것이 가장 긴급하고 중대한 일입니다. 그 다음에는 이 복음을 주위 사람들에게 정확하게 가르쳐야 합니다. 가족들과 친척들에게 복음을 가르치십시오. 주위에 있는 사람들에게 때를 얻든지 못 얻든지 계속 복음을 가르치십시오. 언제까지요? 그가 지켜 행할 때까지입니다.

예수님은 "내가 너희에게 분부한 모든 것을 가르쳐 지키게 하라"고 했습니다. 가서 모든 족속으로 제자를 삼고 복음을 가르쳐 지키게 하십시오. 가르치는 사람이 종종 실수하는 것이 있습니다.

"내가 알고 있으니까 저 사람도 당연히 알고 있을 거야."

"설마 이 정도도 모르겠어? 신앙생활의 기본인데."

그것이 착각입니다. 그 사람이 당연히 알고 있을 거라고 생각하고 내버려두지 말아야 합니다. 나도 내가 온전한 복음을 누리니까 내 주위에 있는 사람들도 당연히 그렇게 믿고 생활할 거라고 여겼는데 실제로 그렇지 않은 사람들이 정말 많았습니다.

나는 처음부터 온전한 복음을 누렸습니다. 내가 처음부터 예수님이 십자가에서 다 이룬 복음을 저절로 깨닫고 누렸기 때문에 당연히 모든 사람들이 그 정도는 다 알고 있을 거라고 생각했습니다. 하지만 그것이 큰 착각이었음을 나중에야 알게 되었습니다.

"이 정도는 알고 있겠지"가 아니라 처음부터 자세히 풀어 사람들에게 설명하고 가르쳐야 합니다. 나의 편견과 선입견을 다 내려놓고 사람들에게 구체적으로 복음을 반복해서 가르쳐야 합니다. 내가 예수 그리스도를 믿음으로 말미암아 누리게 된 전인 구원의 온전한 복음을 그들에게 자세히 풀어 가르쳐야 합니다.

"예수님이 내 죄를 짊어졌으므로 나는 의인이 되었어."

"예수님이 내 대신 목마르셨기 때문에 내 안에서 생수의 강이 한강처럼 철철 흐르게 되었어."

"예수님이 내 대신 채찍에 맞아 주셨음으로 내가 치료받고 나음을 얻었어. 나는 건강해."

"예수님이 내 대신 가난해지셨으므로 내가 재벌의 부요함을 누리게 되었어. 하늘 아빠는 부자야."

"예수님이 내 대신 어리석어지셨으므로 내가 지혜로운 삶을 살게 되었어. 나는 천재야. 하나님의 지혜가 내 안에 가득해."

이 모든 것이 몸에 완전히 배여야 합니다. 주일마다 교회에 와서 온전한 복음의 말씀을 계속 듣다 보면 어느 성도 시간이 지났을 때 세포 하나하나까지 다 받아들여 삶 전체에 배입니다. 그런 삶이 자연스러워집니다. 복음과 삶이 하나 된 것입니다.

그때 조심해야 합니다. 내가 복음을 누리는 삶이 자연스러운 것처럼 다른 사람도 다 그럴 거라는 착각에 빠지면 안 됩니다.

우리는 하나에서 열까지 계속 반복해서 가르쳐야 합니다.

한 번 말했다고 해서 그 사람이 다 이해하고 받아들였다고 여겨서는 안 됩니다. 계속 반복해서 가르치고 또 가르쳐야 합니다. 이러한 '의성건부지'의 온전한 복음을 반복해서 가르치는 것을 게을리 하지 말아야 합니다. 복음 전도에 열심을 내야 합니다.

당신은 그리스도 안에 있기 때문에 행복한 사람입니다. 그냥 어느 정도의 복 있는 사람이 아니라 천국의 완전한 행복을 누리는 복 터진 사람입니다. 아무것도 하지 않았음에도 불구하고 예수 그리스도를 믿기만 했는데 의롭다 함을 얻었고 하나님께 완전히 받아들여진 행복한 사람이 되었습니다. 믿기만 했는데 천국의 삶을 누리고, 믿기만 했는데 생수의 강이 흐르게 되었습니다.

하나님의 딸인 나는 시냇가에 심긴 나무이기 때문에 저절로 잘된다

당신은 시냇가에 심긴 나무입니까?

나는 성령의 시냇가에 심긴 나무가 되었습니다. 믿음의 뿌리를 그리스도와의 사랑 가운데서 깊이 내렸고 그로 말미암아 시절을 좇아 괴실을 풍성히 맺고 있습니다. 또한 생수의 강을 계속 공급받으며 저절로 열매를 맺고 있습니다. 열매를 맺는 것은 '저절로' 입니다. 가지가 열매를 맺으려고 스스로 노력하는 것이 아니라 나무가 수액을 공급하여 저절로 열매를 맺게 하는 것입니다.

악인은 자기들의 율법 행위를 내세우므로 그 행위를 통해 열매를 맺으려고 노력합니다. 그런 열매는 익지 못하고 중간에 다 떨어집니다. 하지만 의인은 믿음으로 말미암아 생수의 강가에 뿌리를 내렸으므로 주님께서 저절로 많은 열매를 맺게 하십니다. 주님께서 당신에게 전인격적인 삶의 풍성한 열매를 맺게 하십니다.

주님께서 그 모든 것을 최대한 누리게 하십니다.

나는 보배롭고 존귀한 하나님의 딸이다

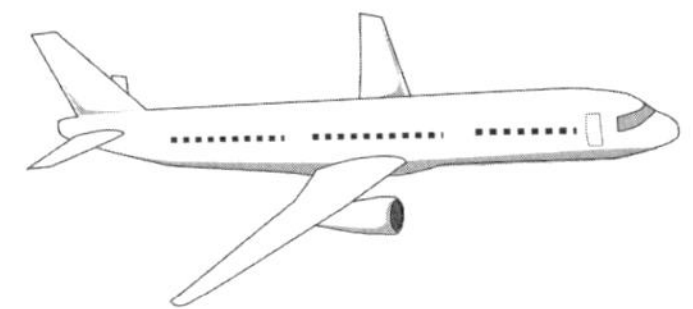

당신은 하나님을 만났습니까?

나는 하나님을 만났습니다. 그리고 내 인생이 바뀌었습니다.

지금은 문제가 있고 힘들 때마다 하나님을 찾습니다. 그러면 하나님이 내 문제를 해결해 주시고 내 힘이 되어 주십니다.

당신도 이 책을 읽고 하나님을 찾으십시오. 인생이 바뀝니다.

"너희는 여호와를 만날 만한 때에 찾으라. 가까이 계실 때에 그를 부르라. 악인은 그의 길을, 불의한 자는 그의 생각을 버리고 여호와께로 돌아오라. 그리하면 그가 긍휼히 여기시리라. 우리 하나님께로 돌아오라. 그가 너그럽게 용서하시리라."(사 55:6~7)

지금 하나님이 당신을 찾고 있습니다. 하나님을 믿으십시오.

하나님을 만나고 내 인생이 바뀌었다

예전에 나는 이런 생각을 많이 했습니다.

'하나님을 만나면 변해야 되는데 과연 나도 가능할까? 사도 바울처럼 저렇게 변해야 되는데 어떻게 하면 변할 수 있을까?'

그런 생각이 내 안에서 꿈틀거려 기도했습니다.

"하나님, 어떻게 이 세상에 영향력을 끼치며 한번뿐인 소중한 인생을 가치 있게 살 수 있을까요? 하나님 아버지, 어떡해요?"

나는 늘 하나님께 물었습니다. 그러니 하나님이 도우셨습니다.

이 책을 쓰는 것도 그랬습니다. 아무리 기도해도 걱정이 되고 무얼 쓸지도 모르겠고 하루하루 시간은 가는데 정말 힘들었습니다. 자다가도 일어나 성령님을 의지했습니다. 그리고 성령님께서 내 마음에 말씀하시는 대로 공책에 적고 또 적었습니다.

당신도 성령님께 도움을 구하세요. 그러면 성령님께서 많은 생각을 주시고 마음속에 품고 있던 문제에 대한 해답을 들려주십니다. 성령님은 내게 "세상 모든 사람을 사랑하며 살 수 있고 또 어떤 것도 원망하지 않고 감사하며 살 수 있다"고 말씀하셨습니다.

이 책이 나오기도 전에 성령님은 내 마음에 편안함과 담대함과 사랑의 마음 곧 예수님의 마음을 심어 주셨습니다. 하나님을 만난 후 당장 겉에 보이는 것은 없었지만 '마음이 100퍼센트 변한다'고 말씀하셨습니다. 이 책을 쓰면서 하나님을 만나고 예수님을 내 마음의 주인으로 삼고 내가 변화된 삶을 살 수 있었습니다.

전에는 잘 알지도 못하면서 늘 가르치려고 했습니다. 그러나 이제는 성령님께 배우고 지인에게 배우고 세상 모든 것에서 배우고 세상 모든 사람에게 배우면서 살려고 합니다. 가정에서 남편에게 배우고 자녀들에게 배우고 목장 식구들에게 배우고 가는 곳곳마다 배우고 또 배우며 살려고 합니다. 하나님 아버지가 보시기에는 내가 너무 부족했는지 이런 글을 주셨습니다.

| 부족함 많기에 |

"주님, 저는 부족함이 많습니다. 죄 덩어리였어요. 어리석고 미련합니다. 힘이 없고 연약합니다. 바보 같아요. 아무것도 모르고 아무것도 할 수 없어요. 너무 작은 아이죠. 불쌍합니다. 그래서 하나님을 찾습니다. 저는 무릎 꿇고 두 손을 들고 고개 숙여 엎드립니다. 순간마다 의지합니다. 기대합니다. 하나님을 부릅니다. 주님, 감사합니다. 의지할 데가 있고 털어놓을 곳이 있고 상의할 곳이 있고 그러면서도 소문나지 아니하니 속삭이며 기도합니다. 어린 아이가 아빠에게 하듯 어리광을 피우기도 하고 떼를 쓰기도 하고 감사도 하고 투덜거리기도 하고 내가 하고 싶은 대로 마음을 쏟으며 보챕니다. 그래도 우리 주님은 묵묵히 참고 기다려 주십니다. 때로는 강한 책망으로 다스리기도 하시지만 그래도 저는 주님이 좋습니다. 그래서 더욱 좋습니다. 이런 날 저런 날, 이것도 저것도 다, 그 어떤 것도 받아 주시고 안아 주시고 품어 주시고 회복시켜 주시고 치유해 주시는 그 하나님이 전 너무나 좋습니다. 예수님이 너무너무 좋고 성령님이 너무너무 좋아요. 하나님 아버지, 사랑합니다. 예수님, 사랑합니다. 성령님, 사랑합니다. 나의 일생에 세상 끝 날까지 주님과 함께 할래요. 나의 최고이신 내 안에 계신 성령님께 이 글을 드립니다."

나는 부족하나 내 안에 성령님이 계시니까 할 수 있습니다.

당신도 책을 쓰십시오. 꼭 쓰십시오. 책을 쓰면서 하나님을 만나고 내가 변하고 또 복음으로 온 세상을 변화시킬 수 있습니다. 하나님과 함께 이 세상을 놀이터 삼아 놀랍고 놀라운 삶, 아름답고 멋진 삶을 살 수 있습니다. "나는 할 수 없어요"라고 말하지 마십시오. 나도 그랬지만 주님을 의지하니 가능했습니다.

당신은 할 수 없을지라도 당신 안에 계신 주님이 하십니다.

당신의 힘이 아닌 당신 안에 계신 주님의 힘을 믿으십시오.

그리스도 안에서 당신은 누구일까요? 새로운 피조물입니다.

"그런즉 누구든지 그리스도 안에 있으면 새로운 피조물이라. 이전 것은 지나갔으니 보라 새것이 되었도다"(고후 5:17)라고 했습니다. 그렇습니다. 완전히 새로운 피조물이 되었습니다.

나도 옛날에 죄인이었고 목마른 자였고 병든 자였고 가난한 자였고 어리석은 자였고 징계와 죽음 가운데 거하는 자였습니다. 그런 내가 그리스도 안에서 옛 사람이 죽고 새 사람을 입었고 새로운 피조물이 되었습니다. 그리스도 안에서 나는 의인이 되었고 성령 충만하고 건강하고 부요하고 지혜롭습니다. 하늘의 평화와 영원한 생명을 얻었습니다. 하나님의 자녀가 되었습니다.

그리스도 안에서 나는 무엇이든 할 수 있습니다.

사도 바울은 "내게 능력 주시는 자 안에서 내가 모든 것을 할 수 있느니라"(빌 4:13)고 말했습니다. 당신도 가능합니다.

성령님과 인격적인 교제를 나누라

당신은 오랫동안 교회를 다니면서 성령님과 깊이 교제해 본 적이 있습니까? 나는 지금 성령님과 교제하는 삶을 살고 있습니다.

하나님은 내게 성령님에 대해 갈급하고 목마른 마음을 많이많이 주셨습니다. 그분은 내가 편안하고 행복할 때가 아니라 깊은 고난 속에서 앞뒤가 꽉꽉 막히고 아무것도 안 보일 때 성령님과 얘기하고 또 얘기하는 걸 가르쳐 주셨습니다.

나는 김열방 목사님이 쓴 〈성령을 체험하라〉와 〈김열방의 두뇌개발비법〉이란 책을 읽고 매일 아침 눈을 뜨면 성령님을 부르고 하루 종일 성령님을 사모하고 성령님만 의지하며 살려고 했습니다. 그 책들은 날마다 소풍가는 것처럼 가슴 벅찬 인생, 행복한 인생. 최고의 인생으로 살게 해줬습니다. 어느 날 성령님께서 내게 이런 글을 주셨습니다.

| 설렘 |

난 언제부터인가?
이 단어를 아주 좋아한다.
'설렘'

가슴 설렘
마음 깊은 곳에서
우러나오는

아련한 설렘.

별 거 아닌 내게
나의 하나님은
이 놀랍고 놀라운
벅찬 가슴을
언제부터인가
품고 평생을
살게 해 주셨다.

내 안에 솟아 나오는
뿜어 나오는
아무에게도
빼앗길 수 없는
벅찬 감격을
새벽에 눈을 뜨는 순간부터
날마다 순간마다
마르지 않고
멈추지 않는
구원의 감격으로
내 인생이 물들어 간다.

하나님이 주신
어떤 놀라운 계획이
어떤 좋은 것들이
어떤 새로운 일이
어떤 새로운 사람이

어떤 새로운 환경이
나를 기다리고 있을까?

가슴 벅찬
설렘과 감격으로
기다림과 사모함과 기대감으로
또 하루를 시작하게 하신
성령님, 감사합니다.
성령님, 사랑합니다.

새벽 침대 위에서, 박경애

당신도 성령님을 사모하고 기대하십시오.

성령님을 많이많이 부르십시오. 의지하십시오. 날마다 저절로 성령의 열매를 맺는 기적의 삶을 살 수 있습니다. "오직 성령의 열매는 사랑과 희락과 화평과 오래 참음과 자비와 양선과 충성과 온유와 절제니 이 같은 것을 금지할 법이 없느니라."(갈 5:22)

나는 하나님이 보시기에 보석같이 소중한 존재다

당신은 당신의 존재 가치를 어떻게 생각합니까?

나는 하나님이 보시기에 보석 같은 존재입니다. 왜 그럴까요?

"영접하는 자 곧 그 이름을 믿는 자들에게는 하나님의 자녀가 되는 권세를 주셨으니"(요 1:12)라는 말씀대로 내가 예수를 구주로 믿으므로 죄를 사함 받고 성령으로 거듭나 하나님의 자녀가 되었기 때문입니다. 나는 만왕의 왕이신 하나님의 자녀입니다.

나는 하나님이 부모님을 통해 지어 준 내 이름을 아주 좋아합니다. 박경애(敬愛, 공경할 경. 사랑할 애), 정말 멋진 이름입니다.

처음엔 "모든 사람에게 공경 받고 사랑받아라" 하고 지어 주신 줄 알았습니다. 그런데 어느 목사님이 하나님을 공경하고 하나님을 사랑하라고 지어 준 거라 했습니다. 그래서 어디 가서 나를 소개할 때 '보배롭고 존귀한 하나님의 딸 박경애 권사'라고 말합니다. 나는 잘난 것도 없고 부족함이 많습니다. 그러나 하나님의 자녀이기 때문에 나는 대단하고 아주 소중한 특별한 존재입니다. 세상에 나 같은 사람은 아무도 없습니다. 당신도 이 세상에서 당신과 똑같은 사람은 아무도 없습니다. 그래서 소중합니다.

세상에 당신 같은 사람은 오직 당신 한 명뿐입니다. 어느 누구와 비교할 필요가 없습니다. 너무나도 소중하고 보배롭고 존귀한 사람입니다. 하나님의 자녀입니다. 하나님이 당신을 위대한 존재로 만드셨습니다. 매일 자신을 향해 긍정의 말을 선포하십시오. 어깨를 펴고 당당하게 사십시오. 그러면 저절로 잘됩니다.

교회에서 우리 목장은 '어르신들 목장'입니다. 연세 많고 힘없고 물질도 없고 몸은 아프고 마음도 약합니다. 하지만 나는 "어디를 가든지 기죽지 말고 당당하게 사십시오"라고 예배 때마다 그분들에게 선포합니다. 우리가 하나님의 자녀니까요.

그래서 남은 인생을 더 멋지고 아름답고 행복한 인생으로, 꿈을 가지고 살 수 있다고 말합니다. 우리 교회 이름은 '주님의 숲

교회'입니다. 나는 우리 교회를 위해 감사 기도를 드립니다.

"하나님께서 우리 교회를 사랑하시고 보석 같은 목사님과 모든 성도님들을 사랑하시고 성령 안에서 복음으로 하나 되게 하시고 모델 교회, 최고의 교회로 하나님께 영광 돌리게 해주시니 감사합니다. 주님의 숲 교회 주인은 예수님이십니다. 존귀와 영광과 찬양을 주님께 드립니다. 예수님의 이름으로 기도합니다. 아멘"

당신도 하나님이 주신 꿈을 품고 마음껏 달려가라

당신에게는 하나님이 주신 꿈이 있습니까?

나는 새벽에 성령님과 교제하며 그분과 함께 하는 시간이 가장 소중하다고 여기며 그때마다 내게 주시는 말씀을 붙잡고 달려왔습니다. 주님은 내게 이렇게 말씀하셨습니다.

"너희는 온 천하에 다니며 만민에게 복음을 전파하라."

나는 온 천하에 다니며 만민에게 복음을 전할 것입니다.

또 주님은 모든 문제를 넉넉히 이긴다고 하셨습니다.

"이 모든 일에 우리를 사랑하시는 이로 말미암아 우리가 넉넉히 이기느니라."(롬 8:37)

이 두 말씀이 나의 꿈입니다. 어떻게 이런 일이 가능할까요?

이제 온 천하에 다니며 만민에게 복음을 전할 수 있도록 김열방 목사님의 책을 읽고 나도 용기를 내어 이렇게 책을 써내게 되었습니다. 내가 쓴 책이 나의 분신이 되어 내 대신 전국과 세계를 돌아다니며 사람들을 만나고 복음을 전할 것입니다. 이렇게 책으로 온 천하에 다니며 만민에게 복음을 전하게 해주시고 모든 문제를 넉넉히 이기게 해주신 하나님 아버지께 감사드립니다.

나는 할 수 없으나 내 안에 성령님이 계시니까 할 수 있습니다.

나는 꿈을 너무 좋아해서 내 마음에 '꿈 공장'을 지었습니다.

꿈 공장 사장님은 하나님이시고 나는 부사장입니다. 많은 직원과 함께 꿈 공장을 이끌고 있습니다. 크고 화려하고 찬란하고 눈부신 꿈을 늘 꾸면서 살다 보니 하나님이 이런 글을 주셨습니다.

| 꿈 |

나의 일생
하나님이 주신
꿈으로 도배하고
꿈으로 장식하고
꿈으로 가꾸고
꿈으로 하루하루 이어가는
놀랍고 놀라운 인생.

나의 일생
하나님이 주신 꿈으로
새날을 축복하고
꿈으로 달려가고
꿈과 함께 살아온 인생.

꿈으로 남은 인생 일구어 가며
꿈으로 순간을 이어가는
감사, 감동, 감격의 인생.

나의 일생
하나님 주신 꿈의 인생
시작부터 끝까지
꿈을 생각하고
꿈을 바라보고
꿈을 성취하는
기도, 기대, 기적의 인생.

주님, 감사합니다.
주님, 사랑합니다.
존귀와 영광과 찬양을
주님께 드립니다.

당신은 어떤 꿈이 있습니까? 꿈이 없다면, 꿈이 멈췄다면, 다시 꿈꾸기 시작하십시오. 꿈은 성령이 임한 사람들의 특징입니다. "하나님이 말씀하시기를 말세에 내가 내 영을 모든 육체에 부어 주리니 너희의 자녀들은 예언할 것이요 너희의 젊은이들은 환상을 보고 너희의 늙은이들은 꿈을 꾸리라."(행 2:17)

나는 하나님이 주신 꿈을 모두 이루며 살 수 있습니다.

나는 부정적인 말을 하지 않고 오직 '믿음의 말'만 하며 삽니다.

믿음의 말이란 현상과 현실에 상관없이 기도하고 구한 것을 받았다고 믿고 '과거형, 현재 완료형'으로 말하는 것을 의미합니다.

나는 입버릇처럼 이렇게 말합니다. 당신도 이렇게 말하십시오.

"성령 안에서 나는 이 모든 일에 넉넉히 이겼다."

"성령 안에서 나는 평생 감사하며 산다."

"성령 안에서 나는 평생 전도하며 산다."

"성령 안에서 나는 평생 천재작가로 산다."

"성령 안에서 나는 건강하게 산다."

"성령 안에서 나는 모든 사람을 사랑하며 산다."

"성령 안에서 나는 성령의 열매를 맺고 산다."

"성령 안에서 나는 의롭게 산다."

"성령 안에서 나는 부요하게 산다."

"성령 안에서 나는 성령 충만하게 산다."

그리고 나는 믿음의 기도를 합니다. 믿음의 기도는 한 번 기도하고 구한 것을 받았다고 믿고 감사의 기도를 하는 것을 의미합니다. 하나님은 믿음의 기도에만 응답하십니다.

"주님, 성령 안에서 우리 가정이 자자손손 영혼이 잘되고 범사가 잘되고 강건하게 해주시니 감사드립니다."

"주님, 남편이 예수님을 잘 믿고 믿음의 거장이 되어 복음 전하며 하나님의 이름을 높이게 해주시니 감사합니다."

"주님, 우리 온 식구들이 함께 복음을 전하며 믿음의 명문가로 살게 해주시니 감사합니다. 우리 가족에게 풍성한 사랑을 주시고 건강과 시간과 물질, 지혜와 평강이 차고 넘치게 해주시고 하나님께 영광 돌리게 해주시니 감사드립니다."

"주님, 우리 성진이와 지은이, 믿음의 명문 배우자를 만나 믿음의 명문가로 하나님의 이름을 높이게 하시니 감사드립니다."

"주님, 우리 가정 김의선 가정, 김제영 가정, 박태진 가정, 은성 가정, 성찬 가정, 자자손손 믿음의 명문가로 하나님께 영광 돌리게 해주시니 감사드립니다. 건강, 시간, 물질, 지혜, 평강이 차고 넘치게 하시니 감사드립니다."

"주님, 우리 가정이 행복하고 사랑이 넘치게 하시니 감사드립니다. 주님, 성령 안에서 우리 가족, 형제자매, 모든 이에게 책을 쓰게 하고 싶습니다. 주님께서 도와주세요."

당신도 하나님이 주신 꿈을 꾸십시오. 작은 꿈이 아닌 크고 놀랍고 위대한 꿈을 꾸십시오. 하나님이 주신 꿈으로 나도 살고 온 세상을 살립니다. 기적의 인생을 살 수 있습니다.

네 입을 넓게 열라, 내가 채우리라

당신은 입으로 어떤 말을 하고 있습니까?

하나님은 입을 벌리는 대로 채워 주십니다. 입을 작게 벌리면 작게 채우시고 크게 벌리면 크게 채우십니다. 현실은 어려워도 나는 입을 크게 벌렸습니다. 그러자 힘이 없으면 힘 있는 자를 보내 주시고 물질이 없으면 물질 있는 자를 보내 주셨습니다.

하나님은 꼭 필요한 때에 꼭 필요한 사람을 다 보내 주십니다.

믿음으로 당신도 입을 크게 벌리십시오. 채우는 건 하나님이 하십니다. 나는 이것을 알고 입을 넓고 크게 벌립니다. 그러자 하나님은 지금까지 계속 좋은 것으로 더 좋은 것으로 채워 주셨습니다. 앞으로도 어떤 큰 것으로 채워 주실지 기대가 큽니다.

세상 사람들은 기대가 크면 실망도 크다고 말합니다. 하지만 믿음의 세계에서는 반대입니다. 기대가 크면 응답도 큽니다.

"기대가 크면 응답도 크다."

한번은 우리 교회에서 '새 생명 큰잔치'를 하니 전도 작정을 하라고 했습니다. 나는 늘 마음에 품고 있던 하나님이 주신 숫자를 적었습니다. 교회 천장에 각 목장마다 쭉 걸어 놓고 기도하는데 우리 목장은 600명 전도한다고 적었습니다. 그런데 갈수록 걱정이 되었습니다. 기도하고 사람들을 찾아가는데 '성령님, 어찌할까요? 어찌할까요?' 하고 부지런히 뛰었습니다. 목사님과 함께 뛰고 집사님도 도와주시고 해서 초청 주일에 100명이 넘는 어르신을 모시고 왔습니다. 다른 목장에서도 왔습니다. 교회를 가득 채운 후에 하나님께 영광을 돌렸습니다. 하나님, 감사합니다.

나는 할 수 없었지만 입을 크게 벌린 것뿐입니다.

내 안에 성령님이 계시니까 할 수 있었습니다. 당신도 하나님의 자녀이기 때문에 입을 넓게 열면 하나님이 가장 좋은 것으로 채우십니다. 최고의 것으로 채워 주십니다. 그리고 하나님이 하셨다고 고백할 때 더 크고 비밀한 것으로 넘치게 채워 주십니다.

"너는 내게 부르짖으라. 내가 네게 응답하겠고 네가 알지 못하는 크고 은밀한 일을 네게 보이리라."(렘 33:3)

당신도 나처럼 좋은 책을 사서 읽고 책을 써내라

당신은 책을 써 봤습니까?

나는 가장 힘들 때 하나님만 찾았습니다. 하나님만 알고 싶어 했고 하나님께만 딱 붙어 있었습니다. 그러니 저절로 잘되었습니다. 당신도 하나님만 찾으십시오. 하나님이 내게 말씀하셨습니다.

"너는 내게 부르짖으라. 내가 네게 응답하겠고 네가 알지 못하는 크고 은밀한 일을 네게 보이리라."(렘 33:3)

나는 이 말씀을 붙잡고 "하나님 아버지, 오늘도 어떤 크고 은밀한 일, 비밀한 일이 있습니까? 무엇이 있습니까? 무엇입니까?"라고 자꾸 묻고 또 물어봅니다. 그러면 하나님이 오늘은 어제와 다르고 오늘은 내일과 다른, 똑같은 날이 하루도 없는, 하나님이 주신 날마다 새롭고 놀라운 일들이 내 눈앞에 펼쳐집니다.

특별한 일이 없다 하더라도 날마다 새로운 마음을 수십니다.

나는 하루를 시작하면서 가슴 설레는 마음으로 '오늘은 하나님이 무엇을 주실까?' 기대하는 마음으로 시작합니다. 그러면 하나님은 여러 가지 방법으로 나를 이끌어 가십니다. 특별히 좋은 책을 읽게 해주셨습니다. 나는 돋보기를 끼고 이 책 저 책, 교회에서 기독교 서점에서 하나님이 보여주시는 대로 사서 읽었습니다.

책을 통해 하나님을 더 깊이 알아 가고 '오늘 또 무슨 책이 있을까?' 하며 궁금한 마음으로 책을 찾습니다. 좋은 책 만나기를 설레는 마음으로 기대하고 기다립니다. 좋은 책이 있으면 포장해서 선물하는 걸 좋아합니다. '이 책으로 예수님을 믿고 구원 받고 하나님 영광 위해 살게 해주세요'라고 기도하면서 말입니다.

그러던 어느 날 기독교 서점에서 김열방 목사님의 책을 읽었는데 거기에 만사를 제쳐 두고 책을 써야 한다고 나와 있었습니다.

"언제까지 남이 써 놓은 책만 읽을 것인가? 지금이라도 당신의 삶과 깨달음이 담긴 책을 써라. 책을 쓰면 지금까지의 인생이 정리되고 내가 누군지 알게 되고 앞으로 어떻게 살아가야 할지 길이 보인다. 남이 써 놓은 수천 권의 책을 읽는 것보다 자신의 삶과 깨달음을 담은 책을 한 권 쓰는 것이 자기 발전에 훨씬 큰 도움이 된다. 하나님을 만난 이야기를 책에 써서 후손에게 물려주라."

그러나 나는 '왜 꼭 책을 써야 하나? 읽기만 하면 되지'라고 생각했습니다. 그리고 며칠이 지나갔습니다. 그런데 책을 써야 한다는 마음이 한 쪽에 자리 잡았고 결국 이렇게 책을 써내게 되었습니다. 이 길로 이끄신 게 모두 하나님의 은혜입니다. "하나님 아버지, 감사드립니다. 김열방 목사님께도 감사드립니다."

처음엔 책을 쓰겠다고 앉았는데 한 글자도 쓸 수 없었습니다.

'성령님, 저는 아무것도 못해요'라고 하면서 갈등했습니다.

나는 계속 전능하신 성령님을 의지했습니다.

'성령님. 가르쳐 주세요.'

'성령님. 도와주세요.'

'성령님. 말씀해 주세요.'

'성령님이 아니면 도저히 책을 쓸 수가 없습니다.'

하루 종일 성령님께 붙어서 '성령님, 무엇을 쓸까요? 어떡해요. 어떡해요' 하면서 성령님과 함께 책을 써 내려갔습니다. 내 인생에 기적이 일어났습니다. 한 줄도 못 쓰던 내가 이렇게 많은 양의 책을 썼습니다. 책을 쓴 것은 내 인생 최대의 기적입니다.

이제는 내 안에서 누구나 책을 써야 한다는 마음이 꿈틀거립니다. 당신에게도 "책을 읽지만 말고 책을 써야 된다"고 말하고 싶습니다. 먼저 우리 식구들에게, 형제자매들에게, 만나는 모든 이들에게 책을 쓰라고 말하고 싶습니다.

"이제 가서 백성 앞에서 서판에 기록하며 책에 써서 후세에 영원히 있게 하라."(사 30:8)

당신의 꿈을 믿음으로 선포하면 저절로 이루어진다

당신은 믿음으로 꿈을 선포해 봤습니까?

"사람이 마음으로 믿어 의에 이르고 입으로 시인하여 구원에 이르느니라"(롬 10:10)고 했습니다. 마음으로 믿는 것을 입으로 시인해야 기적이 일어납니다. 당신도 입으로 시인하십시오.

나는 새벽 예배에 갔다 와서 성령님과 함께 얘기하며 공책에 일기도 쓰고 내가 하고 싶은 말을 다 적습니다. 이렇게 기도하고 글을 쓰고 그것을 입으로 선포하면 하나님이 다 이루어 주십니다.

처음엔 글을 잘 쓰지 못했습니다. 그런데 어느 날 볼펜을 잡고 공책에 손을 얹으니 하나님이 글의 제목을 주시고 내용을 줄줄 쓸 수 있도록 자꾸 떠올려 주셔서 글을 쓰고 또 쓰게 되었습니다. 성령님께서 주시는 대로 따라 쓰다 보면 내가 봐도 너무나 놀랍고 신기한 내용의 글이 계속 흘러나와 공책 위에 가득히 적힙니다.

하루는 '우리 목장'이란 제목을 주셨습니다. 우리 교회는 아직 그리 크지 않습니다. 우리 목장은 힘도 없고 약한 어르신들이 모이는 목장입니다. 그런데 "우리 목장이 모델 목장이고 최고의 목장이다"라고 글을 썼습니다. 목사님께 보여 드렸더니 앞에 나가서 발표해 보라고 하셔서 그대로 순종했습니다.

그러자 그 뒤로 할아버지 할머니가 한 분 한 분 오셨습니다.

부부도 아들 딸 손잡고 오시고 이 모양 저 모양으로 이번 주 다음 주에도 계속 등록하셨습니다. 그래서 올해는 우리 목장이 2개 목장으로 나눠졌고 예배는 함께 드리기로 했습니다.

목사님과 모든 성도님들의 기도로 그분들이 오신 것입니다.

나는 단지 믿음의 말을 선포한 것뿐입니다.

당신도 성령님과 함께 선포하십시오. 마음속에 있는 위대한 꿈을 끄집어내어 믿음으로 선포하십시오. 그분이 이루어 주십니다. 믿음으로 선포할 때 최고의 인생, 최상의 인생을 살 수 있습니다.

잠언 23장 7절에는 "대저 그 마음의 생각이 어떠하면 그 위인도 그러한즉"이라고 했고 민수기 14장 28절에는 "그들에게 이르기를 여호와의 말씀에 나의 삶을 가리켜 맹세하노라. 너희 말이 내 귀에 들린 대로 내가 너희에게 행하리니……"라고 했습니다.

하나님은 지금도 살아 계십니다. 그분은 당신이 생각한 대로 말한 대로 다 듣고 이루어 주십니다. 그러므로 부정적인 생각과 말을 하지 말고 오직 믿음의 생각과 말만 하기 바랍니다.

평생 감사하면 모든 것이 합력하여 선을 이룬다

당신은 평생 감사하며 살고 있습니까?

나는 평생 감사하며 살고 있습니다. 때로 이해 안 되는 일이 있어도 감사하면 하나님이 모든 것을 합력하여 선을 이루어 주십니다. 감사하고 또 감사하면 모든 일이 합력하여 결국엔 잘됩니다.

"우리가 알거니와 하나님을 사랑하는 자 곧 그 뜻대로 부르심을 입은 자들에게는 모든 것이 합력하여 선을 이루느니라."(롬 8:28) 그렇습니다. 당신에게 일어난 좋은 일도 나쁜 일도 전능하신 하나님이 다 합력하여 선을 이루게 하십니다. 그러므로 조금 기분 안 좋은 일이 생겨도 낙심하지 말고 하나님을 믿으십시오.

우리 집은 교회와 가깝습니다. 그래서 남편 생일에 케이크와 먹을 걸 조금 들고 교회에 갔습니다. 그때 여 전도사님이 액자를 하나 주셨습니다. 집에 와서 펴 보니 이렇게 씌어 있었습니다.

"항상 기뻐하라. 쉬지 말고 기도하라. 범사에 감사하라. 이는 그리스도 예수 안에서 너희를 향하신 하나님의 뜻이라."(살전 5:16~18)

생전 처음 보는 이 말씀을 읽고 나는 깜짝 놀랐습니다.

그동안 나는 감사하고 싶을 때만 감사하고 기도하고 싶을 때만 기도했는데 이런 말씀이 있었다니……. 나는 그 액자를 식탁 위에 걸어 놓고 늘 쳐다보며 감사하고 기도하고 기쁘게 살았습니다.

그러던 중 아이들은 서울에서 학교 다니고 나는 남편의 직장을 따라 울산에 내려 왔습니다. 남편은 직장에 가서 늦게 들어왔기 때문에 난 늘 혼자였습니다. 너무 외롭고 힘들고 희망 없는 하루 하루를 보내며 살았습니다. 하지만 나는 하나님께 더 가까이 가고 하나님만 간절히 사모하며 모든 어려움을 이겨냈습니다.

나는 감사하라는 말씀대로 살고 싶었지만 잘 안되었습니다.

기도해도 자꾸 불평이 나오고 집에 늦게 들어오는 남편도 미워졌습니다. 남편은 그 액자를 비올 때 베란다 밖으로 집어 던졌습니다. 다시 주워 놓으면 수시로 그 액자를 못 살게 괴롭혔습니다. 그런 남편의 마음이 바뀌어 지금은 아주 잘합니다. 내가 원하는 대로 다 해주려고 하죠. 또 스스로 우리 교회 목사님과 장로님, 집사님, 여러 교회 목사님들에게 식사 대접하기를 좋아합니다.

남편의 믿음이 아주 큽니다. 신기하게도 교회에서 뭐가 필요하다고 하면 채우려고 합니다. 어려운 사람을 돕고 싶어 하며 이 사람 저 사람에게 먼저 손 내미는 것도 좋아합니다. 남편에게 하나님이 실제로 함께 하십니다. 하나님은 남편을 많이 사랑하십니다.

남편은 가정도 잘 이끌어 갑니다. 부지런히 회사 직원들을 돌보며 하루하루 열심히 살아가는 멋지고 좋은 사람입니다. 남편의 믿음은 날마다 더 좋아지고 있습니다. 하나님은 좋은 일이든 나쁜 일이든 우리 가정에서 일어나는 모든 것을 합력해서 선을 이루십니다. 그러므로 나는 성령님과 교제하며 범사에 감사합니다.

당신도 성령님과 교제하면서 평생 감사하며 살 수 있습니다.

나는 부족하나 내 안에 성령님이 계시니까 평생 감사하며 살게 되었습니다. 당신도 평생 감사하며 사십시오. 그러면 모든 문제가 회복되고 치유되고 희망이 생기고 기쁨으로 살 수 있습니다.

받았다고 믿으면 모든 알에 감사할 수 있다

"범사에 감사하라"고 했는데 어떻게 가능할까요?

당신이 한 번 기도하고 구한 것을 받았다고 믿으면 가능합니다. 시간과 공간을 초월해 이미 성령 안에서 당신이 기도한 대로 다 이루어졌다고 믿으면 감사할 수밖에 없습니다.

기도하고 구한 것을 '받을 줄로 믿으면' 금방 안 이루어졌을 때 원망이 나오지만, '받았다고 믿으면' 당장 눈에 보이는 현상과 상관없이 범사에 감사하며 오래 참을 수 있습니다. 예수님은 제자들에게 기도할 때 완전히 믿고 의심하지 말라고 하셨습니다.

"하나님을 믿으라. 내가 진실로 너희에게 이르노니 누구든지 이 산더러 들리어 바다에 던지우라 하며 그 말하는 것이 이룰 줄 믿고 마음에 의심치 아니하면 그대로 되리라. 그러므로 내가 너희에게 말하노니 무엇이든지 기도하고 구하는 것은 받은 줄로 믿으라 그리하면 너희에게 그대로 되리라. 서서 기도할 때에 아무에게나 혐의가 있거든 용서하라. 그리하여야 하늘에 계신 너희 아버지도 너희 허물을 사하여 주시리라 하셨더라."(막 11:22~25)

당신이 남편과 자녀를 위해 기도한 것이 있습니까?

받을 줄로 믿고 수만 번 반복하며 빌어야 하는 것이 아닙니다.

받았다고 믿고 눈에 보이는 현상과 상관없이 감사해야 합니다.

소망형의 기도 곧 '받을 줄로 믿으면' 자신의 생각대로 금방 이루어지지 않았을 때 눈에 보이는 현상과 현실을 보면서 원망과 불평을 하게 됩니다. 하지만 믿음형의 기도 곧 '받았다고 믿으면' 기도한 후에 금방 이루어지지 않아도 그것은 허상이며, 현상과 현실에 상관없이 이미 이루어진 모습을 바라보며 감사하게 됩니다.

지금 눈에 보이는 것이 다가 아닙니다. 기도하고 구한 것을 받았다고 믿어야 합니다. "받은 줄로 믿으라. 그리하면 그대로 되리라"고 했습니다. 그대로 된 모습을 바라보며 믿어야 합니다.

나는 내 기도에 응답하시는 하나님을 믿습니다. 그리고 믿음의 말을 한 후에 조금도 의심하지 않습니다. 받았다고 믿으면 반드시 그대로 됩니다. 받았다고 믿기 때문에 다 용서할 수 있습니다.

이 말씀을 가족 구원에도 그대로 적용할 수 있습니다.

나는 우리 가문이 모두 예수 믿고 구원받아 성령 충만하며, 평생 감사하며 하나님께 영광 돌리는 믿음의 명문가로 살고 있음을 확신하며 감사하고 있습니다. 이렇게 기도하고 구한 것은 시간과 공간을 초월해 성령 안에서 이미 다 이루어졌다고 믿습니다.

"주님, 우리 가정만 아니라 자자손손 천대까지 믿음의 명문가가 되어 하나님께 영광 돌리며 살게 해주시니 감사합니다. 이 모든 것이 하나님의 은혜입니다. 주님, 우리 가문을 통해 영광 받아주옵소서. 예수님 이름으로 기도드립니다. 아멘."

나는 재벌 아빠를 모시고 산다

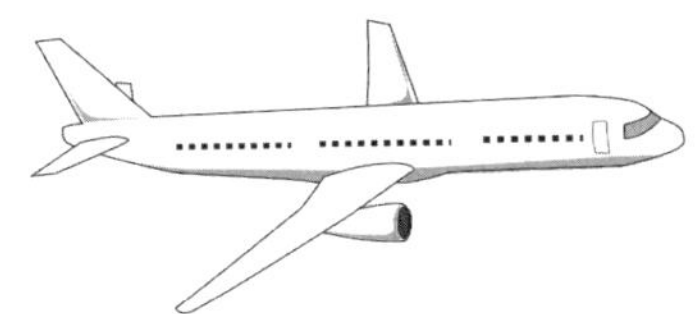

당신은 하나님의 자녀입니까?

나는 하나님의 자녀입니다. 하나님이 나의 아빠입니다.

내가 하나님의 자녀가 되기 전에 우리 집은 자주 고사를 지냈습니다. 부적이 늘 우리 집에 붙어 있었습니다. 3대째 불교 집안에서 태어난 나는 하나님의 선택으로 예수님을 영접했습니다.

그 이후로 내 인생이 완전히 바뀌었습니다.

나처럼 성령의 술에 취하면 저절로 잘된다

나는 첫 딸을 낳아 우리 집 가까운 교회에서 운영하는 어린이

집에 보내는 것이 계기가 되어 교회에 다니기 시작했습니다.

1년에 열 번 정도 주일예배에 갔습니다. 주일에 가고 싶으면 가고 가기 싫으면 안 갔습니다. 하나님의 자녀로 하나님의 영광을 드러내지 못했습니다. 거의 매일 술을 먹었습니다. 남편 사업으로 인해 진 빚 때문에 가난을 면치 못했습니다. 잠언에 "술을 즐기는 자는 가난을 면치 못한다"고 했습니다. 온전한 복음을 깨닫고 즉시 술을 끊었습니다. 당신도 잘되려면 술을 끊고 오직 성령의 술에 취하십시오. 어떻게 하면 될까요? 쉽습니다.

성령님이 내 안에 가득히 계신다고 믿으면 됩니다. "술 취하지 말라. 이는 방탕한 것이니 오직 성령으로 충만함을 받으라"(엡 5:18)고 했는데 이 말씀은 '성령 충만한 상태를 계속 공급받으라'는 말입니다. 수도 파이프에 물이 항상 가득한 것처럼……

옛날에는 예수님을 믿으면서도 행복하지 못했습니다. 그런 내게 성령님이 찾아오셨습니다. 성령님을 만남으로 인해 내 인생이 완전히 바뀌었습니다. 내면의 목마름이 단방에 해결되었습니다. 나는 '내 안에 실제로 성령님이 살아 계신다'는 온전한 복음을 깨달았습니다. 그 순간 행복의 강물이 흐르기 시작했습니다.

나의 최고의 목마름은 외로움이었습니다. 남편, 친구들, 부모, 형제들, 그 누구도 나의 외로움을 채우지 못했습니다. 오직 나의 하나님 아빠만 채울 수 있었습니다. 나는 성령님을 인격적으로 만난 이후로 지금까지 한 번도 외롭다고 느낀 적이 없습니다.

성령님은 나의 최고의 친구이자 애인입니다.

밤낮 싱글벙글 웃으면 저절로 잘된다

며칠 전에 샤워를 하려고 준비하는 내게 남편이 말했습니다.

"뭐가 그리 좋아서 싱글벙글해?"

나는 그냥 활짝 웃었습니다.

내가 왜 싱글벙글했을까요?

첫째, 성령님 때문입니다.

성령님과 사는 게 그냥 억만 번이나 행복합니다.

둘째, 하는 일마다 잘되기 때문입니다.

내 사전에는 부정적인 생각은 없습니다. 사건과 상황을 뛰어 넘어 매일 하는 일마다 잘되고 있다고 믿습니다. 하나님이 제일 싫어하는 것이 믿음 없는 부정적인 생각과 말입니다.

2015년 성령님께서 내게 하나님의 이름을 두고 맹세하셨습니다. "내가 네게 맹세한다. 네가 구한 모든 것을 다 응답하겠다."

나도 온전한 복음을 깨닫고 자원하는 마음으로 하나님께 충성을 맹세했습니다. "죽도록 충성을 맹세합니다."

사람의 마음은 변하기도 합니다. 하지만 하나님은 절대로 변하지 않는 전능자입니다. 하나님은 맹세를 지키시는 분입니다. 아브라함에게 한 맹세를 지킨 하나님이 바로 나의 하나님이십니다.

얼마 전 나의 하나님이 내게 이런 말씀을 하셨습니다.

"평생 충성을 맹세한 대로 네 삶을 잘 마쳤다."

그리고 매일 성령님을 알아 가는데 이렇게 알려 주셨습니다.

"나는 너에 대해 확신하고 확신하는 신이다."

나는 성령님께 물어 봤습니다.

"성령님, 무엇을 확신한다는 뜻인지요?"

성령님께서 내게 친절히 알려 주셨습니다.

"네가 나를 끝까지 믿고 생을 아름답게 장식한 것을 나는 확신하고 확신한다."

하나님은 시간과 공간을 뛰어 넘는 신입니다. 하나님은 나보다 나를 더 잘 아시는 분입니다. 내 인생에서 가장 행복한 건 바로 성령님이 나와 함께 계신다는 것입니다. 나는 내가 구한 모든 걸 하나님께 맡기고 오늘 나와 함께한 성령님으로 인해 억만 번이나 행복하게 생활합니다. 내 앞에 내 안에 계신 성령님을 보며 싱글벙글합니다. 그래서 항상 기쁘고 즐겁습니다.

셋째, 모든 것이 넘치기 때문입니다.

내게는 모든 게 넘칩니다. '넘침 마인드'가 '부족 마인드'를 삼켰습니다. 나는 오래 전 부터 넘침 마인드로 하나님을 기쁘게 했습니다. 나는 항상 넘치고 넘친다는 고백만 합니다. 그래서 억만 번이나 감사만 나옵니다. 매일 싱글벙글합니다. 나는 성령님 때문에 넘치는 삶을 살게 되었습니다. 내 잔이 넘칩니다.

"와! 억만 번이나 감사합니다."

당신도 "부족하다, 부족하다"고 말하지 말고 "넘친다, 넘친다"고만 말하십시오. 그렇게 생각하고 말하고 믿으십시오. 그럴 때 하나님이 기뻐하시고 그 믿음대로 모든 것이 넘치게 됩니다.

"내 잔이 넘치나이다."(시 23:5)

하나님 앞에서 단독자로 살면 저절로 잘된다

당신은 하나님 앞에 단독자로 삽니까?

나는 하나님 앞에 단독자로 삽니다. 나는 3대째 불신자 집안에서 태어났습니다. 그러나 11년 전에 강한 성령을 체험했습니다.

성령님의 강권하심으로 서울목자교회를 다니게 되었습니다.

성령이 뭔지도 몰랐습니다. 나는 하늘에 계신 하나님만 알았습니다. 서울목자교회 와서 내 안에 실제로 크신 성령님이 살아 계시다는 걸 알았습니다. 그리고 내 밖에 내 주위를 둘러싸고 계시다는 것도 알았습니다. 나는 온전한 복음을 깨닫고 즉시 성령님을 내 앞에 모시고 살았습니다. 매일매일 성령님을 모시고 다니며 친밀하게 이야기를 나눴습니다. 이렇게 말씀드렸습니다.

"성령님, 사랑해요. 오늘은 어디로 전도를 갈까요?"

나는 성령님과 아주 많이 친밀합니다. 며칠 전에 성령님께서 갑자기 내게 이런 말씀을 하셨습니다.

"네가 여태껏 내게 물어본 게 몇 번인 줄 아니?"

나는 "모르겠습니다" 하고 말했습니다.

성령님께서 "가르쳐 줄까?" 하고 말씀하셨습니다.

나는 그런 것에 관심을 두고 싶지 않았습니다.

"괜찮습니다. 안 알려 주셔도 억만 번이나 만족합니다."

그런데 가만히 생각해보니 성령님이 주시는 건 다 좋은 것이라는 마음이 들었습니다. 그래서 생각을 바꿨습니다.

"알려주세요."

성령님께서 친절하게 정확하게 끝자리 숫자까지 알려 주셨습니다. 책에 쓸 거라서 그냥 줄여서 5000번 이상이라 쓰라고 하셨습니다. 나는 궁금해서 다른 걸 물어 봤습니다.

"성령님, 제가 여태껏 성령님께 도움을 구한 건 몇 번인가요?"

성령님께서 말씀해 주셨습니다.

"15,000번이 넘는다."

와! 놀랍습니다. 11년간 성령님과 함께 지내면서 그분께 도움을 구한 게 15,000번이 넘는다는 게 말입니다. 내가 그만큼 성령님께 도움을 많이 구한 사실에 놀랐습니다. 성령님께서 얼마 전에 내게 타이틀을 주셨습니다. 매일 내가 살고 있는 삶이라고 하셨습니다. "하나님 앞에 단독자로 사는 최고의 왕."

내 안에 실제로 만왕의 왕이신 성령님이 계십니다. 예수를 믿는 사람은 누구나 왕 같은 제사장입니다. 그의 택한 백성입니다.

나는 자아가 완전히 죽어서 펄펄 날리는 먼지 같습니다. 다 타버린 재 같습니다. 성령님은 언제든지 나를 통해 그분이 원하시는 일을 마음껏 하십니다. 나는 성령님께 고백했습니다.

"주님이 내 안에 살아 계십니다."

내 안에 평생 나는 없고 주님만 있습니다.

사도 바울도 자기 안에 예수님만 사신다고 고백했습니다.

"내가 그리스도와 함께 십자가에 못 박혔나니 그런즉 이제는 내가 사는 것이 아니요 오직 내 안에 그리스도께서 사시는 것이라. 이제 내가 육체 가운데 사는 것은 나를 사랑하사 나를 위하여 자기 자신을 버리신 하나님의 아들을 믿는 믿음 안에서 사는 것이

라.”(갈 2:20~21)

나는 저절로 잘되는 삶을 살고 있습니다. 왜 그럴까요?

첫째, 나는 이미 그리스도 안에서 완전히 죽었습니다.

날마다 나를 부인합니다. 나는 항상 주님만 인정합니다.

“주님이 하셨습니다.”

둘째, 나는 주님의 통로일 뿐입니다.

그동안 성령님이 일하실 때마다 나는 항상 뒤로 물러나 있었습니다. 한 번도 내가 뭘 한다고 설친 적이 없습니다. 나는 항상 성령님이 하시는 일을 지켜보기만 했습니다.

이런 나를 성령님이 칭찬하셨습니다.

“매일 엎드리길 좋아하는 내 종아. 너는 정말 네가 뭘 한다고 설친 적이 없다. 다 내게 맡기고 잠을 쿨쿨 잤지. 그래서 나는 네가 참 좋다. 네 인생에 내가 일하기도 참 좋다.”

셋째, 내 안에 주님만 계시는 세 억만 번이나 좋습니다.

나는 ‘그는 여호와 창조의 하나님’이란 찬양을 좋아해서 자주 부릅니다. “지존의 하나님, 아브라함의 하나님, 여호와 샬롬 평강의 하나님…….” 하나님은 ‘아브라함의 하나님’이라 불렸습니다. 그의 자아가 죽었기 때문입니다. 그리스도 안에서 나의 자아가 죽었기 때문에 하나님도 영원히 ‘박미혜의 하나님’이 되셨습니다.

“내 안에 살아 계신 박미혜의 하나님을 높이고 높입니다.”

당신도 ‘나’를 내세우며 주인 행세하지 말고 하나님을 주인으로 인정하고 모시기 바랍니다. 주님은 곧 ‘주인님’이란 말입니다.

당신이 “주님” 하고 부를 때 그분을 주인님으로 모시는 것입니다. 그렇다면 온전히 주인님을 바라보고 의지해야 합니다.

"종의 눈이 그 상전의 손을, 여종의 눈이 그 주모의 손을 바람같이 우리 눈이 여호와 우리 하나님을 바라며 우리를 긍휼히 여기시기를 기다리나이다."(시 123:2)

주인님이 일하시면 저절로 다 잘됩니다.

3대째 불신자 집안이 믿음의 명문가 집안이 되었다

당신은 믿음의 집안입니까?

나는 믿음의 집안입니다. 내가 온전한 복음을 깨닫기 전에는 3대째 불신자 집안이었는데 바뀌었습니다. 하나님은 능력이 심히 크신 분입니다. 안 되는 것을 되게 하시는 전능자이십니다.

나는 내 힘으로 여태껏 사람들을 영접시키고 전도한 적이 없습니다. 온전한 복음을 깨닫고 즉시 하루에 두 시간 이상 전도를 다녔습니다. 그때마다 나는 성령님께 이렇게 여쭈었습니다.

"성령님, 어디로 전도하러 갈까요? 제 발을 인도해 주세요."

"성령님, 이 사람을 영접시키라고 하셨죠? 도와주세요."

그렇게 11년간 수많은 사람들을 만났습니다.

그때마다 다 성령님께 묻고 맡겼습니다. 온전한 복음을 깨닫고 몇 달 만에 엄마를 영접시켰습니다. 오빠를 영접시켰습니다.

친척들을 영접시켰습니다. 모두 하나님이 하셨습니다.

나는 한 번 기도하고 구한 것은 받은 줄 믿고 살았습니다. 다 주님께 맡겼습니다. 그러자 때가 차매 주님이 행하셨습니다. 3대째 불신자 집안이 믿음의 명문가 집안이 되었습니다.

어리바리하고 연약한 나를 집안의 지도자로 하나님이 선택하셨습니다. 하나님은 외모를 보지 않습니다. 사람의 중심을 보시는 분입니다. 그 당시 나의 외모는 초라했습니다. 남편 사업으로 인해 진 빚으로 가난했습니다. 몸은 병들었습니다. 자신감은 완전히 바닥이었습니다. 철도 안 들었습니다. 눈빛은 꿈이 없어 흐리멍덩했습니다. 아무도 나를 인정해 주지 않았습니다.

"넌 도대체 하는 것마다 왜 그러니? 철 좀 들어라."

아주 귀에 못이 박힐 정도로 들었습니다. 그런 내게 하나님 아빠가 찾아 오셨습니다. 내 마음, 내 생각, 내 모든 걸 내려놓게 만드는 전지전능한 신이 내 안에 찾아오신 것입니다.

그분이 말씀하셨습니다. "미혜야, 넌 천재야."

나는 맞장구를 쳤습니다.

"맞아, 난 천재야. 내 안에 계신 성령님이 천재시니까."

난 온전한 복음을 깨닫고 지금까지 천재라는 사실을 한 번도 의심한 적이 없습니다. 한 번 천재는 영원한 천재입니다. 나는 솔로몬처럼 지혜롭게 되었습니다. 내 안에 지혜가 가득합니다.

하나님을 경외하는 것이 가장 큰 지혜다

당신은 어떤 지혜를 구하고 있습니까?

세상에서 가장 큰 지혜는 하나님을 경외하는 것입니다.

하나님 앞에 머리를 조아리는 사람은 자손 천대까지 복을 받습니다. 하나님 앞에 머리를 치켜드는 사람은 패망합니다. 나는 하나님 앞에 머리 드는 걸 가장 싫어합니다. 원래부터 그랬습니다. 나는 날마다 나를 부인합니다. 범사에 하나님을 인정합니다.

나는 매일 하나님 앞에 억만 번이나 행복하게 엎드립니다.

"저는 이렇게 엎드리는 게 좋아요. 제가 조금이라도 설치면 종아리를 쳐서 굴복시켜 주세요."

이런 내게 성령님께서 오히려 칭찬해 주셨습니다.

"넌 절대 종아리 칠 일이 없다. 네 자아가 죽었고 네 안에 나만 살아 있으니까. 난 너의 외모를 취하지 않았다. 너의 중심을 이미 알고 있었다. 나는 가난하고 병들어 죽어 가는 너를 나의 신부로 삼고 전 세계에 온전한 복음을 전하는 통로로 쓸 거라 계획하고 네게 기름을 부었다. 너의 중심은 언제나 나였어. 언제나, 언제나, 언제나 변함없이……."

나의 남편이신 하나님은 항상 내 편이시다

당신은 누구의 편입니까? 당신 편은 누구입니까?

사람의 편이 되지 말고 하나님의 편이 되십시오. 수많은 사람들을 당신 편으로 만들려고 뛰어다니지 말고 하나님을 의지하십시오. 하나님이 당신의 편이 되시면 두려울 게 없습니다.

사울 왕은 백성을 자기편으로 만들려고 하나님을 등졌습니다.

다윗 왕은 하나님을 자기편으로 삼고 백성을 다스렸습니다.

사울은 하나님께 묻지 아니하므로 하나님이 죽이셨고 그 왕위를 다윗에게로 옮기셨습니다. 당신도 다윗처럼 하나님의 편이 되십시오. 사람을 두려워하지 마십시오. 강하고 담대하십시오.

나는 평생 하나님만 의지하기로 작정했습니다.

나의 주님은 언제나 내 편입니다. 나는 그분을 많이 사랑합니다. 그분은 내 안에 살아 계십니다. 그분은 어떤 분일까요?

첫째, 하나님은 나의 위로자이십니다.

나는 온전한 복음을 깨닫고도 율법주의 교사에게 배운 정죄하는 옛 습관이 내 마음에 남아 있었습니다. 그래서 온 천하 만물과 주위 사람들을 억만 번이나 축복하면서도 정작 나 자신은 축복하지 못했습니다. 나는 하나님만 바라보며 살았는데 나보다 늦게 서울목자교회에 온 분들이 물질 축복을 더 빨리 많이 받았습니다.

나는 눈물로 나 자신을 정죄했습니다.

"나는 왜 이럴까?"

이런 나를 주님이 위로해 주셨습니다.

"넌 중심이 내게 있어."

그리고 더러운 정죄의 끈을 끊게 해주셨습니다. 내게 억만 번이나 축복을 계속하자 '단기간에 가장 큰 복을 받은 자'로 하나님께서 책에 쓰게 하셨습니다. 그게 무엇일까요?

"세상에서 가장 큰 복은 내 음성을 가장 많이 듣는 것이다."

땅이나 빌딩, 아파트보다 더 큰 복은 '하나님의 음성'입니다.

"주님의 교훈은 금 곧 많은 순금보다 더 귀하다."(시 19:10)

그리고 주님께서는 나로 하여금 현상과 현실에 상관없이 무조건 억만 번이나 감사하는 삶을 살게 하셨습니다. 매일 큰 꿈을 꾸는 자로 만드셨습니다. 하나님께서 내게 '꿈 대통령, 독대 대통령, 감사 대통령. 결제 대통령'이라고 하시며 이름을 주셨습니다.

비록 정죄하지 말라는 말씀에 더디 순종하긴 했지만 하나님은 내게 돈으로 바꿀 수 없는 큰 복으로 나를 위로해 주셨습니다. 주님은 내 편입니다. 주님은 당신 편입니다. 우리는 예수님의 뜨거운 신부입니다. 우리의 남편이신 예수님은 신부들의 편입니다.

"일곱 대접을 가지고 마지막 일곱 재앙을 담은 일곱 천사 중 하나가 나아와서 내게 말하여 이르되 '이리 오라. 내가 신부 곧 어린 양의 아내를 네게 보이리라' 하고 성령으로 나를 데리고 크고 높은 산으로 올라가 하나님께로부터 하늘에서 내려오는 거룩한 성 예루살렘을 보이니 하나님의 영광이 있어 그 성의 빛이 지극히 귀한 보석 같고 벽옥과 수정 같이 맑더라."(계 21:9~11)

둘째, 하나님은 언제나 내 편이십니다.

하나님이 내 편이 되시므로 나는 항상 승리했습니다.

나는 전도나 일에 대해 항상 변함없이 성령님께 묻고 합니다.

그러면 잘되든 못되든 다 승리한 것입니다. 현상과 상관없이 다 잘되고 있는 것입니다. 주님이 내 편 되셔서 승리했습니다.

당신도 현상에 속지 말고 믿음으로 승리하십시오. 요셉을 보십시오. 수많은 나쁜 현상과 비참한 현실이 그에게 있었지만 그는 하나님의 약속을 의심하지 않고 시간과 공간을 초월해 성령 안에서 이미 다 이루어졌다는 '믿음의 꿈'을 믿었습니다. 당신도 하나님을 믿으십시오. 하나님 안에 있는 당신을 믿으십시오. 하나님이 주신 믿음의 꿈을 믿으십시오. 그러면 믿음의 선한 싸움에 항상 승리합니다. "믿음의 선한 싸움을 싸우라."(딤전 6:12)

셋째, 하나님은 나의 힘이 되십니다.

"너는 내 힘으로 산다. 너의 옛 사람은 완전히 죽었다."

나는 하나님의 힘으로 천국같이 살다가 천국으로 갑니다.

"와! 힘이 넘칩니다. 내 인생에 두려울 게 없습니다."

당신도 하나님을 사랑하고 하나님을 힘으로 삼으십시오.

"나의 힘이 되신 여호와여, 내가 주를 사랑하나이다. 여호와는 나의 반석이시요 나의 요새시요 나를 건지시는 자시요 나의 하나님이시요 나의 피할 바위시요 나의 방패시요 나의 구원의 뿔이시요 나의 산성이시로다. 내가 찬송 받으실 여호와께 아뢰리니 내 원수들에게서 구원을 얻으리로다."(시 18:1~3)

성령님께 노골적으로 물으면 세미한 음성으로 대답해 주신다

당신은 성령님이 얼마나 부드러운 분인지 아십니까?

성령님은 아주 부드러운 분입니다. 나는 11년 전에 율법주의 행위를 가르치던 한 교회에서 성령을 체험했습니다. 그때 성령님은 부드럽고 작은 회오리바람으로 나를 찾아와 부드러운 솜사탕처럼 내 가슴을 만지셨습니다. 나의 성령님은 내가 물을 때마다 부드러운 음성으로 대답해 주셨습니다.

"성령님, 오븐에 고구마 몇 개 넣을까요?"

"열 개."

성령님은 내가 묻는 걸 아주 좋아하십니다. 나는 이렇게 작은 것이나 큰 것이나 묻고 산 지 11년이 되었습니다. 나는 어린아이 같아서 하나님 아빠에게 묻는 걸 참으로 좋아합니다.

"아빠, 저는 머리를 많이 기르고 싶습니다. 어떻게 할까요?"

하나님 아빠는 부드러운 음성으로 말씀하십니다.

"한 번밖에 없는 인생, 네 하고 싶은 대로 하렴. 그 대신 남편이 그만 길러라 하면 그만 기르렴."

나는 기분이 엄청 좋아 남편에게 물어 봤습니다. 남편은 좋다고 했습니다. 남편은 내 긴 머리를 좋아합니다. 요즘 머리를 길렀더니 남편이 아주 좋아합니다. 남편은 계속 기르라고 했습니다.

성경에도 긴 머리에 대한 이야기가 몇 군데 나옵니다.

"머리는 순금 같고 머리털은 고불고불하고 까마귀 같이 검구나. 머리는 갈멜산 같고 드리운 머리털은 자주 빛이 있으니 왕이 그 머리카락에 매이었구나."(아 5:11, 7:5)

긴 머리털은 여자에게 영광이 됩니다.

"만일 여자가 긴 머리가 있으면 자기에게 영광이 되나니 긴 머리는 가리는 것을 대신하여 주셨기 때문이니라."(고전 11:15)

당신도 여자라면 머리털을 길러 보십시오.

영화배우보다 억만 배나 멋진 하나님 아빠

당신은 어떤 아빠가 있습니까?

나는 부드러운 아빠를 참 좋아합니다. 나는 어린 시절 일찍 아빠를 잃었습니다. 그래서 나는 항상 부드럽고 자상한 아빠를 꿈꿨습니다. 한때는 텔레비전에 나오는 중년 남자 배우를 보며 그 사람이 내가 꿈꾸는 아빠의 모델이라고 생각하기도 했습니다.

그러던 어느 날 그 배우보다 억만 배나 좋은 하나님 아빠가 찾아 왔습니다. 난 천하를 다 얻은 것같이 기뻤습니다. 정말 억만 번이나 행복해 춤을 췄습니다. 방바닥을 성령님과 함께 뒹굴었습니다. 하루 중 잠자 전까지 성령님과 계속 이야기를 나눴습니다.

아이들은 자기 아빠에 대한 자랑을 많이 합니다.

"우리 아빠 부자야."

"우리 아빠 대통령이야."

"우리 아빠 의사야."

세상 아빠는 영원하지 못하지만 하나님 아빠는 영원합니다.

하나님 아빠와 함께라면 세상에 두려울 것이 없습니다.

하나님은 나를 통해 큰일을 하기 원하셨습니다. 무엇일까요?

바로 잃은 영혼을 구원하는 전도였습니다. 한 영혼이 온 천하보다 귀하다고 했기 때문에 나는 전도하고 싶었습니다. 하지만 두려웠습니다. 하나님을 만나기 전에 나는 사람을 가장 무서워했습니다. 사람들이 한 마디 하면 생쥐처럼 작은 소리에도 덜덜 떨었습니다. 죄를 지은 것도 없는데 사람들과 마주치면 피했습니다.

그러나 다윗의 하나님이 나의 하나님이 되셨습니다. 내 안에 강한 용사이신 성령님이 계셨습니다. 나는 사람들을 만나 전도하면서 무척이나 성령님을 의지했습니다. 지금의 나는 막강합니다. 그때 한없이 성령님을 의지하고 도움을 구하면서 단련되고 단련된 나이기 때문입니다. 나는 이제 사람을 두려워하지 않습니다.

나는 온전한 복음을 깨닫고 사람들을 만날 때마다 내 자랑을 한 번도 한 적이 없습니다. 사실 온전한 복음을 깨닫기 전에도 마찬가지였습니다. 왜냐고요? 자랑할 게 있어야 자랑하지요. 미련하고 연약하고 철이 안 들었다는 말만 듣고 살았으니까요.

예수님이 십자가에서 다 이루었다는 온전한 복음을 깨닫고 난 다음부터는 내 안에 실제로 살아 계신 성령님 자랑만 했습니다.

"이 책은 제가 쓴 책이 아닙니다. 성령님이 제 손으로 쓰게 하셨습니다. 예수님의 피로 예수님의 마음으로 쓴 것입니다."

나의 성령님이 이미 다 아십니다. 성령님께서 말씀하셨습니다.

"그래, 넌 한 번도 네 자랑을 하지 않았지. 앞으로도 평생 그렇게 살게 되었다. 넌 내 자랑하는 걸 억만 번이나 좋아하고 기뻐하는 신실하고 특별한 종이니까."

하나님께서 왜 내게 평생 하나님만 자랑하고 살 거라는 확신을 주셨을까요?

첫째, 내가 목숨을 다해 충성하기 때문입니다.

나는 영혼을 한없이 사랑합니다. 여태껏 성령님께서 지시한 사람을 한 명도 놓친 적이 없습니다. 내 기분과 열악한 상황을 뛰어넘어 정확하게 가서 전도했습니다. 내 안에 실제로 살아 계신 성령님은 영혼을 한없이 사랑하십니다. 그래서 나는 그분과 함께 목숨을 걸고 영혼을 수확하러 갔습니다. 지금도 그렇습니다.

돈에 대해서도 그렇습니다. 11년간 십 원짜리 하나도 내 마음 대로 사용하지 않았습니다. 내 모든 돈의 주인이 성령님이시므로 앞으로도 계속 그렇게 할 것입니다. 이 생활이 억만 번이나 좋기 때문입니다. 내가 이 땅에서 마음껏 누리며 부요하게 사는 것이 하나님의 뜻입니다. 그리고 죽어 가는 영혼을 살리는데 돈을 쓰길 원하십니다. 나는 영혼 구원에 돈을 아끼지 않습니다.

둘째, 하나님은 나의 마음을 꿰 뚫고 계시는 전능자이십니다.

나는 나를 다 모르지만 성령님은 나를 다 아십니다. 내가 온전한 복음을 전할 때 내가 얼마나 행복해 하는지 말입니다. 눈에서 불꽃이 튑니다. 뜨거운 눈물이 납니다. 사람을 만나 온전한 복음을 전할 때마다 나는 항상 성령님께 도움을 구했습니다.

"성령님, 제 입을 열어 말씀하세요. 도와주세요."

나를 부인하고 항상 성령님을 인정했습니다. 그래서 항상 대성공이었습니다. 당신도 성령님과 함께 나가 전도하십시오.

"아, 성령님 자랑이 억만 번이나 좋습니다."

"아, 나의 하나님 아빠 자랑이 억만 번이나 신납니다."

하루살이처럼 마음 졸이지 말고 100년 마인드로 크게 살라

당신은 마음에 조바심이 있습니까?

나는 조바심이 없습니다. 100년 마인드로 크게 생각하고 멀리 내다봅니다. 조바심이란 '조마조마하여 마음을 졸인다'는 뜻입니다. 그런다고 바뀌는 것은 하나도 없습니다. 하나님께 다 맡기고 평안을 누리십시오. 성령님의 음성을 따라 사십시오.

나는 매일 새로운 큰 꿈을 꿉니다. 여태껏 하루를 시작하는 나만의 시간에 큰 꿈을 꾼 것만 해도 엄청나게 많습니다. 하지만 나 스스로 뭔가를 이루어 보겠다는 생각을 해본 적은 없습니다.

나는 꿈을 꾸고 내 꿈의 주인님이신 성령님께 던져 놓습니다.

내가 모든 일에 조바심이 없는 이유가 있습니다. 무엇일까요?

이미 다 이룬 걸 믿음의 눈으로 보기 때문입니다. "믿음은 바라는 것들의 실상이다"라고 했습니다. 나는 실상을 붙듭니다. 나는 이미 내가 기도하고 구한 것, 내가 꿈꾼 것들을 다 받았다는 '계약서'를 들고 있습니다. 하나님이 말로 하신 약속 곧 '언약'이 내게는 계약서와 같습니다. 하나님이 그렇다고 하면 그런 겁니다.

이러한 나의 믿음은 성령님께서 주신 은혜입니다. 또한 나는 이미 그리스도 안에서 죽었습니다. 내 눈은 성령님의 눈입니다. 그러므로 나는 성령님의 눈을 통해 과거와 현재와 미래를 봅니다.

성령님이 보실 때 내 모든 꿈과 소원은 다 이루어졌습니다.

또 내게 조바심이 없는 이유가 있습니다. 무엇일까요?

첫째, 오늘을 가장 사랑하기 때문입니다.

둘째, 성령님을 가장 크게 보기 때문입니다.

셋째, 나의 주인이신 성령님의 꿈이기에 지켜만 볼 뿐입니다.

넷째, 성령님과 연애를 하며 살면서 하루를 보람되게 보내는 걸 억만 번이나 좋아하기 때문입니다.

다섯째, 어차피 목적지에 도착했기 때문입니다.

"그러므로 내가 너희에게 말하노니 무엇이든지 기도하고 구하는 것은 받은 줄로 믿으라. 그리하면 너희에게 그대로 되리라." (막 11:24)

그래서 나는 매일 웃고 웃고 또 웃습니다. 매일 덩실 덩실거립니다. 성령님과 함께 보내는 하루는 세상이 주는 기쁨과 비교도 안 됩니다. 매일 내 입술에서 이 말이 줄줄 나옵니다.

"성령님, 억만 번이나 행복합니다. 성령님, 억만 번이나 감사합니다. 예수님, 사랑합니다. 죽도록 사랑합니다. 미치도록 사랑합니다. 전 세계가 다 탈 정도로 사랑합니다. 마음을 다해 목숨을 다해 뜻을 다해 힘을 다해 사랑합니다."

내 삶에 만족이 넘치기 때문에 계속 행복과 사랑의 고백이 터져 나옵니다. 며칠 전 성령님께서 내게 말씀하셨습니다.

"너는 매일 내 생각만 머릿속에 꽉 차 있구나. 오직 나만 바라보고 행복해 하는구나. 매일 나를 사랑해 줘서 고맙다."

내게 성령님은 고맙다는 말을 종종 하십니다.

나는 생각했습니다.

'아, 예수님을 믿지만 율법주의 행위로 점점 예수님을 사랑하는 마음이 얼음장처럼 식어 가는 사람이 얼마나 많은가? 나는 온전한 복음 안에서 해가 갈수록 더 뜨겁게 성령님을 사랑하고 있어. 그래서 고마운가 봐. 이 모든 것이 하나님의 은혜야.'

나는 나의 생각이 맞는지 성령님께 물어 봤습니다.

"성령님, 제 생각이 맞나요?"

성령님께서 자상하게 말씀해 주셨습니다.

"그래, 넌 해가 갈수록 나를 더욱 뜨겁게 사랑하는구나. 매일 내게 입 맞추고 너의 삶을 완전히 내게 맡기고 평온해 하는구나. 부족한 게 있지만 넌 언제나 넘친다는 고백만 하는구나. 아침에 눈 뜰 때부터 잠들 때까지 나를 앞에 두고 사는 최고의 아내이자 나의 종이다. 억만 번, 억만 번, 억만 번, 억만 번이나 축복한다."

율법주의 행위의 가르침을 받고 죽어 가던 나를 살리신 성령님, 온전한 복음으로 나를 살리신 성령님께 감사드립니다.

돈, 명예, 학벌, 숫자 등이 날 살린 게 아닙니다. "내 안에 실제로 성령님이 살아 계신다"는 말에 즉시 내 영혼이 살아났습니다.

"와! 와! 와! 아빠가 내 안에 살아 계신대."

아빠와 손잡고 평생 천천히 가는 게 억만 번이나 좋습니다.

그 길은 꿈길입니다. 그 길은 꽃길입니다. 그 길은 다정한 아빠가 나를 위해 준비한 최고의 길입니다. 혼자가 아니라서 억만 번이나 더 좋습니다. 나는 오늘도 아빠에게 고백합니다.

"아빠와 함께 가서 억만 번이나 행복해요. 아빠, 아주 많이 사랑합니다. 제가 많이많이 사랑해 드릴게요."

| 하나님 아빠 음성을 듣다 |

신이 말을 한다.

천지를 지은
하나님 아빠.

나를 만든
하나님 아빠.

달콤하게
부드럽게
온화하게.

아예 내가
좋아 내 속에
들어 오셨다.

온 천지 만물을
지은 부요한
하나님 아빠.

내 안에 부요함이
넘친다.
어제도 부요
오늘도 부요
내일도 부요하다.
영원히 부요하다.

나는 성령님이 시키는 모든 일에 충성한다

당신은 충성의 뜻을 아십니까?

충성이란? '진정으로 우러나오는 정성, 특히 임금이나 국가에 대한 것'이라는 뜻입니다. 나는 지식백과에 써진 충성이라는 뜻을 몰랐지만 하나님께 충성하고 있습니다. 단지 온전한 복음을 깨닫고 하나님을 너무나 사랑하는 마음에 억만 번이나 기쁘게 충성을 맹세했습니다. 내가 생각한 충성은 이런 것이었습니다.

"성령님이 시키는 모든 일에 충성하자."

나는 당연히 온전한 복음을 생명처럼 생각하고 천국 가는 날까지 전해야 한다고 생각했습니다. 나의 삶을 다 바쳐 뭐든 주님이 시키는 일에 충성되게 하겠다는 맹세였습니다. 성경에서 말하는 충성은 창세기부터 요한계시록까지 복음에 충성하라는 것입니다.

"서머나 교회의 사자에게 편지하라. 처음이며 마지막이요 죽었다가 살아나신 이가 이르시되 내가 네 환난과 궁핍을 알거니와 실상은 네가 부요한 자니라."(계 2:8~9)

나는 온전한 복음의 비밀을 맡은 자입니다. 이 시대 최고의 복음전도자입니다. 나는 11년 전에 온전한 복음을 깨닫고 지금까지 온전한 복음만 전합니다. 똑같은 말을 매일 반복합니다.

"예수님을 믿으면 누구나 의인입니다. 성령 충만합니다. 건강합니다. 부요합니다. 지혜가 넘칩니다. 평화가 넘칩니다. 새 생명이 가득합니다."

몇 년 전에 나는 빈손인 내게 잠실로 이사하라고 하신 성령님의 음성을 듣고 무작정 이삿짐을 실었습니다. 이사하기 전 주위 사람들에게 집을 얻을 돈을 부탁했지만 들어 주지 않았습니다.

하지만 나는 하나님의 큰 손만 바라보고 억만 번이나 행복하게 이사했습니다. 나는 실상을 봤습니다. 내 안에 부요하신 하나님을 봤습니다. 이사 오는 중에도 나는 이삿짐센터 직원들과 사장에게 온전한 복음을 전했습니다.

"부요하신 하나님을 믿으면 저처럼 부요하게 살게 됩니다."

나는 이미 하나님께서 집을 구할 돈을 주셨다는 믿음으로 온전한 복음을 전했습니다. 그때 나는 한 치의 의심이나 부끄러움도 없이 아주 당당하게 그들에게 온전한 복음을 전했습니다.

결국 내 믿음대로 하나님께서 집을 주셨습니다.

나는 실상인 부요하신 하나님만 바라보고 삽니다.

궁핍한 현실은 허상입니다. 잠시 있다 지나갑니다.

어떻게 하면 나처럼 부요한 삶을 살 수 있을까요?

첫째, 내 눈에는 부요하신 하나님만 보입니다.

부요하신 하나님만 바라보고 산 11년간 10원도 빚지지 않았습니다. 오히려 꾸어 주고 삽니다. 사람들이 내게 돈을 빌려 달라고 전화가 옵니다. 하지만 성령님이 내 모든 돈의 주인이시므로 나는 성령님께 묻습니다. 주님의 허락 없이는 십 원도 못씁니다.

둘째, 내 평생 절대로 궁상떨지 않기로 했습니다.

나는 늘 만족하고 만족합니다. 넘치고 넘칩니다. 내 얼굴엔 만족함이 넘칩니다. 늘 억만 번이나 행복한 얼굴입니다. 부요한 주님만 늘 바라보고 살기 때문입니다. 당신도 주님을 바라보십시오.

셋째, 나는 부요하신 하나님을 바라볼 수밖에 없습니다.

나는 여태껏 내 삶에 부요하신 하나님이 채워 주신 수많은 것들을 경험했습니다. 이제는 너무나 익숙합니다. 있을 때나 없을 때나 요동치 않은 견고한 믿음과 행복한 마음이 내 얼굴에 나타납니다. 내 얼굴은 언제나 평온합니다. 나는 주님이 만든 최고의 작품입니다. 얼마 전에 주님이 내게 말씀하셨습니다.

"내가 너를 만들었지만 정말 대단하다고 생각한다. 너는 내가 만든 최고의 작품이다. 네가 인상 안 쓰고 방긋방긋 웃으며 계속 줄기차게 산 날이 500일이 넘었다."

주님께서는 내가 지금 이 글을 쓰는 날부터 500일 전까지 한 번도 인상을 안 쓰고 보냈다고 하셨습니다. 이건 내 삶에 있어 엄청난 기적입니다. "아, 주님 때문에 억만 번이나 행복합니다."

사도 바울은 자신의 행복한 삶에 대해 이렇게 고백했습니다.

"우리는 속이는 자 같으나 참되고 무명한 자 같으나 유명한 자요 죽은 자 같으나 보라 우리가 살아 있고 징계를 받는 자 같으나 죽임을 당하지 아니하고 근심하는 자 같으나 항상 기뻐하고 가난한 자 같으나 많은 사람을 부요하게 하고 아무것도 없는 자 같으나 모든 것을 가진 자로다."(고후 6:10)

당신도 사도 바울처럼 항상 기뻐하기 바랍니다.

나는 마침내 복을 받고 크게 성공한다

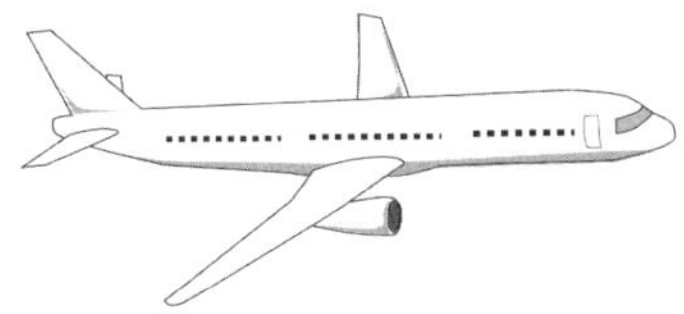

당신은 형통한 삶을 살고 있습니까?

많은 사람들이 행복을 추구하고 자신의 삶이 형통하기를 원합니다. 그러나 그 복이 어디서부터 오는지, 어떻게 살아야 행복한 삶을 사는 것인지, 그 방법을 모른 채 막연하게 소망만 하다가 인생이 끝납니다. 10년, 20년이 정말 쏜살 같이 지나갑니다. 당신은 내일이 아닌 지금 행복하고 형통한 삶의 비결을 깨달아야 합니다.

가나안의 열매가 내 삶에 나타나기 시작했다

"복 있는 사람은 그가 하는 일이 다 형통한다"고 했습니다.

그렇다면 먼저 복 있는 사람이 되어야 합니다. 복 있는 사람은 어떤 사람일까요? 당신도 과연 복 있는 사람이 될 수 있을까요?

나는 평소에 복 있는 삶, 행복한 삶에 대해 깊이 생각하거나 특별한 관심을 갖지 않았습니다. 그런데 바로 성경에 나오는 가나안의 열매가 내 삶에 나타나면서 형통한 삶을 경험하게 되었습니다. 그 열매가 주는 형통함은 평강과 희락이었습니다.

가나안은 내 인생의 숙제였습니다.

왜냐하면 이스라엘 백성들이 광야의 길을 걸으면서 만났던 '마라의 쓴물' 사건이 내게도 그대로 나타났기 때문입니다. 그때서야 나는 내가 광야의 길을 걷고 있다는 것을 깨닫게 되었습니다. 광야의 목적지는 가나안입니다. 나는 가나안에 들어왔습니다. 그동안 나는 가나안을 향해 오랜 시간을 걸으면서 도대체 가나안은 무엇이며 가나안에서의 삶은 어떤 것인지 무척 궁금했습니다.

가나안의 삶은 어떤 것일까요? 깨달음을 나누겠습니다.

오늘부터는 내가 너희에게 복을 주리라

지난해 내 마음 속에서 깊이 올라오는 소원이 있었습니다.

그것은 곧 가나안의 축복이었습니다. 오랜 세월 광야의 길을 걸어왔는데 이제는 멈추고 가나안 땅에서 철을 따라 열매를 맺고 싶다는 생각이 들었습니다. 그래서 그것을 기도 제목으로 적었습니다. 마음에 그런 소원을 주신 분은 성령님이셨습니다.

"너희 안에서 행하시는 이는 하나님이시니 자기의 기쁘신 뜻을 위하여 너희에게 소원을 두고 행하게 하시나니……."(빌 2:13)

잠언에도 "소원이 이루는 것은 생명나무다"라고 했습니다.

그리고 소원했던 대로 하나님은 열매에 관한 말씀을 내게 주셨습니다. 바로 이 말씀입니다

"곡식 종자가 아직도 창고에 있느냐? 포도나무 무화과나무 석류나무 감람나무에 열매가 맺지 못하였느니라. 그러나 오늘부터는 내가 너희에게 복을 주리라."(학 2:19)

하나님은 믿음의 조상인 아브라함에게 "너는 복의 근원이 될지라"고 축복해 주셨습니다. 그런데 나에게도 이런 "복을 주리라"는 말씀을 받게 되니까, 복에 대해 다시 생각하는 계기가 되었습니다. 그리고 '왜 포도나무 무화과나무 석류나무 감람나무라고 했을까?'라는 생각이 들었습니다. 또 문맥상으로 봐도 "열매를 맺게 해주겠다"고 하지 않고 "복을 주리라"고 했을까 생각했습니다.

그러자 곧 바로 '열매를 맺는 것이 복 있는 사람의 당연한 삶'이라는 걸 깨달아 알게 되었습니다. 당신은 어떻습니까?

성경은 가나안 땅을 이렇게 얘기하고 있습니다.

"네 하나님 여호와께서 너를 아름다운 땅에 이르게 하시나니 그 곳은 골짜기든지 산지든지 시내와 분천과 샘이 흐르고 밀과 보리의 소산지요 포도와 무화과와 석류와 감람나무와 꿀의 소산지라. 네가 먹을 것에 모자람이 없고 네게 아무 부족함이 없는 땅이며 그 땅의 돌은 철이요 산에서는 동을 캘 것이라. 네가 먹어서 배부르고 네 하나님 여호와께서 옥토를 네게 주셨음으로 말미암

아 그를 찬송하리라.”(신 8:8~10)

　신명기에서 말하는 포도와 무화과와 석류와 감람나무는 바로 가나안의 열매를 상징하는 것이었습니다. 우리의 삶에서 이런 열매를 맺는 삶을 사는 사람은 가나안의 축복을 받은 사람입니다. 그리고 그 열매는 우리의 삶에서 형통함으로 나타납니다.

　“그러나 네가 마음에 이르기를 내 능력과 내 손의 힘으로 내가 이 재물을 얻었다 말할 것이라. 네 하나님 여호와를 기억하라. 그가 네게 재물 얻을 능력을 주셨음이라.”(신 8:17~18)

　가나안의 열매는 내 능력으로는 할 수 없는 일들인데 하나님이 열매 맺게 해주셔서 삶의 형통함을 맛보게 된 것입니다. 포도나무인 주님께 가지인 우리가 잘 연합되어 있으면 열매가 저절로 맺히듯 우리 삶이 저절로 잘되는 것입니다. 이것이 비결입니다.

　첫째, “나는 포도나무요 너희는 가지라. 그가 내 안에 내가 그 안에 거하면 사람이 열매를 많이 맺나니 나를 떠나서는 너희가 아무것도 할 수 없음이라.”(요 15:5)

　둘째, “너희가 열매를 많이 맺으면 내 아버지께서 영광을 받으실 것이요 너희는 내 제자가 되리라.”(요 15:8)

　셋째, “내가 이것을 너희에게 이름은 내 기쁨이 너희 안에 있어 너희 기쁨을 충만하게 하려 함이라.”(요 15:11)

　가나안의 열매를 많이 얻으면 평강과 기쁨이 가득해집니다.

　“하나님의 나라는 먹는 것과 마시는 것이 아니요 오직 성령 안에 있는 의와 평강과 희락이라.”(롬 14:17)

　하나님의 나라가 우리 삶에 펼쳐지면 주님이 주시는 기쁨이 우리에게 저절로 흐르게 됩니다. 이 기쁨은 내 안에서 샘물이 솟아나듯 솟아나 온몸에 스며드는 느낌입니다. 이처럼 저절로 잘되는 형통한 복을 받은 사람은 정말 행복한 사람입니다. 이런 행복한 사람은 가나안의 열매를 날마다 맛보며 사는 사람입니다.

나는 "가나안의 열매를 맺는 복을 주리라"는 말씀을 받고도 외관상으로는 한동안 내 삶에 별 변화가 없는 것 같아 보였습니다. 그러나 어떤 시점에서부터 오래 동안 해결되지 않던 문제들이 하나님의 은혜로 하나씩 해결되어 열매가 맺히게 되었습니다.

그 일을 해결하시는 하나님이 직접 행하시는 기적들을 내 눈으로 지켜보면서 "이는 힘으로 되지 아니하며 능력으로 되지 아니하고 오직 나의 영으로 되느니라"(슥 4:6)는 말씀을 실감했습니다. 하나님의 능력으로 되는 일은 상상을 초월한 결과를 가져 왔습니다. 처음엔 그것이 가나안의 열매인 줄 몰랐습니다. 그러나 하나둘 열매의 맛을 보면서 가나안의 열매인 줄 깨닫게 되었습니다.

이 책을 내게 된 것도 그 열매 중 하나입니다. 이 책은 내 생각으로는 도저히 낼 수 없는 상황이었습니다. 하지만 성령님께서 강권적으로 쓰게 하셔서 위대한 결과물을 내게 되었습니다.

하나님의 말씀을 주야로 묵상하라

이렇게 좋은 형통한 삶을 살려면 어떻게 해야 할까요?

출애굽 해서 광야를 거쳐 가나안 입성을 앞에 둔 여호수아에게 하나님은 형통한 길을 가르쳐 주셨습니다.

"이 율법 책을 네 입에서 떠나지 말게 하며 주야로 그것을 묵상하여 그 안에 기록된 대로 다 지켜 행하라. 그리하면 네 길이 평탄하게 될 것이며 네가 형통하리라."(수 1:8)

이 말씀은 시편의 '복 있는 사람이 열매를 맺고 형통한 삶을 살려면 어떻게 해야 하는가?'에 대한 가르침과 같은 내용입니다.

"복 있는 사람은 악인들의 꾀를 따르지 아니하며 죄인들의 길에 서지 아니하며 오만한 자들의 자리에 앉지 아니하고 오직 여호와의 율법을 즐거워하여 그의 율법을 주야로 묵상하는도다. 그는 시냇가에 심은 나무가 철을 따라 열매를 맺으며 그 잎사귀가 마르지 아니함 같으니 그가 하는 모든 일이 다 형통하리로다."(시 1:1~3)

우리는 젖과 꿀이 흐르는 가나안 땅에 들어가려면 광야의 길을 거쳐야만 합니다. 나는 현재 이러한 가나안의 열매를 맺기까지의 내 삶을 돌아보면서 출애굽 해서 광야를 걸었던 이스라엘 백성들의 삶과 나의 삶이 너무나 닮았다는 것을 알게 되었습니다.

하나님께서 이스라엘 백성을 인도하셨던 것처럼 내 삶도 비슷한 과정을 지나왔습니다. 때로는 성경에나 있을 줄 알았던 사건들이 나의 삶에 그대로 재현되기도 했습니다. 광야를 지나 가나안에 들어온 나의 삶을 당신과 함께 나누고자 합니다. 만약 당신이 지금 광야를 지나고 있다면 내 삶에 일어났던 광야의 사건들이 당신의 모습을 비춰 보는 거울이 될 것입니다.

광야를 통해 당신을 낮추고 믿음을 시험하신다

하나님은 애굽 땅에서 압제받고 신음하는 이스라엘 백성들을 출애굽 시킨 후 젖과 꿀이 흐르는 가나안 땅으로 그들을 인도하셨습니다. 일주일이면 갈 수 있는 가나안 땅을 이스라엘 백성들의 원망과 불신앙으로 인해 40년간 광야의 길을 걷게 되었습니다.

우리가 가나안의 축복을 받으려면 우리 앞에 놓인 광야의 삶을 잘 이해해야 합니다. 하나님은 이스라엘 백성들을 출애굽 시키고 광야에서 그들의 믿음을 시험할 준비를 하셨습니다.

하나님은 우상을 섬기는 곳인 갈대아 우르에서 믿음의 조상 아브라함을 부르시고 "내가 지시하는 땅으로 가라"고 하셨습니다. 그때 아브라함은 갈 바를 모르고 그 말씀에 순종하여 길을 떠나게 되었습니다. 우리의 삶도 마찬가지로 하나님께서 미리 상세하게 과정을 설명해 주시면 모든 것이 쉬울 텐데 그렇지 않기 때문에 알 수 없는 어려운 일들이 생기면 마음이 힘들어집니다. 하지만 우리가 믿음으로 시험을 잘 이기고 나면 그때 하나님은 그 시험에 대한 모든 것을 가르쳐 주시고 은혜도 베풀어 주십니다.

광야의 길을 걸을 때도 마찬가지입니다.

왜 이런 시험과 어려움이 닥치는지 그때는 잘 이해하지 못하지만 그 시험을 잘 통과하면 그 이유를 가르쳐 주십니다.

사실 광야를 걷는 것은 '너를 낮추고 시험하는 것'이라 했는데 미리 답안을 다 알려 주시면 시험할 수 없는 것입니다. 그래서 광야를 걸을 때 문제를 만나면 그것을 어떻게 해결할지 하나님의 음성에 귀를 기울이고 그분의 인도하심에 민감해야 합니다.

우리는 성경을 읽으면서 이스라엘 백성들이 우상숭배와 불순종으로 인해 하나님의 진노를 받아 멸망하는 사건과 역사가 계속 반복 되는 걸 보게 됩니다. 그럴 때 미련한 이스라엘 백성들이 왜 그런 심판을 받는지 이해되지 않을 때도 있습니다. 그러나 그건 성경에 기록된 결과만 보기 때문에 그렇습니다.

광야는 우리가 하나님 말씀대로 살아가도록 정화되는 과정입니다. 이 과정에서 하나님의 말씀에 대한 믿음이 정금 같이 온전해지도록 모든 의심의 불순물을 제거해야 합니다.

나는 예전에 성경을 읽을 때 이스라엘 백성들이 우상 숭배로 종종 하나님께 혼나는 모습을 보면서 하나님께서 제일 싫어하시는 것이 우상 숭배하는 것이라는 것을 깨닫고 나는 절대로 그런 삶을 살지 않겠다고 결심했습니다. 그러나 이스라엘 백성들의 모습은 시대적인 환경이 다를 뿐 내 삶에도 그대로 나타났습니다.

당신은 어떻습니까? 우리는 정신 차리고 깨어 있어야 합니다.

너는 광야에 머물지 말고 가나안으로 가라

내 인생에도 하나님께서 "너는 가나안으로 가라"는 분명한 지시를 하신 때가 있었습니다. 그러나 그때는 몰랐습니다.

내가 출석하던 영해제일교회에서 부흥회가 있었습니다.

서울성락성결교회 박태희 목사님이 강사로 오셨습니다. 그 당시 박태희 목사님의 영성이나 명성이 대단해서 시골에서는 부흥회 강사로 모시기가 쉽지 않은 분이셨습니다.

그래서 그 부흥회는 내게 매우 인상적으로 각인되었습니다.

그때 설교하신 내용이 "가나안으로 가라"는 말씀이었습니다. 그 집회에서 내게 주신 말씀은 출애굽 한 사건까지였습니다. 그리고 출애굽 사건은 현재의 우리가 세례 받은 것과 같다고 하셨습니다. 아쉽게도 그 뒤의 가나안 여정은 사정이 있어서 설명해 주시지 않고 서울로 올라가셨습니다.

돌이켜보면 딱 출애굽까지만 설명해 주시고 시간 관계상 그 뒤의 설명을 듣지 못한 것이 우연은 아니었던 것 같습니다. 그 집회가 나에게는 출애굽을 하고 광야로 갈 준비가 되었다는 깨우침이었습니다. 출애굽을 했다는 것은 영적인 어린 아기와 같습니다.

이때부터 영적인 청소년기까지 하나님께서 산울로 두름같이 우리를 보호하시고 하나님의 말씀으로 우리를 양육하십니다. 그리고 광야로 갈 준비가 되면 우리가 감당할 수 있을 만큼만 사탄의 공격을 조금씩 허용하면서 우리의 믿음을 성장시키십니다.

신수 비결을 보는 것은 우상을 숭배하는 것이다

나의 광야 기간은 이때부터 시작되었습니다.

이스라엘 백성들은 지도자인 모세가 산에서 내려오지 않자 그들이 갖고 온 장신구로 금송아지를 만들어 애굽에서 자기들을 인도한 신이라고 외치며 하나님을 송아지 형상으로 바꾸어버렸습니다. 그래서 하나님이 크게 진노하셨습니다. 내게도 이런 우상으로 인해 하나님께서 크게 진노하신 사건이 있었습니다.

나는 피아노원을 운영하고 있습니다. 그러다 보니 하나님이 나의 사업장을 내 신앙 훈련 장소로 사용하시는 것을 종종 보게 됩니다. 출애굽 한 이스라엘 백성들처럼 하나님은 영적인 아기인 내게 신앙이 성장하도록 하나님의 말씀으로 나를 양육시킴과 동시에 물질적으로도 어려움이 없도록 풍성히 채워 주셨습니다.

그러던 어느 날 원생 중에 어머님이 보험 설계사로 일하시는 분이 있는데 그분이 찾아와 내게 보험 가입을 권유했습니다. 그리고 방문했다는 기록을 남겨야 한다고 내 주민등록번호 등 개인 정보를 적어 갔습니다. 그 당시에는 개인 정보를 중요시하지 않았던 때였습니다. 며칠 뒤 그분이 내게 찾아와 종이쪽지 한 장을 내밀었습니다. 그 종이 한 장이 내게 올무가 되어 광야의 길을 걷는 호된 신고식을 하게 될 줄은 상상도 하지 못했습니다.

그때는 각 가정마다 컴퓨터가 보급되지 않았고 대기업 같은 곳에만 컴퓨터가 있었습니다. 그래서 원생 어머님이 보험회사 컴퓨터에서 나의 신수 비결을 뽑아 주면서 읽어보라고 했습니다.

"교회 다녀서 이런 것 보지 않아요"라고 했더니 "선생님, 그냥 재미로 한 번 보세요"라고 했습니다. 그래서 그 종이쪽지를 들고 생각했습니다. '이까짓 우상이 뭘 알까?' 하나님이 제일 싫어하시는 것이 우상숭배지만 나는 순간 망각했습니다. '이걸 들여다본다고 해서 내 신앙이 흔들리지는 않아' 하고 읽어 봤습니다.

월별로 적혀 있었습니다. 별다른 내용은 없었는데, 두 가지 특이한 글이 있었습니다. 하나는 "이름이 원근에 알려지니 사람이 우러러 본다"였고 또 다른 하나는 "해외로 이름이 알려진다"는 것이었습니다. 둘 다 이름이 알려진다는 내용이었습니다. 두 개의 글을 보면서 역시 말이 안 되는 소리를 한다고 생각했습니다.

나는 그때 대구 남산교회에서 고등부 교사로 봉사하고 있었습니다. 주일날 고등부 예배를 마치고 교사 회의를 하러 들어갔더니 1부 예배를 드리고 온 선생님들이 내게 "박수정 선생님, 오늘 매스컴 탔어요"라고 말하는 것이었습니다. 나는 놀랐습니다.

그때 진희성 목사님이 담임이었는데 예배 시간에 나에 관한 말씀을 하셨다는 것입니다. 실제로 3부 예배를 드리러 갔더니 목사님께서 나에 대한 말씀을 설교 중에 하셨습니다. 예배를 마치고 집으로 돌아오는 길에 그 신수 비결이 문득 생각났습니다.

그러나 그땐 '어쩌다 한 번 맞췄겠지'리고 생각했습니다.

그리고 얼마 후 교회 식당에서 담임 목사님과 고등부 선생님 몇 분과 함께 차를 마실 기회가 있었습니다. 그때 목사님께서 부흥 집회를 가게 되면 나에 관한 말씀을 하신다고 하셨습니다.

그 얘기를 들은 지 얼마 후에 교회 주보에 담임 목사님이 미국으로 부흥회를 가신다고 출국 날짜가 적혀 있었습니다. 부흥회를 가면 나에 관한 얘기를 하신다고 했는데, 해외로 이름이 알려진다는 말이 어쩌면 가능하겠다는 생각이 들었습니다. 그땐 신앙적으로 성장하는 때라서 영적인 것에 관심이 많았습니다. '이런 것은 어떻게 만들어지는 거지?' 하고 호기심을 갖고 생각했습니다.

또 이런 내용들이 목사님과 관련해서 교회 안에서 일어나니까 신수 비결을 들여다 본 것이 우상숭배를 하는 것이라고는 생각을 못했습니다. 우리는 우상숭배라 하면 하나님을 믿지 않거나 타 종교를 믿는 거라고 생각하는데 그런 외형적인 것만 아닙니다.

하나님은 항상 우리 마음의 중심을 보십니다.

하나님은 우리가 두 마음을 품는 것을 허용치 않으십니다.

'그냥 그 쪽지 한 장 읽는데 무슨 문제가 되나?'라고 생각하겠지만 그 글을 읽는 순간 우리는 사탄이 주는 암시에 마음을 빼앗기게 되고 사탄의 올무에 걸리게 됩니다. 그래서 성경은 "무릇 지킬 만한 것보다 더욱 네 마음을 지키라. 너희 중에 누구든지 선 줄로 생각하는 자는 넘어질까 조심하라"고 경고한 것입니다.

이때부터 광야의 길을 걷는 출발점이 되었습니다.

광야는 물이 없어 건조하고 메마른 땅이라 물을 얻기가 쉽지 않습니다. 광야를 걷는 사람들에게 있어 물은 생명과 같습니다.

출애굽 한 이스라엘 백성들도 광야를 걸으면서 물이 없어 고생한 사건들이 성경에 여러 번 나옵니다. 현재 우리가 이 땅에서 광야의 길을 걷고 그 광야에서 물이 없다는 의미는 '생명을 유지하기 위한 생필품과 물을 사야 하는 돈이 메마른 것'과 같습니다.

그 신수 비결을 들여다 본 후 내 삶에 환난이 닥쳤습니다.

내가 운영하는 피아노원에 다니던 아이들이 하나 둘씩 다른 학원으로 계속 옮겨 가기 시작했습니다. 학원을 하다 보면 하나 둘 정도의 인원이 가끔씩 이동하는 경우는 있지만 이렇게 많은 원생들이 한꺼번에 빠져나가는 일은 있을 수 없는 일이었습니다.

계속 다른 학원으로 옮겨가는 아이들을 보면서 불안감과 두려움이 내 안에 자리 잡기 시작했습니다. 잠을 자고 일어나면 원생들이 매일 빠져나갔습니다. 심지어는 나와의 친분 관계를 봐서라도 가지 않을 법한 사람까지도 여지없이 빠져나갔습니다.

답답한 마음에 하나님께 물었지만 하나님은 응답하지 않고 굳게 침묵하셨습니다. 그분이 내게서 얼굴을 감추고 숨기는 것 같은 느낌이 들었습니다. 그리고 그때 내게 느껴지는 하나님은 진노하시는 하나님이었습니다. 그렇게 은혜를 베푸시고 풍성함으로 채워 주셨던 분이 오히려 내 대적이 되어 나를 멸망시키는 것처럼 느껴졌습니다. 이런 생각이 들었습니다.

'하나님이 영원히 나를 잊으셨나?'

'왜 내게서 얼굴을 감추시는 걸까?'

그런데 성경에서 나와 똑같은 고백을 하고 있는 한 사람을 보고 깜짝 놀랐습니다. 바로 아삽의 시였습니다. "내가 하나님을 기억하고 불안하여 근심하니 내 심령이 상하도다. 밤에 부른 노래를 내가 기억하여 내 심령으로, 내가 내 마음으로 간구하기를 '주께서 영원히 버리실까, 다시는 은혜를 베풀지 아니하실까, 그의 인자하심은 영원히 끝났는가, 그의 약속하심도 영원히 폐하였는가, 하나님이 그가 베푸실 은혜를 잊으셨는가, 노하심으로 그가 베푸실 긍휼을 그치셨는가' 하였나이다."(시 77:7~9)

그리고 그는 "이것은 내 잘못이다"라고 결론을 내렸습니다.

아삽은 그 뒷장에서 계속 "하나님께서 이스라엘을 양떼같이 모세와 아론의 손으로 인도하셨으나 이스라엘은 여전히 범죄하고 하나님을 믿지 않고 그의 구원을 의지하지 않으므로 하나님이 그들의 날들을 헛되이 보내게 하시며 그들의 햇수를 두려움으로 보내게 하셨다"고 말했습니다. 아삽은 부르짖었습니다.

"여호와여, 어느 때까지이니까? 영원히 노하시리이까? 주의 질투가 불붙듯 하시리이까?"라고 하나님을 온전히 신뢰하지 않은 이스라엘에게 나타난 결과를 슬픈 마음으로 토로했습니다.

그리고 이어서 다시 하나님을 온전히 바라보라고 했습니다.

"너희 중에 다른 신을 두지 말며 이방신에게 절하지 말지어다. 나는 너를 애굽 땅에서 인도하여 낸 여호와 네 하나님이니 네 입을 크게 열라. 내가 채우리라 하였으나 내 백성이 내 소리를 듣지 아니하며 이스라엘이 나를 원하지 아니 하였도다."

그리고 문제에 대한 해결책을 제시했습니다. "내 백성아, 내 말을 들으라. 이스라엘아 내 도를 따르라. 그리하면 내가 속히 그들의 원수를 누르고 내 손을 돌려 그들의 대적들을 치리니 여호와를 미워하는 자는 그에게 복종하는 체할지라도 그들의 시대는 영원히 계속되리라. 또 내가 기름진 밀을 그들에게 먹이며 반석에서 나오는 꿀로 너를 만족하게 하리라 하셨도다."

나와 똑같은 생각과 고민을 하는 사람이 있다는 걸 알게 되었습니다. 그러나 무엇이 문제인지 이때까지도 알지 못했습니다.

원생들이 다 빠져나가고 황폐해진 사업장을 보면서 '이젠 문을 닫아야 하나'라고 생각했습니다. 텅 빈 사업장을 보면서, 이스라엘이 멸망하고 포로로 끌려간 곳에서 고백한 말이 내 마음과 같았습니다. "우리가 바벨론의 여러 강변 거기에 앉아서 시온을 기억하며 울었도다. 그 중의 버드나무에 우리가 우리의 수금을 걸었 나니 이는 우리를 사로잡은 자가 거기서 우리에게 노래를 청하며 우리를 황폐하게 한 자가 기쁨을 청하고 자기들을 위하여 시온의 노래 중 하나를 노래하라 함이로다.”(시 137:1~3)

그나마 겨우 몇 명 남아 있던 아이들이 또 옮기겠다고 했습니 다. 그때까지만 해도 하나님이 진노하신다는 것은 느꼈지만 계속 침묵하고 계셔서 도대체 원인이 뭔지 생각만 하고 있었습니다.

그러나 이때 확신이 왔습니다.

‘이건 우연이 아니다.’

그리고 나도 화가 났습니다. 모든 것을 내려놓았습니다. 문을 잠그고 하나님께 독대를 요청했습니다. 그리고 하나님께 질문했 습니다. 다짜고짜 ‘이유가 뭡니까?’ 하고 물었습니다.

“하나님, 이건 우연히 일어난 일이 아닙니다. 분명히 하나님이 하고 계십니다. 하나님께서 내 대적이 되어서 나를 멸망시키는 이유가 뭡니까? 오늘 이 자리에서 분명한 답변을 주시지 않으면 내가 하나님 믿는 것을 다시 생각해 봐야겠습니다. 이렇게 나를 멸망시키는 하나님을 내가 왜 믿어야 합니까?”

그때 하나님께서 내게 말씀해 주셨습니다.

“이스라엘에 하나님이 없어서 바알세붑에게 물으러 가느냐?”

이 말씀은 아하시야 왕이 병들었을 때 하나님께 묻지 않고 에 그론의 신 바알세붑에게 병이 나을 수 있는지 물어보러 갔을 때 하나님이 엘리야 선지자를 통해 아하시야에게 주신 말씀입니다. 결국 아하시야 왕은 하나님으로부터 침상에서 일어나지 못한다는

말을 엘리야를 통해 전해 듣고 죽게 됩니다.(왕하 1:1~18)

'이 말씀을 주신다는 것은 내가 우상숭배 했다는 것인데'라고 생각하며 하나님께 나는 우상 숭배하지 않았다고 대답했습니다.

"제가 언제 절에 가서 절했습니까? 점집에 가서 묻기라도 했습니까? 저는 결코 우상을 섬기지 않았습니다."

그때 하나님께서 "너의 죄악이 나와 너 사이를 가리게 했다"고 말씀하셨습니다. 나는 내가 우상숭배를 했다는 말이 너무 충격적이라 계속 나 자신을 점검하면서 문제점을 찾고 있었습니다.

그 다음날 내가 가르치던 아이들이 옮겨 간 학원에서 내 집이 내려다보이는 맞은편 건물에서 학원 발표회를 하고 있었습니다.

발표회를 하면 부모님들이 모여서 보게 되고, 내 집 건물을 내려다보면서 이런 생각을 하지 않을까 생각했습니다. '이렇게 많은 학생들이 학원을 옮겼다면 저 선생님한테 무슨 문제가 있다.'

그런 생각을 하며 문손잡이를 잡고 집 안으로 들어가려고 할 때 하나님의 말씀이 화살처럼 날아와 내 머리 뒤에 꽂혔습니다.

"아하! 이스라엘이 어찌 저리 망하였는고? 아하! 이스라엘이 어찌 저리 훼파되었는고? 저가 자기 하나님을 버리고 우상을 섬기다가 재앙이 임하였도다."(대하 7:21~22)

이 말씀은, 이스라엘 백성들이 하나님을 배신하고 우상을 섬기다가 이방 나라의 침공을 받고 멸망합니다. 이때 전쟁으로 인해 폐허가 된 이스라엘을 쳐다보면서 지나가던 사람들이 "여호와께서 무슨 까닭으로 이 땅과 이 성전에 이같이 하셨나?" 하면서 조롱하는 내용입니다. 이 말씀이 나에게는 발표회를 보러 온 사람들이 내 집을 내려다보면서 조롱하는 소리로 들렸습니다. 아삽은 우상을 섬기다가 멸망한 이스라엘에 대해 이렇게 표현했습니다.

"이방 나라들이 주의 기업의 땅에 들어와서 주의 성전을 더럽히고 예루살렘이 돌무더기가 되게 하였나이다. 그들이 야곱을 삼키고 그의 거처를 황폐하게 함이니이다. 우리는 우리 이웃에게 비방거리가 되며 우리를 에워싼 자에게 조소와 조롱거리가 되었나이다." 이 말씀은 딱 나의 모습을 그대로 얘기하고 있었습니다.

문고리를 잡고 서서 하나님의 그 음성을 듣는 순간, 모든 깨달음이 오면서 다리에 힘이 풀려 그 자리에 주저앉아 버렸습니다.

그때서야 모든 의문점이 풀리고 깨닫게 되었습니다. '아, 내가 하나님이 그렇게 싫어하시는 우상 섬기는 죄를 지었구나.'

나는 하나님께 회개했습니다.

그러나 '하나님, 신수 비결을 들여다 본 것은 우상숭배인 줄 모르고 지은 죄입니다'라고 했습니다. 회개의 시간을 통해 나는 이전에 느끼지 못한 하나님의 사랑을 느끼게 되었습니다.

우리가 하나님을 배신하고 우상을 섬길 때 하나님이 마음 아파하십니다. 그 아픈 마음을 피아노실의 아이들이 내 집을 떠나 다른 곳으로 옮길 때의 상황을 통해 알도록 깨우쳐 주셨습니다.

우리가 이 땅에서 인간관계에 생기는 일들은 별 문제가 아니지만 우상 숭배는 바로 하나님과 직결된 것으로 하나님의 자존심을 건드리는 것과 같아 더욱더 하나님의 진노를 받게 됩니다.

그렇게 회개한 후 하나님과의 관계가 회복되었습니다.

이스라엘이 멸망해도 다시 회복시키기 위해 몇 명의 경건한 사람들을 그루터기로 남겨 두셨듯이 피아노원에도 다시 회복시켜 주시기 위해 몇 명의 아이들을 남겨 두셨습니다. 문제를 해결하고 나니까 원생들이 없어도 걱정되지 않았고 마음에 평안이 찾아 왔습니다. 하나님께서 이스라엘을 회복시켜 주시듯 다시 넘치게 채워 주실 것을 믿었기에 조금도 염려되지 않았습니다.

이때 하박국 선지자의 말이 나의 고백이 되었습니다.

"비록 무화과나무가 무성하지 못하며 포도나무에 열매가 없으며 감람나무에 소출이 없으며 우리에 양이 없으며 외양간에 소가 없을지라도 나는 여호와로 말미암아 즐거워하며 나의 구원의 하나님으로 말미암아 기뻐하리로다. 주 여호와는 나의 힘이시라. 나의 발을 사슴과 같게 하사 나를 나의 높은 곳으로 다니게 하리로다."(합 3:17~19)

시험을 받았다면 그 시험을 제대로 치루고 합격할 수 있는지 하나님은 점검하십니다. 어느 날 휴대폰 고지서를 보는데 신수 비결이 또 나와 있었습니다. 하나님이 하시는 테스트라는 걸 알았습니다. 그래서 손으로 그 부분을 가리고 고지서를 읽었습니다.

다른 사람에게는 별 것 아닌데 내게는 시험을 보는 것처럼 긴장된 순간이었습니다. 한 문장이라도 보게 되면 사탄이 주는 암시 때문에 자꾸 생각하게 되고 그 내용의 덫에 걸리는 것을 경험했기 때문에 나는 거절하고 그 시험을 이겨냈습니다. 그리고 하나님은 내가 왜 시험에 들었는지 가르쳐 주셨습니다. 무엇일까요? 바로 '이런 신수 비결을 본다고 내 신앙이 흔들리지는 않아'라고 자만했기 때문이라고 하셨습니다. 자만하지 마십시오.

그렇게 시험을 이기고 난 뒤 모든 것은 회복되었습니다.

다른 학원으로 옮겨갔던 아이들이 하나 둘 다시 돌아오고 하나님은 새롭게 원생들을 채워 주셨습니다. 하나님, 감사합니다.

할렐루야!

네 하나님 여호와는 질투하시는 하나님이라

이렇게 맹렬한 불길같이 화를 내시는 하나님의 모습을 경험하는 것은 그동안 멀리 계시고 막연한 신으로만 느껴졌던 하나님과 직접 감정 교류를 함으로써 한층 더 가까워진 느낌이 들었습니다.

바로 질투하시는 하나님을 보았기 때문입니다. "네 하나님 여호와는 소멸하는 불이시요 질투하시는 하나님이시라."(신 4:24)

하나님은 질투하시는 분입니다. 하나님이 한 번 질투하시면 그 불을 끌 자가 세상 어디에도 없습니다. "너는 나를 도장 같이 마음에 품고 도장 같이 팔에 두라. 사랑은 죽음 같이 강하고 질투는 스올 같이 잔인하며 불길 같이 일어나니 그 기세가 여호와의 불과 같으니라. 많은 물도 이 사랑을 끄지 못하겠고 홍수라도 삼키지 못하나니 사람이 그의 온 가산을 다 주고 사랑과 바꾸려 할지라도 오히려 멸시를 받으리라."(아 8:6~7)

내가 받은 그 시험은 2년 동안 왜 그런 일이 일어났는지 이유를 몰라서 힘들었던 사건이었습니다. 그동안 늘 하나님께서 울타리처럼 보호해 주셨는데 처음으로 사탄의 직접적인 공격을 경험한 사건이었습니다.

마라의 쓴물을 만났을 때 해결하는 방법

이제 모든 문제가 해결되었고 하나님과 더욱 친밀해졌기에 모든 것이 평안할 것만 같았습니다. 그러나 이때까지만 해도 내가 광야의 길을 걷고 있다는 것을 몰랐습니다.

나는 그때 평일엔 경북 영해에서 피아노원을 운영하고 주말엔 대구의 남산교회에 가서 봉사했습니다. 그래서 대구에 작은 원룸을 하나 갖고 있었습니다. 그런데 그 원룸이 재개발이 되어 계약금을 받고 곧 이사해야 할 형편이 되었습니다. 그때 마침 하나님께서 원룸보다 두 배로 큰 오피스텔을 사라고 하셨습니다.

그 당시 대구는 재개발 붐이 일어나 큰 평수의 아파트는 투자 가치가 있어 사람들이 선호했지만 오피스텔은 별로 인기가 없었습니다. 재개발로 인해 분양가도 엄청 오른 상태였습니다.

하지만 이 오피스텔은 분양가가 오르기 전인 2년 전에 분양한 집이라서 평당 분양가가 주변 분양가보다 반값 정도 싸게 나왔고 거의 완공이 되어 가고 있었습니다. 그러나 주변 사람들은 하나같이 오피스텔을 사지 말라고 말렸습니다.

나도 역시 모델하우스를 보니까 마음에 전혀 들지 않았습니다.

그러나 하나님께서는 이 집을 사면 나에게 유익하다고 꿈으로도 몇 번 계시를 주셨고 내 마음에도 이 집을 사지 않으면 평생 후회할 것 같다는 생각이 자꾸 올라왔습니다. 그래서 하나님께 모든 사람들이 집 사는 것을 반대하고 나 역시 마음에 내키지 않으니까 하나님의 뜻이라면 확실한 응답을 달라고 기도했습니다.

주일날 남산교회 강태영 목사님의 설교 말씀을 통하여 응답을 주셨습니다. 예레미야에게 주셨던 "아나돗에 있는 밭을 사라"는 말씀이었습니다. 예루살렘이 바벨론에 포위가 되어 나라가 멸망하는 상황에 땅을 산다는 것은 상식적으로 맞지 않았지만 하나님은 이스라엘을 다시 회복시켜 주신다는 약속을 주시고 땅을 사게 하셨습니다. 이 말씀을 들으면서 내 생각과 다른 하나님의 계획이 있음을 믿고 모두의 반대에도 불구하고 집을 샀습니다.

그러나 얼마 후에 계약금까지 받은 원룸은 재개발이 무산되어 잔금이 나오지 않았습니다. 결국 계약한 오피스텔은 모자란 금액을 빚내 살 수밖에 없었습니다. 나는 우상 숭배로 원생들이 다른 곳으로 옮겨가는 바람에 2년 정도 수입이 낮이 줄었기 때문에 회개하고 난 뒤 하나님께 2년 동안의 손실분을 채워 달라고 기도했습니다. 그러자 하나님께서는 원룸 재개발 가격 협상 때 원래 계약하기로 마음을 정했던 금액에서 정확히 내가 요구한 금액을 하나님의 방법으로 덤으로 계약하게 해 주셨습니다.

그런데 재개발이 무산되다니 이해가 되지 않았습니다.

그래서 왜 이런 일이 생겼는지 하나님께 물었습니다.

하나님은 강태영 목사님을 통하여 '마라의 쓴물'이라는 말씀을 주셨습니다. 이스라엘 백성들은 홍해를 기적적으로 건너서 출애굽 한 뒤 생전 처음 광야 길을 걷게 되었습니다. 수르 광야에서 사흘 길을 걸었지만 물을 얻지 못했습니다.

광야에서 물이 없었던 그들이 마라에서 우물들을 만났습니다.

그러나 막상 물을 마시려고 하니까 그 물은 써서 마실 수 없는 물이었습니다. 하나님은 예수님을 상징하는 막대기를 사용하여 그 물을 단물로 바꿔 주셨습니다. 그리고 그 목마름은 얼마 가지 않아 물 샘 열둘과 종려나무 일흔 그루가 있는 '엘림'이라는 오아시스를 만나게 되므로 해결되었다는 말씀입니다.(출 15:27)

광야에서 생명을 유지하는 물이 없다는 것은 현재의 상황에서는 생명을 유지하는데 필요한 돈이 말랐다는 것을 상징합니다.

광야에서 물을 만났으나 써서 마시지 못하는 마라의 상황이 계약금까지 받은 집의 재개발이 무산되어 보류되면서 당장 돈이 필요한데 묶여 있어 그 돈을 쓸 수 없는 나의 상황과 같았습니다.

그리고 무엇보다 성경에나 있는 줄 알았던 마라의 상황이 내게 나타났다면 내가 지금 광야를 걷고 있다는 것을 깨닫게 되었습니다. 이때부터 나는 성경 속의 광야의 길에 대해 관심을 갖게 되었고 목적지인 가나안까지 가면서 '가나안의 삶'이 무엇인지 알고자 애썼습니다. 그러나 나는 걱정이 되었습니다.

이때가 고등부 교사로 봉사한 지 10년 정도 되었을 때였습니다. 나름대로 광야를 꽤 많이 지나왔을 거라고 생각했는데 이제 겨우 마라에 왔다면, 이스라엘 백성들이 광야에서 목이 마른 사건들이 한 번이 아니었기 때문에 성경의 내용대로 간다면 앞으로도 경제적인 어려움이 더 올 수 있겠다는 생각이 들었습니다. 이때부터 육신적으로는 일반인의 삶을 사는 동시에 영적으로는 이스라엘 백성들과 같은 광야의 삶을 의식하며 '내가 지금 어디까지 왔을까?' 하고 늘 생각하게 되었습니다.

광야의 삶은 고달픕니다. 잠깐 물을 만나 목을 적시지만 다시 광야의 길을 가다 보면 끝도 없이 메마른 땅입니다. 또 물을 만나 기까지 힘든 시간을 보내게 됩니다. 내 삶도 이스라엘과 같은 패턴을 따라가고 있었습니다. 과연 어떻게 해야 할까요?

이스라엘 백성들이 광야의 여정이 길어지면서 힘들어지고 르비딤에서 목이 말랐던 것처럼 나의 삶도 돈이 묶여 있다 보니 마음이 힘들어졌고 물질의 어려움은 점점 더해만 갔습니다.

평소 큰 물질의 어려움 없이 살아 왔는데 재개발 잔금이 나오지 않은 상태에서 오피스텔을 계약하는 바람에 통장엔 돈이 하나도 없었습니다. 그리고 가만히 앉아 있어도 그땐 돈이 저절로 빠져 나가는 것이 많았습니다. 수입은 기본적인 생활을 할 수 있는 만큼만 딱 들어 왔습니다. 부자가 망하면 3년은 간다는 말이 있듯이 2년까지는 그럭저럭 버텨 왔지만 3년째 접어들면서는 한계점에 이르렀습니다. 평소 때 넘쳐 나던 치약과 비누도 동이 났고 하찮게 여겼던 동전은 무거워서 서랍에 쑤셔 넣어 놓고 들여다보지도 않았는데 그 동전마저 다 꺼내 사용하게 되었습니다.

백화점 가서 사던 화장품은 길거리에 덤핑으로 파는 이름 없는 화장품으로 대체해야 했습니다. 옷도 1, 2년은 그냥 입었는데 3년째 되어 유행이 바뀌면서 그야말로 삶에서 궁핍함이 묻어났습니다. 그때 어머님이 하신 말씀이 기억납니다. 나더러 '빛 좋은 개살구'라고 하셨습니다. "네가 이렇게 어려운 줄 누가 알겠느냐?"

그때 처음으로 어려운 사람들의 심정을 알게 되었습니다.

왜 성경에서 "참된 경건은 고아와 과부를 그 환난 중에 돌보고 자기를 지켜 세속에 물들지 않는 것이다"(약 1:27)라고 말씀했는지 이때서야 공감이 되었습니다. 나는 하나님께 질문했습니다.

"십일조를 했는데도 왜 이렇게 어려운가요?"

"온전한 십일조를 하면 하늘 문을 열고 복을 쌓을 곳이 없도록 부어 주신다고 약속해 주셨잖아요? 그런데 지금 제 형편을 보세요. 하나님의 말씀이 안 맞잖아요?"

이때 내가 할 수 있는 것은 하나님께 묻고 성경 속에서 답을 찾는 것이었습니다. 그때 하나님께서 "너는 내게 부르짖어라. 내가 네게 응답하겠고 네가 알지 못하는 크고 은밀한 일을 네게 보이리라"(렘 33:3)는 말씀과 함께 "지혜를 구하라"고 하셨습니다.

이때부터 나는 마라의 쓴물을 해결하기 위한 지혜를 간절히 찾고 물질적인 문제를 해결하기 위해 마음을 집중했습니다.

이해가 되지 않아도 하나님의 음성에 순종하라

그때 눈길을 끄는 성경 구절이 하나 있었습니다.

"그러므로 염려하여 이르기를 무엇을 먹을까 무엇을 마실까 무엇을 입을까 하지 말라. 이는 다 이방인들이 구하는 것이라. 너희 하늘 아버지께서 이 모든 것이 너희에게 있어야 할 줄을 아시느니라. 그런즉 너희는 먼저 그의 나라와 그의 의를 구하라. 그리하면

이 모든 것을 너희에게 더하시리라."(마 6:31~33)

대부분의 사람들이 무엇을 먹을까 마실까 입을까 염려하며 살아가고 그런 문제들을 놓고 기도할 텐데 이런 것들이 이방인들이 구하는 것이라면 믿는 우리들이 구하여야 할 것은 무엇일까요? 그의 나라와 그의 의라는 것입니다. '그러면 하나님의 나라와 의는 무엇인가?'라는 의문이 생겼습니다. 이때부터 나는 하나님 나라에 대해 알려고 노력했습니다. 지혜를 찾기 시작하면서 참된 복음에 대한 깨달음이 서서히 열리기 시작했습니다.

무엇보다 예수님이 십자가에서 우리 인생의 모든 문제를 해결해 놓으셨다는 것을 알게 되었습니다. 그러므로 믿는 자들은 무엇을 먹을까 마실까 입을까 염려할 필요가 없다는 것입니다. 자신이 해결하고자 하는 문제에 대한 해답을 성경 말씀에서 찾아 믿고 실천하면 됩니다. 문제에 대한 진리를 정확히 알면 자유를 얻습니다. 그렇게 되려면 먼저 하나님 나라를 잘 알아야 합니다.

하나님의 나라는 하나님이 통치하시는 영적인 세계입니다.

이 땅에도 많은 나라들이 있고 각 나라마다의 법이 있습니다. 하물며 차원이 다른 하나님 나라에도 일정한 영적인 법칙이 있지 않겠습니까? 많은 사람들이 자신이 살고 있는 나라의 법과 상식으로 하나님 나라를 이해하려고 하니까 올바른 믿음으로 살아가기가 어려운 것입니다. 더 크게 생각해야 합니다.

어떤 사람들은 왜 기독교에서는 무조건 믿어라 하는지 이해가 되지 않는다고 합니다. 성경은 예수 그리스도가 믿음을 만든 창시자라고 말씀합니다. 따라서 하나님 나라는 말씀을 믿음으로 복을 받는 체계입니다. 하나님 나라는 하나님이 통치하시는 하나님의 왕국입니다. 그러므로 이 땅에서 하늘나라의 초자연적인 역사를 삶에 나타내려면 하나님의 말씀을 믿고 행해야 합니다. 이러한 믿음의 법칙을 정확히 알고 그 법을 따라 행해야 합니다.

물질과 관련해서 이 땅에서는 많이 모아야 부자가 됩니다.

그러나 하나님 나라의 법은 오히려 "주라"는 것입니다.

우리의 상식과 생각에는 맞지 않습니다. 그러나 우리의 상식과 맞지 않는 이런 말씀 속에는 하나님 나라의 놀라운 비밀이 숨겨져 있습니다. 이런 말씀들을 깨닫고 행하는 사람은 지혜로운 사람입니다. 내가 물질적인 문제로 어려움에 처해 있을 때 가까운 사람 중에 직장을 잃고 힘든 생활을 하는 사람이 있었습니다. 그분은 신년 예배 때 말씀 카드를 뽑아서 읽어본 후 이해가 되지 않는다며 나에게 그 말씀을 보여 줬습니다. 바로 이 말씀입니다.

"주라, 그리하면 너희에게 줄 것이니 곧 후히 되어 누르고 흔들어 넘치도록 하여 너희에게 안겨 주리라. 너희가 헤아리는 그 헤아림으로 너희도 헤아림을 도로 받을 것이니라."(눅 6:38)

그분은 자신에게 돈이 없어서 이렇게 고생을 하는데 도리어 "주라"고 하니 이해가 되지 않는다고 했습니다. 경제적으로 어려운 그에게 물질과 관련된 말씀을 주신 것을 보면 뭔가 뜻이 있는 것 같은데 나도 그분도 그때는 그 말씀을 깨닫고 행할 수 있는 믿음이 없었습니다. 그래서 그때는 답을 주지 못했습니다.

돈이 없는 사람에게 "주라"는 누가복음의 말씀은 구약성경에 나오는 사르밧 과부의 이야기와 같은 뜻을 가진 말씀입니다.

하나님은 엘리야 선지자에게 "시돈에 속한 과부의 집에 가라"는 명령을 하셨습니다. 엘리야는 사르밧 과부를 만나 물과 떡을 좀 달라고 부탁했습니다. 그러자 그 여인은 떡이 없고 밀가루 한 움큼과 조금 남은 기름으로 아들을 위하여 음식을 만들어 먹고 죽으려 한다고 했습니다. 그러나 엘리야는 "먼저 떡을 만들어 내게로 가지고 오라. 그렇게 하면 통의 가루와 병의 기름이 없어지지 않는다"고 했습니다. 우리의 상식으로는 이해할 수 없는 상황입니다. 가난한 과부의 집에 선지자를 보낸 하나님과 그곳에서 그 사정을 듣고도 자신에게 먼저 음식을 만들어 오라는 선지자도 모두 이해되지 않습니다. 그러나 여기에는 하나님 나라의 놀라운 공급하심의 비밀이 숨어 있는 것입니다. 나는 경제적인 어려움을 해결하기 위해 지혜를 찾으면서, 복음의 비밀을 깨닫게 되었습니다.

통의 가루와 병의 기름이 없어지지 아니하리라

나의 경제 사정도 사르밧 과부처럼 3년이 넘어가면서 한계점에 이르렀습니다. 이제는 생필품뿐만 아니라 공과금도 지불하지 못해 의료보험료가 5개월 이상 체납되자 하나님께서 사라고 해서 산 오피스텔을 압류하겠다는 경고장까지 날아 왔습니다. 그러나 나는 그 어려운 상황에서도 하나님 나라는 심은 대로 거둔다는 말씀을 깨닫고 십일조는 물론 내가 얻고자 하는 물질을 심었습니다.

"하나님의 나라는 사람이 씨를 땅에 뿌림과 같으니."(막 4:26)

풍요로울 때 물질을 심는 것은 쉽습니다.

그러나 그때는 "울며 씨를 뿌리는 자는 기쁨으로 단을 거두리라"는 말씀처럼 너무나 힘든 시간이었습니다. 지금처럼 경제적인 어려움이 없을 때는 부담이 없는 금액이지만 그땐 믿음이 없으면 할 수 없는 금액이었습니다. 그리고 그 해 겨울에 기름 값이 최고로 비쌀 때였습니다. 기름 값이 너무 비싸서 전기장판과 겸용해서 난방을 했습니다. 그리고 얼마 있지 않아 기름도 얼마 남지 않았고 그 기름이 떨어지고 나면 기름을 살 돈이 없었습니다.

그러나 나는 그 최악의 상황을 지나면서 지혜를 찾았고 하나님 나라의 놀라운 비밀들을 알았기 때문에 부요에 대한 말씀들을 선포하며 간신히 버티고 있었습니다. 성경에는 "나의 하나님이 그리스도 예수 안에서 영광 가운데 그 풍성한 대로 너희 모든 쓸 것을 채우시리라"(빌 4:19)고 말씀하고 있었습니다.

그리고 결국 내게도 사르밧 과부와 같은 하나님 나라의 놀라운 일이 일어나게 되는 것을 경험하게 되었습니다. 어느 날 목사님께서 장례식이 있다며 자녀들을 우리 집에 맡기고 가셨습니다. 그래서 목사님 자녀 두 명이 하룻밤을 우리 집에서 자게 되었습니다. 그때 기름도 다 떨어져 가고 얼마 남지 않았습니다. 추울 때만 잠깐 보일러를 돌리며 아껴 쓰면 그나마 며칠은 쓸 수 있는 분량이었습니다. 나는 그때 목사님 딸들을 하나님이 보냈음을 알았고 동시에 사르밧 과부에 대한 말씀이 생각났습니다. 하나님께서 기름을 주기 위해 목사님 자녀들을 보냈다는 것을 감지했습니다.

그날 밤은 그 해 겨울 들어 제일 추운 날이었습니다. 바깥에는 바람이 아주 강하게 불었습니다. 그러나 이 사건을 하나님께서 어떻게 해결해 주실까 하는 설레는 마음으로 내가 잠자는 방은 전기장판으로 난방을 하고 목사님 자녀가 자는 방은 보일러를 땐다고 남은 기름을 다 써 버렸습니다. 그 다음날 하나님께서 채워 주시겠지 하고 기대했는데 주시지 않아 한동안 춥게 지냈습니다.

그리고 왜 바로 채워 주시지 않았는지 하나님께서 가르쳐 주셨습니다. 하나님 나라는 심고 거두는 법칙에 따라 채워진다고 하셨습니다. 자연계에서도 식물을 심으면 자라서 수확하기까지 시간이 걸리듯 하나님 나라에도 이 법칙이 역사하고 있다고 깨우쳐 주셨습니다. 심은 것을 수확하기까지 시간이 걸리게 됩니다.

그러나 믿음으로 행하면 얼마 지나지 않아 하나님 나라의 법칙에 따라 채워집니다. "너는 네 떡을 물위에 던져라. 여러 날 후에 도로 찾으리라"(전 11:1)고 했기 때문입니다. 정말로 얼마 지나지 않아서 기름은 공급되었습니다. "통의 가루와 기름이 없어지지 않는다"는 말씀도 내게 이루어졌습니다.

그때 목사님의 자녀들이 초등학생이었는데 지금은 고등학생, 대학생이 되었습니다. 그때 이후로 지금까지 기름은 계속 공급되고 있는데 놀랍게도 내 돈으로 기름 값이 들어가지 않고 있습니다. 난방용 기름뿐만 아니라 가스 비용과 입으로 먹는 국산 참기름까지 매년 풍성하게 채워 주셨습니다. 국산 참기름은 비싸서 중국산을 쓰는 가정이 많은데 그 비싼 참기름을 매년 공급해 주신 권사님과 어머님이 누워 계시고부터 매년 김장을 갖다 주시는 집사님께 이 지면을 통하여 감사를 드립니다. 하나님께서 백배의 축복으로 채워 주심을 믿습니다.

흉년 때에 이삭이 하나님의 말씀에 순종하고 농사를 지어 백배의 수확을 올리고 하나님이 복을 주셔서 거부가 되었듯이 나는 그야말로 백배의 복을 받았습니다. 하나님, 감사합니다. 할렐루야!

"엘리야 시대에 하늘이 삼 년 육 개월간 닫히어 온 땅에 큰 흉년이 들었을 때에 이스라엘에 많은 과부가 있었으되 엘리야가 그중 한 사람에게도 보내심을 받지 않고 오직 시돈 땅에 있는 사렙다의 한 과부에게 뿐이었으며 또 선지자 엘리사 때에 이스라엘에 많은 나병 환자가 있었으되 그 중의 한 사람도 깨끗함을 얻지 못하고 오직 수리아 사람 나아만 뿐이었느니라."(눅 4:25~26)

성경에 '씨 뿌리는 비유'에서 좋은 땅에 뿌려진 씨는 30배, 60배, 100배의 결실을 맺는다고 했습니다. 집을 압류하겠다는 위협에도 불구하고 하나님께 작정하고 1년 동안 매달 씨앗으로 심은 물질은 누룩이 들어가서 크게 부풀어진 가루처럼 커졌고 지금은 매달 내 통장으로 수입이 들어오는 현금 파이프가 되었습니다.

예전에 나는 자기계발 강사들이 물질이 들어오는 파이프라인을 여러 개 만들라고 하는 글을 읽었을 때 '그런 파이프라인을 어떻게 만드나?' 하고 의아했는데 하나님이 그분의 방법으로 내게도 파이프라인을 만들어 주셨습니다. 하나님, 감사합니다.

예수님께서 하나님 나라를 가르치실 때 "천국은 마치 여자가 가루 서 말 속에 갖다 넣어 전부 부풀게 한 누룩과 같다"고 하셨습니다. 이것은 비유로 말씀하신 것입니다. "천국의 비밀을 아는 것이 너희에게는 허락되었지만 외인에게는 허락되지 않았다"고 하셨습니다. 하나님의 지혜는 말씀 속에 감추어져 있습니다.

주님은 하나님의 자녀들이 이런 진리를 깨닫고 물질의 부요함을 누리고 형통한 삶을 살기를 원하십니다. 주님이 십자가에서 인생의 모든 문제를 해결해 놓으셨습니다. 우리는 복음의 말씀 안에서 답을 찾고 실천해야 합니다. 그러면 궁핍에서 벗어나 물질의 자유를 누리게 됩니다. 호세아 선지자도 내 백성이 지식이 없어 망한다고 했습니다. 그래서 성경은 "복 있는 사람은 여호와의 율법을 주야로 묵상하고 행할 때 형통한다"고 한 것입니다.

말씀으로 인한 환난이나 박해를 이겨내라

그리고 하나님은 내가 왜 그렇게 물질적으로 어렵게 되었는지 가르쳐 주셨습니다. 씨 뿌리는 비유에서 "말씀으로 인해 환난이나 박해가 일어난다"고 하셨습니다. 우리가 하나님 나라의 복음의 비밀을 알고 말씀대로 행하려고 하면 사탄은 우리에게서 이 믿음을 빼앗아 가기 위해 우리의 환경을 어렵게 만듭니다.

사탄이 우리에게서 빼앗고자 하는 것은 말씀입니다.

사탄이 두려워하는 것은 기도만 많이 하는 사람이 아니라 진리를 정확히 알고 행하는 사람입니다. 하나님의 능력이 진리대로 정확히 행하는 사람에게 나타나기 때문입니다.

물질이 풍요로울 때 하나님의 말씀과 동일하게 부요의 말씀을 선포하고 물질을 심기는 쉽습니다. 그러나 광야를 걷던 이스라엘이 르비딤에 왔을 때 아말렉과 전쟁을 하듯이 사탄이 우리의 물질을 훔치고 환경을 어렵게 만들면 우리의 믿음은 시험대 위에 서게 됩니다. 나는 사탄이 내 물질을 훔치고 밑바닥까지 내려갔을 때, 심지어는 밤중에 복면을 한 도둑까지 들어와서 "있는 돈 다 내놔. 아니면 죽여 버리겠다"며 생명을 위협했을 때도 요동하지 않고 믿음의 선한 싸움을 싸웠습니다. 나는 하나님 말씀을 믿는 믿음 위에 굳게 서서 사탄의 공격을 다 이겨 냈습니다.

그동안 영적인 광야의 삶을 걷다 보니 피아노원으로 들어온 수입으로는 거의 저축을 못했습니다. 그러나 시험이 끝난 뒤에는 내가 노력하지 않았지만 하나님의 방법으로 모든 손실을 다 채워 주셨고 더 풍성하게 해 주셨습니다. 광야의 시험으로 인해 궁핍을 드러냈던 모든 것은 다 채워져서 다시 풍성하게 되었습니다.

무산됐던 재개발도 다시 진행되어 다 해결되었습니다. 하나님께서 사라고 하신 오피스텔은 처음부터 분양가가 싸게 나온 집이어서 지하철이 연결되면서 집값이 많이 올라 내게 많은 유익을 주는 좋은 집이 되었습니다. 우리의 길과 다르고 우리의 생각보다 높은 하나님께서 명령하실 때 순종하면 복을 받습니다.

하나님, 감사합니다.

내 의를 내려놓고 하나님의 의를 붙들어야 한다

이스라엘 백성들은 이제 신 광야에 이르러 가데스 바네아에 도착했습니다. 여기서도 물이 없어서 지도자인 모세를 원망했습니다. 하나님은 므리바 반석을 명하여 물을 내라고 하셨습니다.

그러나 백성들의 원망에 화가 난 모세는 하나님의 명령을 어기고 지팡이로 반석을 쳐서 물을 냈습니다. 하나님은 너희가 나를 믿지 아니하고 이스라엘 자손 앞에서 거룩함을 나타내지 않았다고 하시며 불순종한 사람들은 가나안 땅으로 들어가지 못한다고 하셨습니다. 르비딤에서 하나님은 반석을 치라고 하셨지만 므리바에서는 반석을 향해 말로만 명령하라고 하셨습니다.

므리바의 반석은 예수 그리스도를 상징합니다. 이것은 한 번 내리친 반석은 다시 치면 안 된다는 말입니다. 말로 명하기만 하면 됩니다. 예수님은 십자가에서 우리를 위해 몸이 깨어지면서 피와 물이 쏟아졌고 "다 이루었다"고 외치셨습니다.

한 번 깨어진 몸을 다시 치면 안 됩니다. 그것은 깨어진 하나님의 아들을 짓밟고 자기를 거룩하게 한 언약의 피를 부정한 것으로 여기고 은혜의 성령을 욕되게 하는 율법주의 악한 행위입니다. "하물며 하나님의 아들을 짓밟고 자기를 거룩하게 한 언약의 피를 부정한 것으로 여기고 은혜의 성령을 욕되게 하는 자가 당연히 받을 형벌은 얼마나 더 무겁겠느냐 너희는 생각하라."(히 10:29)

이제 우리는 깨어진 그리스도를 마음으로 믿어 의에 이르고 입으로 시인하여 구원에 이르게 되었습니다. '행위의 법'이 아닌 '믿음의 법'입니다. 행위로는 의와 성령 충만을 얻을 수 없습니다.

에덴동산에서 불순종함으로 죄의 후손이 된 우리의 모습으로는 하나님께 나아가거나 그분과 사귈 수 없습니다. 예수 그리스도의 깨어진 몸을 통해 흘린 피와 물을 믿음으로만 가능합니다.

우리의 모든 죄와 목마름에 대한 값을 지불하시고 하나님과 우리 사이를 회복시키신 하나님의 아들 예수 그리스도를 믿는 믿음으로 말미암은 의를 힘입어 하나님 앞에 당당히 서고 그분과 친밀한 사랑의 교제를 나눌 수 있게 되는 것입니다.

"그러므로 형제들아 우리가 예수의 피를 힘입어 성소에 들어갈 담력을 얻었나니 그 길은 우리를 위하여 휘장 가운데로 열어 놓으신 새로운 살 길이요 휘장은 곧 그의 육체니라."(히 10:19~20)

내 의가 아닙니다. 예수님의 보혈로 나 자신을 덮고 그 피를 의지해서 하나님의 보좌 앞에 담대히 나아가게 됩니다. 하나님의 의를 힘입어 하나님 앞에 설 때 우리는 하나님을 아빠 아버지라 부를 수 있으며 하나님께 무엇이든지 구하면 다 받게 됩니다.

"내가 진실로 진실로 너희에게 이르노니 너희가 무엇이든지 아버지께 구하는 것은 내 이름으로 주시리라. 지금까지는 너희가 내 이름으로 아무것도 구하지 아니하였으나 구하라. 그리하면 받으리니 너희 기쁨이 충만하리라."(요 16:23~24)

사람이 아무리 돈이 많아 부요해도 마음에 근심과 걱정이 가득하다면 행복할 수 없습니다. 하나님이 우리에게 주시는 복은 영구하고 견고한 복입니다. 그분은 우리에게 복을 주시되 근심을 겸하여 주시지 않습니다.(잠 10:22) 예수님이 말씀하셨습니다.

"수고하고 무거운 짐 진 자들아, 다 내게로 오라. 내가 너희를 쉬게 하리라. 나는 마음이 온유하고 겸손하니 나의 멍에를 메고 내게 배우라. 그리하면 너희 마음이 쉼을 얻으리니 이는 내 멍에

는 쉽고 내 짐은 가벼움이라 하시니라."(마 11:28~30)

사실 진리를 알고 나면 너무 쉽고 간단합니다. 주님이 다 이루어 놓았기 때문입니다. 당신이 할 일은 믿는 것 외에 없습니다.

우리는 이스라엘 백성들처럼 40년간 광야의 길을 걸어야 할 필요가 없습니다. 가나안으로 가는 그 길은 원래 장정이 일주일 만에 들어갈 수 있는 길이었습니다. 그들이 하나님의 말씀을 믿지 않고 불순종해서 40년간 돌게 된 것입니다.

우리는 이스라엘 백성들처럼 오랜 시간 광야를 걸으면 안 됩니다. 그들은 광야에서 다 죽었고 자손만 들어갔습니다. 불순종한 이스라엘 백성들과 달리 여호수아와 갈렙은 온전히 순종했습니다. 그들은 눈에 보이는 가나안의 거인들을 두려워하지 않고 하나님 말씀에 순종해서 가나안 땅을 밟게 되었습니다.

주의 자녀의 형통함과 주의 유산을 자랑하게 하소서

가나안은 이 땅에서 누리는 천국을 상징합니다.

가나안은 예수님께서 십자가에서 피와 땀과 눈물을 쏟으며 값을 다 지불하고 돌아가시면서 믿는 자들에게 유산으로 주신 이 땅에서 누리는 하나님의 나라입니다. 우리가 젖과 꿀이 흐르는 땅인 가나안을 유산으로 받은 상속자라는 것을 기억해야 합니다.

하나님의 자녀들 중에 이 사실을 믿고 누리는 사람들이 많지 않습니다. 왜냐하면 이런 사실을 모르고 지내 왔거나 또는 아예 믿지 않기 때문입니다. 하나님의 나라는 믿음으로 받습니다.

우리가 놀라운 기업을 물려받은 상속자라 해도 어렸을 때는 관리를 하지 못해 후견인을 두고 그 아래 있었습니다. "유업을 이을 자가 모든 것의 주인이나 어렸을 동안에는 종과 다름이 없어서 아버지가 정한 때까지 후견인과 청지기 아래에 있나니."(갈 4:1~2)

영적인 어린 아기와 같은 율법 아래 있는 사람은 가나안의 기업을 누릴 수 없습니다. 우리의 믿음이 예수님이 십자가에서 다 이루어 놓으신 참된 복음을 알고 행하는 장성한 믿음의 분량으로 성장했을 때 가나안의 축복을 누릴 수 있는 것입니다.

"내가 주의 택하신 자가 형통함을 보고 주의 나라의 기쁨을 나누어 가지게 하사 주의 유산을 자랑하게 하소서."(시 106:5)

이 말씀은 10년 전에 신년 예배 때 받은 말씀입니다.

많은 사람들이 부잣집의 자녀로 태어난 사람을 부러워합니다. 그러나 우리는 우주에서 가장 큰 부자 아빠를 두었습니다. 우주의 재벌 총수이신 하나님의 자녀가 되었기 때문입니다. 우리는 하나님의 아들 예수님이 십자가에서 피 흘려 죽으심으로 말미암아 가나안의 부를 유산으로 물려받은 축복받은 사람들입니다.

"그들의 땅을 '기업'으로 주시되 자기 백성 이스라엘에게 기업으로 주셨도다"(시 135:12)라고 했습니다. 나도 처음엔 '기업'으로 표현해 놓은 단어를 보고 잘 이해가 되지 않았습니다. 그래서 하나님이 우리에게 주신 기업이 무엇인지 오랫동안 알고자 했습니다. 결국 가나안의 열매를 맛보면서 모든 의문점이 풀렸습니다.

"가나안 땅을 네게 주어 너희 기업의 지경이 되게 하리라."(역상 16:18)고 했습니다. 나는 이제 주의 기업을 알고 누리며 자랑하게 되었습니다. 지금 나는 가나안 땅에 거하고 있습니다.

가나안은 광야와 달리 모든 것을 풍성히 누리는 곳입니다.

광야는 우리 안에 있는 우상의 찌꺼기를 제거하므로 하나님 말씀을 온전히 믿고 순종하는 믿음의 사람으로 만드는 장소입니다. 그래서 성경은 믿음을 말할 때 '정금 같은 믿음'이라고 표현합니다. 하나님께서 올해 주신 말씀입니다. "너희 믿음의 확실함은 불로 연단하여도 없어질 금보다 더 귀하여 예수 그리스도께서 나타나실 때에 칭찬과 영광과 존귀를 얻게 할 것이니라."(벧전 1:7)

우리 안에 있는 우상의 찌꺼기를 깨끗이 제거하고 믿음이 정금 같이 온전해져야 합니다. 하나님 말씀에 온전히 순종하면 우리의 삶이 형통하게 되는 복이 임하게 됩니다. 복음 안에서 믿음이 장성한 사람이 되면 후견인이 없이 주님이 우리에게 남겨 주신 유산인 가나안의 기업을 마음껏 누리는 복된 삶을 살게 됩니다.

광야를 잘 지나면 가나안의 형통한 삶을 누리게 됩니다.

가능하면 40년간 돌지 말고 일주일 만에 끝내십시오.

사실 일주일도 걸리지 않습니다. 예수님이 십자가에서 다 이루었다는 복음을 믿고 순종하면 즉시 안식에 들어갑니다.

"또 하나님이 누구에게 맹세하사 그의 안식에 들어오지 못하리라 하셨느냐 곧 순종하지 아니하던 자들에게가 아니냐? 이미 믿는 우리들은 저 안식에 들어가는도다."(히 3:18, 4:3)

지금은 광야가 일주일이나 40년이라는 물리적인 거리와 시간의 개념이 아닙니다. 복음을 믿고 순종하는 개념입니다. "그들과 같이 우리도 복음 전함을 받은 자이나 들은 바 그 말씀이 그들에게 유익하지 못한 것은 듣는 자가 믿음과 결부시키지 아니함이라. 이미 믿는 우리들은 저 안식에 들어가는도다."(히 4:2~3)

믿음과 결부시킨다는 것은 믿음으로 화합한다는 말입니다.

예수님이 십자가에서 다 이룬 복음을 인정하고 믿어야 합니다.

그러면 일주일이나 40년이 아닌 바로 안식에 들어갑니다.

예수님이 십자가에서 피와 땀과 눈물을 흘리며 당신의 죄와 목마름, 병과 가난, 어리석음과 징계와 죽음에 대한 값을 다 지불하고 다 이루었습니다. 예수님이 당신 대신 모든 저주에 대한 대가를 다 지불했다는 이 사실을 믿으십시오. 그러면 당신은 바로 광야에서 공간 이동해 가나안 땅에 들어가게 됩니다. 하나님의 나라가 성령으로 말미암아 당신 안에 임하고 당신의 삶 전반에 걸쳐 풍성히 나타나게 됩니다. "또 여기 있다 저기 있다고도 못하리니 하나님의 나라는 너희 안에 있느니라"(눅 17:21)고 했습니다.

하나님이 모든 일을 예비하시고 행하게 하셨다

이제 와서 돌아보니, 내 삶이 이스라엘 백성들이 광야의 길을 걸었던 모습과 너무나 닮아 있었습니다. 나는 그냥 나의 삶을 살아온 것 같은데 많은 과정을 거쳤습니다. 지금은 사도 바울의 고백처럼 나의 나 된 것은 하나님 은혜라는 말이 실감납니다.

하나님은 호세아 선지자에게 고멜이라는 경건치 않은 여자를 아내로 삼으라고 명령하셨습니다. 그것은 하나님을 떠나 우상을 섬기는 경건치 않은 이스라엘 백성들에게 선지자의 삶을 통해 하나님의 뜻을 쉽게 이해시키고 경고를 주기 위해서였습니다. 그리고 고멜과의 사이에서 자녀가 한 명씩 태어날 때마다 이름을 지어주고 그 이름을 부를 때마다 하나님의 경고를 듣게 했습니다.

첫째는 이스르엘의 피를 예후의 집에 갚는다는 '이스르엘' 둘째는 긍휼히 여겨 용서치 않는다는 '로루하마' 셋째는 너희는 내 백성이 아니고 나는 너희 하나님이 되지 않을 것이라는 '로암미'라고 이름을 지어 부르게 했습니다. 사람들은 선지자가 경건치 않은 여자와 결혼할 때부터 이상하게 생각했을 것입니다.

그들은 호세아가 자녀의 이름을 부를 때마다 들으면서 의문을 갖게 되었을 것입니다. 물론 나중에는 모든 이유를 알게 되었을 것입니다. 그리고 하나님의 경고를 듣고 깊이 생각했을 것입니다. 때로는 하나님이 이런 기이한 방법을 사용하신다는 것을 호세아의 삶과 나의 삶을 보면서 깨닫게 되었습니다. 호세아의 삶 자체가 하나님의 메시지를 담고 있었습니다.

나는 내가 성경과 비슷한 삶을 경험한 것이, 살다 보니 우연히 일어난 것으로 생각했습니다. 그런데 복음의 증인과 사명자로 부르시고 성경의 사건과 비슷한 삶을 살게 된 것이 이미 예정된 하나님의 계획이었음을 이번에 이 글을 쓰면서 깨닫게 되었습니다.

2017년 신년 예배 때 받은 말씀인데, 바로 이 말씀입니다.

"우리는 그가 만드신 바라. 그리스도 예수 안에서 선한 일을 위하여 지으심을 받은 자니 이 일은 하나님이 전에 예비하사 우리로

그 가운데서 행하게 하려 하심이니라.”(엡 2:10)

하나님은 나의 삶을 통해 우상 숭배에 대한 경고와 구약 성경의 가나안 여정을 현재의 상황에 맞게 재현함으로써 모든 성도들이 쉽게 이해되도록 복음을 전하는 이 글을 쓰게 하셨습니다.

당신은 절대로 우상을 숭배하지 마십시오. 당신의 마음을 오직 하나님께만 두십시오. 마음을 다하고 목숨을 다하고 힘을 다하고 뜻을 다해 하나님을 사랑하십시오. 하나님이 당신을 그렇게 사랑하십니다. 하나님은 마음을 다하고 목숨을 다하고 힘을 다하고 뜻을 다해 당신을 사랑하십니다. 그분은 질투하시는 분입니다.

또한 눈에 보이는 현상을 따라 원망하며 살지 말고 하나님의 말씀을 믿는 믿음으로 사십시오. 사람이 떡으로만 살지 않고 하나님이 입에서 나오는 모든 말씀으로 삽니다.

사실 신앙인들이 구약성경을 읽고 가나안의 여정을 자신에게 적용된 말씀으로 이해하기는 쉽지 않습니다. 또한 하나님을 믿지만 우리 안에 있는 우상들을 보지 못하는 사람들도 많습니다.

성경을 읽으면 이스라엘 백성들이 하나님을 완전히 떠나 우상을 섬기므로 하나님께 혼난 것으로 생각하기 쉽습니다. 그러나 이스라엘 백성들은 출애굽 하는 과정에서 그 놀라운 기적들을 베푸신 여호와 하나님을 쉽게 떠나거나 잊지 못했습니다. 그들은 하나님을 섬기면서도 이방 사람들이 우상을 섬기는 풍습을 보고 그대로 따라 했던 것입니다. 두 마음을 품은 것입니다.

이 모습은 지금 우리의 삶과도 비슷합니다.

많은 기독교인들이 교회에 다니면서도 점집에 가기도 하고 오늘의 운세, 신수 비결, 타로 점 등, 이 세상 사람들이 우상을 섬기는 풍속을 일부 따라 하는데 그것이 곧 우상을 섬기는 것이며 하나님의 큰 진노를 일으킨다는 것을 깨닫지 못하고 있습니다.

나는 한때 성경보다 책을 더 즐겨 읽다가 하나님께서 우상을 버리라는 경고를 듣고 회개했습니다. 하나님보다 더 사랑하는 취미나 관심으로 우리의 마음과 시간을 빼앗겨 하나님으로부터 멀어지는 것도 우리 안에 있는 우상입니다. 세상 그 무엇보다 하나님을 가장 사랑해야 합니다. 하나님은 질투하시는 분입니다.

네가 즐겨 순종하면 땅의 아름다운 소산을 먹게 되리라

사실 나는 이 글을 쓸 생각이 전혀 없었습니다.

김열방 목사님께서 박미혜 전도사님을 통해 내게 책을 쓰라고 했습니다. 나는 그때 글을 쓸 상황이나 환경이 아니었습니다. 나의 그때 사정을 아는 사람들은 내가 글을 써야겠다고 하니까 말만 들어도 정신이 아득해진다고 했습니다. 그래서 처음에는 할 수 없다고 얘기했습니다. 그러나 전도사님이 계속 복음을 전하는 것이 중요하고 성령께서 쓰라고 하신다며 책을 내는데 꼭 참여하라고 했습니다. 그러나 글을 쓸 형편도 준비도 전혀 안 되어 있어서 토요일에 전도사님께 할 수 없다고 문자를 보냈습니다.

그리고 그날 밤 어머님이 많이 편찮으셔서 밤새 거의 잠을 못 자고 날이 밝아 오자 주일이라서 경황이 없는 중에 바쁘게 시간

맞춰 예배하게 되었습니다. 설교 시간이 되어서 영해제일교회 김광수 목사님께서 말씀을 읽기 시작했습니다. "요나서" 하는 순간 불순종하는 선지자가 떠올랐습니다. 특히 요나서는 내게는 사명자로서 깨우쳐 주시고 요나서를 통하여 경험한 사건을 처음으로 글을 쓰게 하신 사건이 있었기에 남다른 느낌을 갖고 있었습니다.

그래서 어떤 말씀일까 하고 있는데 의외로 요나가 불순종하는 내용이었습니다. "여호와의 말씀이 아밋대의 아들 요나에게 임하니라. 이르시되 너는 일어나 저 큰 성읍 니느웨로 가서 그것을 향하여 외치라. 그 악독이 내 앞에 상달되었음이니라. 그러나 요나가 여호와의 얼굴을 피하려고 일어나 다시스로 도망하려 하여 욥바로 내려갔더니 마침 다시스로 가려고 배 삯을 주고 배에 올랐더라."(욘 1:1~3) '이 말씀은 완전 불순종에 관한 내용인데' 하면서 마음이 불안해져 재빨리 주보를 꺼내 설교 제목을 봤습니다.

"당신은 사명을 다 하십니까?"

설교 제목을 보는 순간 성경을 읽을 때부터 내 마음이 불안했고 심장이 쿵 하는 느낌과 함께 정신이 아득해졌습니다. 설교 시간 내내 마음이 복잡했습니다. 하나님이 내게 말씀하고 계셨습니다. '아 어떻게 하나?' 내 생각엔 지금 글을 쓸 상황도 아니고 준비도 안 되어 있는데, 그러나 하나님의 명령이라면 불순종할 수도 없고 걱정이 되어 예배를 어떻게 드렸는지 정신이 없었습니다.

그러고 보니까 신년 예배 때 받은 말씀을 보면서, 나는 나의 사명이 복음의 증인이라는 것을 알고 있는데 왜 이 말씀을 또 주셨을까 생각했습니다. 목사님을 통해서 주신 말씀과 신년 예배 때 받은 말씀을 보니 빠져 나갈 구멍이 없는 것 같았습니다. 그러나 환경을 보니 쓰고 싶은 마음이 없었습니다. 나는 마지못해 "하나님 뜻이라면 순종하겠습니다"라고 대답했습니다.

요나가 니느웨로 가서 하나님 말씀을 전하라는 명령을 어기고 다시스로 도망가는 배 안에서 풍랑을 만난 것처럼 나에게도 주일 전 날 박미혜 전도사님께 거절하는 문자를 보내고 난 뒤에 풍랑이 일고 있었습니다. 평소 어머님이 누워 계셔도 평온하게 지냈는데 그 날은 나와 어머님이 둘 다 소화 불량으로 힘든 밤을 보냈습니다. 어머님이 증세가 심해서 밤새도록 토하는 바람에 잠을 못자며 치우고 빨래하면서 날을 샜습니다. 그래서 이상하다고만 생각하고 있었습니다. 주일날 목사님 말씀을 듣고 하나님의 지시에 대해 불순종함으로 인해 내 삶에 풍랑이 온 것을 알았습니다.

나도 역시 소화가 잘 안되고 몸도 아프고 마음도 복잡하여 바닥에 있는 손에 잡히는 물건을 하나 끌어다 베개 삼아 누웠습니다. 그 순간 불순종하고 다시스로 도망가는 배 안에서 누워 있는 요나의 모습이 겹쳐졌는데 요나의 모습이 나의 모습이었습니다.

그 다음 날 서울에서 전도사님으로부터 연락이 안 오면 어떻게든 피해 보려고 했습니다. 그러나 전도사님으로부터 다시 전화가 왔고 성령께서 글을 쓰라고 하신다고 해서 결국 이 책이 나오게 되었습니다. 김열방 목사님께서 여러 사정을 고려해서 시간적으로 많은 배려를 해주셨습니다. 글을 쓰기로 마음먹고 길을 걷고 있는데 하나님께서 내 마음에 이렇게 말씀하셨습니다.

'너는 마지못해 억지로 순종하고 있구나. 즐겨 순종하면 땅의

아름다운 소산을 먹을 것이라고 하지 않았니?'

그 말씀을 듣고 나의 모습이 이러면 안 되겠다 싶어 마음을 확 바꾸었습니다. '하나님, 즐거 순종하겠습니다.' 할렐루야!

그렇게 마음을 바꾸니까 마음도 편하고 오히려 감사하다는 마음이 들었습니다. 내 앞에 놓인 일들은 하나님께 맡기고 책 쓰기에 전념하기로 했습니다. 이 책이 나오기까지의 상황이 신약 성경에서 제자들이 복음을 전할 때와 같다는 생각이 듭니다.

사도 바울이 아시아로 가려고 할 때 성령께서 마게도냐 환상을 보여 주심으로 유럽으로 가서 복음을 전하게 되었고, 빌립이 이디오피아 내시에게 복음을 전하도록 성령께서 인도해 주시고, 베드로에게 보자기 환상을 보여 주셔서 성령께서 이방인 고넬료에게 복음을 전하게 하신 것과 비슷하다는 것을 느꼈습니다.

이 책이 나올 수 있도록 서울에 계신 김열방 목사님과 박미혜 전도사님, 영해에 계신 김광수 목사님과 나, 이렇게 장소와 환경과 사람은 달라도 한 분 성령님께서 역사하셔서 서로 협력하여 복음을 전할 수 있도록 일하시는 것을 볼 수 있었습니다. "우리가 알거니와 하나님을 사랑하는 자 곧 그 뜻대로 부르심을 입은 자들에게는 모든 것이 합력하여 선을 이루느니라."(롬 8:28)

이런 일들을 경험하면서 신약 성경에서 성령의 인도하심으로 복음을 전하는 제자들의 한 장면을 보는 것 같았습니다. 나는 나의 사명이 복음의 증인임을 알기에 내가 글을 쓰고 싶을 때 쓰면 된다고 생각했습니다. 그러나 복음을 전할 때는 성령의 인도함을 받고 나는 하나님이 일하시는 통로가 되어야 한다는 것을 깨달았습니다. 내가 하는 것이 아니라 주님이 하십니다.

네가 나의 말을 준행하였으니 잘 하였도다

당신은 진정으로 행복하십니까?

창세기에서 하나님이 사람을 창조하시고 아담과 하와에게 "복을 주셨다"고 했습니다. 그리고 "생육하고 번성하여 땅에 충만하라. 땅을 정복하라, 바다의 물고기와 하늘의 새와 땅에 움직이는 모든 생물을 다스리라"고 하셨습니다. 그들은 부요했습니다.

하나님이 창조하신 인간의 원래 삶은 어떤 것일까요?

에덴동산에서의 그들은 하나님께 무한한 복을 받은 행복한 모습이었습니다. 그러나 하나님이 금하신 선악과를 사탄의 유혹을 받아 따먹음으로 에덴에서의 복된 삶을 사탄에게 넘겨주었습니다. 여기서 중요한 것은 아담과 하와가 하나님의 말씀에 불순종함으로 낙원을 잃어버렸다는 것입니다. 이 낙원을 회복하려면 다시 하나님의 말씀에 순종하는 사람이 되어야 합니다.

주님이 이 땅에 오셔서 십자가에서 우리의 모든 죄의 값을 지불하시고 원래 상태로 회복시켜 놓았습니다. 이 사실을 믿으면 하나님의 의를 선물로 받고 아담이 에덴동산에서 하나님과 함께 거닐었던 것처럼 하나님 앞에 담대히 서게 되는 것입니다.

하나님은 아브라함에게 복을 주시기 전에 믿음의 최종 시험으로 백세에 얻은 아들을 바치라고 하셨습니다. 아브라함이 하나님의 명령에 순종했을 때 "이제야 네가 나를 경외하는 줄을 알겠다"고 하시는 하나님의 인정을 받았습니다. 그 후에 하나님께 "내가 네게 큰 복을 주겠다"는 약속을 받았습니다. 그리고 "네 씨가 하늘의 별과 바다의 모래 같고 네 씨가 대적의 성문을 차지하고 네 씨로 말미암아 천하 만민이 복을 받는다"고 하셨습니다.

그리고 이런 복을 받는 이유는 "네가 나의 말을 준행하였기 때문이다"라고 하셨습니다. 반대로 하나님의 말씀을 청종하지 않은 사울 왕에게 사무엘 선지자는 "불순종의 죄는 점치는 것과 같고 사신 우상에게 절하는 죄와 같다"고 책망했습니다.

사울 왕은 왕의 위치에서 버림받았습니다. 선지자는 "왕이 여호와의 말씀을 버렸으므로 여호와께서도 왕을 버려 왕이 되지 못하게 하셨다"라고 했습니다.(삼상 15:23) 하나님 앞에 온전히 순종하는 사람만 복을 받고 가나안의 복을 누릴 것입니다. 사울의 왕위는 하나님의 말씀을 듣고 지키는 다윗에게로 넘어갔습니다.

"사울이 죽은 것은 여호와께 범죄하였기 때문이라. 그가 여호와의 말씀을 지키지 아니하고 또 신접한 자에게 가르치기를 청하고 여호와께 묻지 아니하였으므로 여호와께서 그를 죽이시고 그 나라를 이새의 아들 다윗에게 넘겨주셨더라."(대상 10:13~14)

나는 하나님께서 이 글을 쓰라고 하실 때 '왜 하필이면 책을 쓰기에는 여러 가지로 순종하기 어려운 환경인데 이때 책을 쓰라고 하시는지' 이해가 안 되었습니다. 지금 생각해 보면 하나님은 불순종하는 요나 선지자의 말씀을 내게 먼저 주셨습니다.

그리고 그 말씀을 듣고 지키는지 안 지키는지 하나님은 보고 계셨습니다. 하나님께서 이런 말씀을 하실 때는 온전히 순종하는 가를 보시는 것입니다. 아마 내가 이 글을 쓰지 않고 불순종했다면 하나님의 시험에 불합격했을 것입니다. 그리고 가나안의 복된 삶은 내게 미완성으로 남고 아직까지 깨닫지 못했을 것입니다.

마침내 네게 복을 주려 하심이니라

우리에게 복을 주시는 분은 만복의 근원이신 하나님이십니다. 그분은 우리에게 행복한 삶을 주시기 위해 "가나안으로 가라"고 명하십니다. 하나님은 마침내 복을 주시는 분입니다.

가나안은 그 땅 원주민이 집을 짓고 나무를 심어 놓은 곳입니다. 이스라엘 백성이 말씀에 순종하여 그곳을 정복했을 때 그들은 자신이 짓지 않은 집과 심지 않은 과실이 풍성한 가나안 땅을 기업으로 받았습니다. 당신이 하나님의 말씀을 주야로 묵상하며 믿음으로 가나안을 정복하면 당신이 짓지 않은 집을 얻고 당신이 심지 않은 과실을 먹게 될 것입니다.

우리는 주님이 십자가에서 유산으로 주신 가나안의 복된 기업을 풍성히 누리는 하나님의 자녀가 되어야겠습니다. 나는 이제 아브라함에게 주셨던 그 복을 내게도 주셨음을 깨달았습니다.

"네 하나님 여호와께서 이 사십년 동안에 네게 광야 길을 걷게 하신 것을 기억하라. 이는 너를 낮추시며 너를 시험하사 네 마음이 어떠한지 그 명령을 지키는지 지키지 않는지 알려 하심이라.

너를 낮추시며 너를 주리게 하시며 네 조상들도 알지 못하던 만나를 네게 먹이신 것은 사람이 떡으로만 사는 것이 아니요 여호와의 입에서 나오는 모든 말씀으로 사는 줄을 네가 알게 하려 하심이니라.”(신 8:2~3)

하나님께서 우리에게 가나안으로 가라고 지시하시고 잠시 광야의 삶을 거치게 하신 것은 마침내 우리에게 복된 삶, 철을 따라 열매 맺는 삶, 모든 일에 형통한 삶을 주시기 위함입니다.

“이 광야를 걷게 하신 것은 너를 낮추시며 너를 시험하사 ‘마침내 네게 복을 주려 하심’이었느니라.”(신 8:16)

하나님은 당신을 저주하시는 분이 아닙니다. 마침내 복을 주시는 분입니다. 당신은 저절로 잘되고 마침내 복을 받게 될 것입니다. 나는 믿음으로 말미암아 가나안에 거하고 있습니다.

하나님, 감사합니다. 할렐루야.

나는 성령님이 억만 번이나 좋다

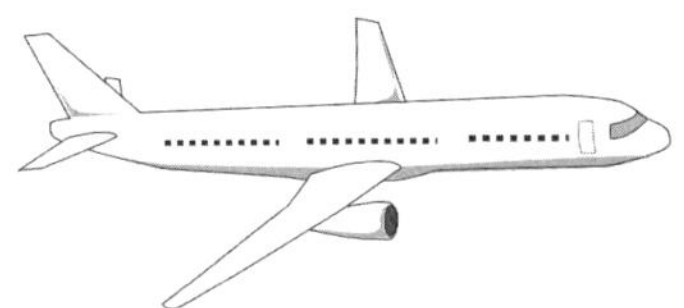

당신은 성령님의 인도를 받고 있습니까?

나는 요즘 매일 성령님의 인도하심을 받고 있습니다.

그러나 예전에는 내게 수많은 일들이 일어났습니다. 그때마다 '왜 이런 일이 생겼을까? 나는 잘하고 있는 걸까?' 하고 궁금했습니다. 지금 와서 돌이켜 보니 성령님이 내 인생을 인도하고 계셨습니다. 당신도 이 글을 통해 성령님의 인도를 받기 바랍니다.

실은 모든 것이 성령님의 인도하심이었다

나는 중국 교포 2세로 1959년 5월 8일에 중국 요녕성 신빈현에서 태어났습니다. 유치원, 초 중 고 모두 신빈현에서 다녔습니다.

고 3때 전무후무한 중국 인민해방군(中國人民解放軍)에 입대했고 7년 후 길림성 건축대학교에서 근무하게 되었습니다. 그 학교에서 약 10년간 종사하고 91년도에 사표를 쓰고 나와 하고 싶은 일을 많이 해보았습니다. 가정의 풍파로 많이 좌절했었고 운명에 대해 이해가 안 되어 여기 저기 다니면서 수련도 해보고 많은 단체들도 기웃거리며 궁금증을 풀어 보려고 노력했습니다.

한동안 집에서 몇 십장씩 불교 CD영상물을 빌려서 보기도 했습니다. 그 세계에서 유명한 스님들의 법문을 많이 듣고 보았습니다. 그러던 와중에 큰 당숙의 초청으로 한국을 가려는 수속을 밟고 기다리는 중에 하나님이 꿈에서 환상을 보여주셨습니다.

한번은 내가 산길을 가고 있는데 모든 물체가 다 금색이었습니다. 그런데 앞에서 세 명의 멋있는 남성들이 내게 다가와서 둘러싸더니 이렇게 말했습니다. "앞으로 혹시 어려움이 있을 때 부탁하면 다 들어주겠습니다." 그리고 살짝 뒷모습을 보여주는데 세 명 모두가 큰 날개가 달려 있었습니다.

나는 속으로 '천사들이네' 하고 좀 놀랐습니다.

그 산중턱에서 아래로 보니 큰 성이 보였습니다. 정말 신기했습니다. 꿈이 너무 생생해서 꿈을 깬 후에도 한참 고민했습니다.

'이것은 뭐지?'

또 한 번 꿈속에서 환상을 보여주셨습니다.

내가 넓은 광야에 서 있는데 하늘에서 큰소리로 내 이름을 부르며 "너는 지도자다"라고 하시는 것이었습니다. 너무 신기해서 친구가 두고 간 한자 성경을 자연스럽게 펴 보니 "누가 누굴 낳고 누가 누굴 낳고……. 아이고, 어려워" 하고는 덮어놓고 다시는 보지 않았습니다. 보아도 이해가 안 될 것 같았습니다.

2005년 10월 2일 한국에 들어 왔습니다. 영문도 모르게 지인의 요청으로 1박 세미나에 참석하게 되었습니다. 소위 성공자가 나와 1~3년만 노력하면 매달 천만 원이 나온다고 해서 그것을 믿고 3년 동안 열심히 했습니다. 그런데 어느 순간 그런 성공은 모래성이라는 것을 알았습니다. 나는 어느 정도 수입이 있었지만 내 아래 있는 멤버들은 수입이 없었습니다.

그러던 어느 날 전도사님이라는 분이 하나님에 대해 말씀하시는 것이었습니다. 하나님의 얼굴을 보았느냐고, 하나님의 음성을 들어 본 적이 있으시냐고……. 나는 그분의 옷자락을 잡고 흔들면서 "제발 5분만 더 이야기해 주세요"라고 애원했습니다. 그분이 나보고 하나님의 얼굴을 보고 싶고 음성을 듣고 싶으면 일요일에 자기를 따라 교회에 가자고 해서 그렇게 하겠다고 대답했습니다.

이렇게 해서 나는 서울목자교회를 다니게 되었습니다. 실은 성령님께서 인도하심이었습니다. 성령님, 억만 번이나 감사합니다.

한동안 서울목자교회를 떠났다가 다시 돌아왔다

서울목자교회를 다니던 중 내가 성경에 대한 지식이 너무 없다는 것을 알고 고민하고 있었습니다. 주기도문, 사도신경, 십계명

등 다른 성도님들은 다 줄줄 외우는데 나는 외우지 못하고 '창출 레민신'도 몰라서 어느 구절 하면 찾을 수가 없었습니다.

마음속으로 무척 공부하고 싶었습니다. 그런 중에 마침 아는 선배님이 "무료로 성경을 가르치는데 있는데 공부해 볼래?"라고 했습니다. 무료로 가르친다는 말에 내 마음이 혹했습니다.

한 주에 3회 정도 약 6개월 공부하고 시험을 보고는 합격하면 공식적으로 1년을 더 체계적으로 가르친다고 했습니다. 매주 월 화 목 금 하루에 4시간씩 공부하면서 그 교회에 대해서는 밝히지 않았습니다. 나는 마음속으로 짐작만 했습니다. 그래도 무료 교육이니까 갈 때까지 가 보자고 생각했습니다. 그런데 갈수록 내 영혼이 주물럭주물럭 하며 병드는 기분이었습니다.

그 와중에 파킨슨 증세가 왔습니다. 나는 과감하게 더 이상 안 나오겠다고 말하고는 그 후로 나가지 않았습니다. 구역장님이랑 전도사님이 몇 번 찾아와서 교회 나오라고 권했지만 나가지 않았 습니다. 그러자 구역장과 전도사님은 더 이상 권하지 않았습니다.

그런데 파킨슨병은 하루하루가 심해졌고 내 영혼도 죽어 가고 있는 듯 했습니다. 하루는 너무 답답해서 내가 존경하고 있는 서 울목자교회의 한 전도사님에게 전화해서 만나자고 했습니다.

예배 끝난 시간에 만나서 이런저런 이야기를 했습니다. 그 전 도사님은 나더러 "다시 서울목자교회로 나오시는 게 어때요"라고 했습니다. 나는 "네" 하고 대답했습니다. 그날부터 지금까지 나는 서울목자교회를 잘 다니고 있습니다. 세례도 받았습니다.

서울목자교회에 다시 나오는 날 김열방 목사님이 나에게 안수를 해주셨습니다. 내 마음은 울었습니다. 친정집에 다시 온 기분이었습니다. 당신도 다시 서울목자교회로 나오십시오.

서울목자교회로 다시 나온 후로는 빠른 속도로 내 영과 몸이 강건해졌습니다. 영육의 강건함을 얻은 것도 감사한데 경제적으로도 성령님의 인도하심을 받아 자급자족할 수 있었습니다. 김열방 목사님은 나의 영적인 스승이고 부모님 같은 존재였습니다.

다시 감사와 행복이 내 맘속을 가득 채웠습니다. 내 몸이 하나님의 성전이고 성령님이 내 맘속에 충만하게 계심으로 그야말로 만사가 형통해졌습니다. 지금은 주일날 예배드리는 것이 억만 번이나 행복하고 기쁩니다. 매일매일 기대가 됩니다.

나와 함께 계신 성령님은 나의 목자가 되십니다.

"여호와는 나의 목자시니 내게 부족함이 없으리로다. 그가 나를 푸른 풀밭에 누이시며 쉴 만한 물 가로 인도하시는도다. 내 영혼을 소생시키시고 자기 이름을 위하여 의의 길로 인도하시는도다. 내가 사망의 음침한 골짜기로 다닐지라도 해를 두려워하지 않을 것은 주께서 나와 함께 하심이라. 주의 지팡이와 막대기가 나를 안위하시나이다. 주께서 내 원수의 목전에서 내게 상을 차려 주시고 기름을 내 머리에 부으셨으니 내 잔이 넘치나이다. 내 평생에 선하심과 인자하심이 반드시 나를 따르리니 내가 여호와의 집에 영원히 살리로다."(시 23:1~6)

나는 성령님이 억만 번이나 좋습니다.

성령님, 사랑합니다.

당신이 저절로 잘되는 세 가지 비결

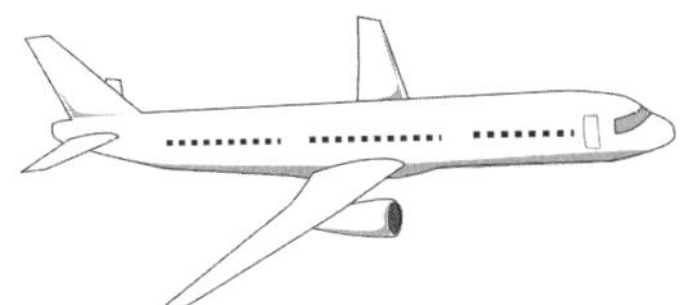

당신은 자고 깨고 하는 중에 저절로 복을 받습니까?

나는 자고 깨고 하는 중에 저절로 복을 받습니다. 모든 일이 저절로 다 잘됩니다. 이것이 내 믿음이고 내 삶입니다. 당신도 '저절로 잘된다'는 믿음을 가지십시오. 그러면 진짜 그렇게 됩니다.

나는 자고 깨고 하는 중에 저절로 잘된다

예수님은 하나님 나라에 대해 이렇게 말씀하셨습니다.

"또 가라사대 하나님의 나라는 사람이 씨를 땅에 뿌림과 같으니 저가 '밤낮 자고 깨고 하는 중에' 씨가 나서 자라되 그 어떻게 된 것을 알지 못하느니라. 땅이 스스로 열매를 맺되 처음에는 싹이요 다음에는 이삭이요 그 다음에는 이삭에 충실한 곡식이라. 열매가 익으면 곧 낫을 대나니 이는 추수 때가 이르렀음이니라.”
(막 4:26~29)

첫째, 사람이 씨앗을 땅에 뿌렸다고 했습니다. 무슨 씨앗일까요? ‘믿음의 말’이라는 씨앗입니다. “말이 씨가 된다”는 속담이 있습니다. 성경도 “말하는 대로 다 이루어진다”고 했습니다. 하나님의 입에서 나온 말씀도 한 마디도 사라지지 않고 다 이루어진다고 했습니다. 그러므로 절대로 부정적인 말을 하면 안 됩니다.

오직 믿음의 말만 하십시오. 민수기 14장 28절에는 “그들에게 이르기를 여호와의 말씀에 나의 삶을 가리켜 맹세하노라. 너희 말이 내 귀에 들린 대로 내가 너희에게 행하리니”라고 했습니다.

믿음의 말은 무엇일까요? 기도하고 구한 것을 ‘받았다고 믿는 말’입니다. ‘받을 줄로 믿는 말’은 소망의 말입니다. 예수님은 “너희가 무엇이든지 기도하고 구하는 것은 받은 줄로 믿으라. 그리하면 너희에게 그대로 되리라”(막 11:24)고 하셨습니다.

자세히 보십시오. “받을 줄로 믿으라”가 아닙니다. “받은 줄로 믿으라”입니다. “받았음, 되었음, 했음, 주었음, 결제 다 했음, 꿈이 다 이루어졌음, 돈이 들어왔음, 책이 나왔음, 집이 잘 팔렸음, 넓은 아파트로 이사했음, 건강한 아기를 낳았음, 합격했음, 여행 잘 다녀왔음, 병이 나았음” 등의 받은 줄로 믿는 말을 하는 것이 ‘믿음의 말’입니다. 그렇게 믿음의 말을 한 후에 하나님께 완전히 맡기고 잠을 푹 자야 합니다. 그리고 밤낮 자고 깨고 하는 중에 기적이 일어납니다. 당신이 몸부림쳐야 이루어지는 것이 아닙니다. 밤낮 자고 깨고 하는 중에 저절로 이루진다고 했습니다.

둘째, 믿음의 말을 씨앗으로 뿌렸으면 싹이 난다는 것을 믿어야 합니다. 반드시 때가 되면 싹이 납니다. 완전히 믿고 평안한 마음으로 잠자리에 들어야 합니다. 씨앗을 뿌려 놓고 '혹시 싹이 나지 않으면 어떻게 하지?'라고 염려하는 농부는 없습니다. 씨앗에 생명이 있다는 것을 믿고 하루에 8시간씩 푹 자야 합니다. "밤낮 자고 깨고 하는 중에 씨가 나서 자란다"고 했습니다. 당신이 씨앗에 대해 모든 것을 다 알아야 하는 것이 아닙니다. 땅속에서 어떻게 된 것을 알지 못하는 것이 정상이고 마음이 편합니다.

셋째, 땅이 스스로 열매를 맺습니다. 처음에는 싹이요 다음에는 이삭이요 그 다음에는 이삭에 충실한 곡식입니다. 열매가 익으면 곧 낫을 대는데 이는 추수 때가 이르렀기 때문입니다. 땅이 스스로 열매를 맺는다는 것을 믿으십시오. 처음에는 미약해 보이지만 반드시 큰 나무가 되고 많은 열매를 맺을 것입니다.

내가 하는 것이 아니라 하나님이 하신다

당신은 모든 일을 당신이 하고 있다고 생각하지 않습니까?

당신이 하는 것이 아니라 당신 안에 계신 하나님이 하십니다.

나는 예전에 잠자려고 침대에 누우면 몇 가지 복잡한 일이 떠올라 그것을 해결해야 한다는 생각이 들곤 했습니다. 아침 식사,

자녀 교육, 집안 인테리어 변경과 청소, 돈 문제 해결, 내 책을 읽은 고객이 하게 될 생각 등이 마구 떠올랐습니다. 그러면 잠을 못 이루고 이리저리 뒤척입니다. 나는 그걸 성령님께 말했습니다.

'성령님, 이런 생각들을 어떻게 할까요?'

성령님께서 내게 세미한 음성으로 말씀하셨습니다.

'오늘은 그만 자라. 벌써 10시가 넘어간다. 내일이 되면 상황이 달라진다. 다 해결된다.'

그때 나는 '걱정이 돼서 도저히 잠을 잘 수가 없어요. 성령님 같으면 잠이 오겠어요?'라고 반문하지 않았습니다.

그냥 '네, 알겠습니다'라고 대답하고는 잠에 빠졌습니다.

눈을 떠보면 아침입니다. 나는 입을 열어 인사를 합니다.

"성령님, 안녕하세요. 오늘도 참으로 좋은 날이에요" 하며 웃습니다. 그런데 놀랍게도 어젯밤에 근심하던 내 얼굴이 달라졌습니다. 환하게 빛이 나며 웃고 있었습니다.

큰 문제도 성령님과 함께 해결할 생각을 하니 작게만 생각되었습니다. 성령님의 말씀처럼 상황이 달라졌습니다. 신기하게도 오래 고민했던 큰 문제가 단 3분, 5분 만에 해결된 적도 있습니다. 그러면 작은 여러 가지 문제도 줄줄이 사탕처럼 따라 해결됩니다.

당신이 저절로 잘되는 세 가지 비결

당신도 나처럼 자고 깨고 하는 중에 복을 받으십시오.

어떻게 하면 될까요?

첫째, 일단 잠을 푹 자야 합니다.

성경에 "하나님이 빛을 낮이라 부르시고 어둠을 밤이라 부르시니라. 저녁이 되고 아침이 되니 이는 첫째 날이니라"(창 1:5)고 했습니다. 저녁부터 먼저 되었습니다. 아침이 되고 저녁이 되는 것이 아닙니다. 저녁이 되고 아침이 됩니다. 그러므로 저녁에 깨끗한 음식을 적당히 먹고 8시간 정도 푹 자야 합니다. 나는 9시면 잠자리에 들려고 노력합니다. 잘 자고 나면 개운한 아침을 맞이합니다. 당신도 믿음의 말을 한 후에 다 맡기고 푹 자십시오.

둘째, 하나님께 다 맡기십시오.

"수고하고 무거운 짐 진 자들아, 다 내게로 오라. 내가 너희를 쉬게 하리라"(마 11:28)고 했습니다. '짐 진 자'가 아닌 '짐 진 자들'입니다. 짐을 진 자들이 한두 명이 아니라 많다는 의미입니다. 세상에는 짐을 진 자가 당신 혼자가 이닙니다. 많습니다. 그런데 하나님은 당신에게 그 짐을 맡기라고 하십니다. 하나님은 당신의 어깨에서 당신의 짐을 날마다 들어내 주시고 쉬게 해 주십니다.

어떻게 당신의 짐을 맡깁니까? 말로 그분께 맡기면 됩니다.

"주님, 이 짐을 맡깁니다. 알아서 처리해 주세요. 부탁합니다."

나는 서울목자교회에서 예배 시간에 이런 말씀을 들었습니다.

"여러분, 내가 하려는 것은 교만입니다. 하나님이 하십니다. 그러므로 순간마다 '성령님, 어떻게 할까요?'라고 말씀드리세요."

나는 이 말씀을 듣고 가슴에 꼭 새겨 두었습니다. 그리고 실행으로 옮기니 성령님께서 도와주셨습니다. 할렐루야! 감사합니다.

셋째, 아침이 되면 성령님께 제일 먼저 인사하십시오.

잠을 재워 주신 분도 성령님이시고 깨워 주신 분도 성령님이십니다. 밤사이에 성령님이 당신 대신 많은 일을 행하십니다. 성령님은 당신을 편히 쉬게 하시고 그동안 열심히 일하십니다.

이것을 믿고 날마다 저절로 잘되는 복을 받기 바랍니다.

나는 하나님께 더 나은 내일을 기대한다

당신은 내일이 기대됩니까?

나는 내일이 무척 기대됩니다. 기대의 사전적 의미는 '어떤 일이 있기를 바라는 것, 어떤 일이 생길 거라고 예측하는 것, 어떤 일이 이뤄지기를 바라는 것에 대한 감정'입니다.

그렇게 좋은 일이 일어날 것이라고 기대하는 것은 잘하는 것입니다. 하지만 그 기대가 하나님이 아닌 사람에게 집중되면 기대를 받는 당사자는 오히려 부담감을 느낄 수도 있습니다.

당신은 누구에게 무엇을 기대하고 있습니까?

나는 하나님께서 나의 큰 꿈을 하루 속히 이루어 주시기를 간절히 기대하고 있습니다. 나는 '넓은 집으로 이사하기, 벤츠 타고 전국을 여행하기, 부모님 해외여행 보내드리기, 딸을 한 명 더 낳아 기르기, 일대일로 내가 직접 자녀를 코치하기, 한 달 월급 정도의 돈이 하루 만에 벌어 통장에 들어오는 것을 확인하기, 꾸준히 책을 써내 팔기, 온전한 복음을 지혜롭게 꾸준히 전하기' 등의 꿈을 하나님께 다 말씀드렸습니다. 그 외에도 뱃살이 들어가고 허리가 26인치로 돌아가는 것, 막내딸의 팔꿈치에 있는 아토피가 없어지고 깨끗해지는 것도 소원 목록에 적었습니다.

가끔 나는 사람들에게 이런 부정적인 이야기를 듣곤 합니다.

"어떻게 내가 지금 아이를 낳아? 나는 못 해. 아이 한 명을 키우는데 시간과 돈이 너무 많이 들어."

"어떻게 내가 넓은 집에 이사 가서 살아? 우리 가족은 그렇게 넓은 집이 필요 없어."

"어떻게 내가 책을 써? 나는 공부도 많이 못했고 이제 겨우 먹고 사는데."

나도 몇 년 전에는 그런 생각을 했습니다. 그러나 나는 하나님의 이끄심으로 책을 한 권 써냈고 내 인생이 완전히 달라졌습니다. 그러자 새로운 꿈을 더 많이 꾸기 시작했고 그것들이 하나 둘씩 실상으로 나타났습니다. 하나님이 다 하셨습니다.

내 힘으로 내가 하려니 더 이상의 꿈을 가질 수 없는 것입니다.

나는 믿음으로 성령님과 연합한 자가 되었습니다. 그리고 한 걸음 한 걸음 성령님과 함께 믿음의 발걸음을 내디뎠습니다. 그러자 처음엔 작은 것조차 사람에게 기대했던 내가 이제는 작은 것부터 큰 것까지 모두 오직 하나님께만 기대하고 있습니다.

사람은 도울 힘이 없습니다. 기대를 받는 당사자가 한계를 가지고 있으면 서로의 마음이 힘들어집니다. 그 사람이 어느 정도까지는 나의 기대를 감당할 수 있지만 그 한계를 지나면 나의 기대를 감당하지 못하고 부담감만 느끼게 됩니다. 어떻게 해야 할까요? 기대에 한계가 없는 전능하신 하나님께 기대하면 됩니다.

첫째, 지금 가장 간절히 원하는 것을 기대하십시오.

나의 아들은 매일 같이 가장 간절히 원하는 것이 있습니다.

"엄마, 놀아도 돼?"

"멋진 옷을 사 주세요."

"용돈을 올려 주세요."

"영어 학원을 보내 주세요."

이런 것들은 1년에 한두 번 요구합니다. 그러나 내 눈을 바라보며 간절히 원하는 것을 매일 이야기하는 것은 한 가지인데 그것은 곧 '밖에 나가 노는 것'입니다. 나는 그것을 쉽게 들어줍니다.

왜 그럴까요? 아이가 수재 마인드로 몇 시간씩 학원에 갇혀 참고서를 달달 외우는 그런 아이가 되길 원치 않기 때문입니다.

사실 자녀가 원하는 것들은 그리 큰 것이 아닙니다. 부모가 볼 때는 손가락 하나만 까닥해도 다 들어줄 수 있는 것들입니다.

마찬가지로 사람이 지금 가장 간절히 원하는 것이 아무리 크다 해도 하나님께서는 쉽게 허락하실 수 있습니다. 우주보다 크신 하나님 안에서 사람이 원하는 것이 크면 얼마나 크겠습니까? 커 봤자 다 지구 안에서 일어나고 있는 작은 일일 뿐입니다.

그러므로 십계명을 어기는 것만 아니라면 당신이 가장 간절히 원하는 것을 성령님께 이야기하십시오. 다 들어주십니다.

둘째, 이왕이면 처음부터 큰 것을 기대하십시오.

하나님은 크신 분입니다. "네 입을 넓게 벌리라"고 했습니다. 작은 것을 구하든 큰 것을 구하든 하나님께는 똑같습니다. 기왕

입을 열어 그분께 말씀드릴 거라면 큰 것을 구하십시오.

셋째, 기대한 것이 이미 되었다고 믿고 다른 것을 기대하십시오. 하나님께 밤낮 빌어야 할 필요는 없습니다. 기도는 주문을 외우는 것이 아니라 주문하는 것입니다. 그러므로 한 번 기도하고 구한 것은 받았다고 믿고 하나님께 완전히 맡기십시오. 그리고 다른 것을 구하십시오. 하나님께 맡기면 그분이 알아서 척척 해결하십니다. 하나님은 항상 당신이 기도하고 구한 것보다 더 좋은 걸로 주십니다. 그분은 모든 지각에 뛰어난 분이십니다.

"아무것도 염려하지 말고 오직 모든 일에 기도와 간구로, 너희 구할 것을 감사함으로 하나님께 아뢰라. 그리하면 모든 지각에 뛰어난 하나님의 평강이 그리스도 예수 안에서 너희 마음과 생각을 지키시리라."(빌 4:6~7)

하나님은 하루 만에도 다 주신다

당신은 성경에서 좋아하는 구절을 찾은 적이 있습니까?

나는 오늘도 한 구절 찾았습니다.

"너는 내일 일을 자랑하지 말라. 하루 동안 무슨 일이 일어나는지 네가 알 수 없음이니라."(잠 27:1)

성경책을 읽다가 우연히 읽게 되었는데 내가 제일 좋아하는 말씀이었습니다. 하나님은 "하루 동안 무슨 일이 일어나는지 네가 알 수 없다"고 하셨습니다. 하나님이 일하시기 때문입니다.

당신은 내일 일어날 일을 두려워한 적이 있습니까?

나는 내일이 올까 봐 두렵고 걱정한 적이 있었습니다.

직장 다닐 때에는 '내일 안 좋은 일이 일어나면 어떡하지?'라고 고민했습니다. 그 외에도 수많은 고민과 두려움이 있었습니다. 그러나 다 소용없었습니다. 내가 염려한다고 키를 한 자나 더할 수 있겠습니까? 머리털 하나라도 희게 할 수 있겠습니까?

염려 대신 감사하는 것이 낫습니다. 염려 대신 믿는 것이 낫습니다. 나는 이제 더 이상 염려하지 않습니다. 하나님을 믿습니다. "너희 염려를 다 주께 맡겨 버리라. 이는 저가 너희를 권고하심이니라."(벧전 5:7)고 했습니다. 염려는 한두 가지만 맡기는 것이 아닙니다. 다 맡겨야 합니다. 그러면 주님께서 모든 것을 붙들고 챙기십니다. 주님이 일하십니다. 주님이 해결하십니다. 염려는 당신의 것이 아니라 주님의 것입니다. 주님께 다 맡기십시오.

염려를 주님께 맡기면 당신에게 기적이 일어날 것입니다.

하나님은 하루 만에도 다 주십니다. 홍해가 갈라진 것도 하루 만에 일어났습니다. 보리떡 다섯 개와 물고기 두 마리로 5천 명을 먹인 것도 하루 만에 일어났습니다. 나아만 장군의 문둥병이 나은 것도 하루 만에 일어났습니다.

하루 만에 망하기도 하지만 하루 만에 성공하기도 합니다.

하루 만에 병이 생기기도 하지만 하루 만에 병이 낫기도 합니다. 하루 만에 빚더미에 앉기도 하지만 하루 만에 빚을 다 갚기도 합니다. 왜 망하고 병이 생기고 빚더미에 앉는 부정적인 상상을 합니까? 부정적인 상상을 하지 말고 긍정적인 상상만 하십시오.

예수님이 십자가에서 당신의 모든 가난과 질병과 저주를 다 짊어졌기 때문에 당신은 결코 하루 만에 망하거나 병으로 죽거나 빚더미에 앉지 않습니다. 오히려 그 반대로 복이 임합니다.

"나는 집을 산다고 1억이나 대출 받았는데요."

1억은 빚이 아닙니다. 최소한 금 한 달란트 곧 15억 이상은 되어야 빚입니다. 사실 15억도 빚이 아닌 작은 돈에 불과합니다. 하나님은 다윗에게 금 10만 달란트 곧 150조 원을 주셨습니다. 한 종이 다섯 달란트 곧 75억으로 장사하여 열 달란트 곧 150억을 만들었습니다. 당신이 집을 산다고 꿈과 소원을 이루기 위해 은행에서 대출을 받았다 할지라도 두 달란트나 다섯 달란트도 안 될 것입니다. 하나님은 하루 만에 그 정도는 다 해결해 주십니다.

하나님이 도우시면 하루 만에 성공하고 대출금을 다 갚습니다.

"그러므로 내가 너희에게 말하노니 무엇이든지 기도하고 구하는 것은 받은 줄로 믿으라. 그리하면 너희에게 그내로 되리라."(막 11:24)는 말씀대로 대출금을 이미 다 갚았다고 믿으십시오. 당신이 대출 받아 산 아파트가 1년 만에 3억, 5억이 오를 것입니다. 그러므로 궁상떨지 말고 '천억 있다 마인드'로 크게 생각하며 담대하게 하고 싶은 거 다 하며 부요하게 생활하십시오.

문제가 생기면 '성령님, 어떻게 할까요?'라고 물어라

당신은 성령님께서 주신 아이디어가 있습니까?

나는 성령님께서 주신 아이디어가 많이 있습니다.

나는 그 아이디어를 구체화시키고 실행에 옮깁니다. 나는 짧은 시간 동안 많은 양의 책을 쓰기 위해 내 방에 책상이 필요했습니다. 그래서 생각해 낸 것은 아들 책상을 내 방으로 빌려왔다가 돌려주는 것이었습니다. 아들은 좋다고 했습니다. 나는 신이 나서 아들과 함께 책상을 내 방으로 옮겼습니다. 옮기고 나니 아들 방에 있던 책들이 침대 모서리에서 제자리 없이 돌아다녔습니다.

내 눈에 거슬렸습니다. 나는 성령님께 말씀드렸습니다.

"성령님, 해수는 아침마다 책을 사진 찍어서 단체 카톡에 올리는데 책상을 대체할 수납함이 필요해요. 침대에 걸어 둘 수납함이 좋겠습니다. 어떻게 할까요?"

'수납함'이라는 성령님의 음성에 인터넷을 두드려 보고 가까운 매장에 찾으러 갔지만 내 마음에 드는 수납함은 없었습니다.

그때 청소를 하다가 버릴 그릇과 쓸모없는 스카프로 신나게 수납함을 만들었습니다. 책을 담아 보니 튼튼하고 좋았습니다. 꺼내기도 쉽고 방 안에서 아무 때나 책이 보이고 아기도 손을 넣어서 책을 꺼낼 수 있었습니다. 나는 아이디어를 주신 성령님께 억만 번이나 감사했습니다. 나는 많은 경우에 성령님이 주신 놀라운 아이디어로 인해 성령님과 함께 환호성을 지릅니다. "와!"

성령님이 주시는 아이디어는 사람의 생각과는 많이 다릅니다.

성령님이 주시는 아이디어에는 어떤 것이 있을까요?

첫째, 성령님께서 주신 아이디어는 어둠이 아니라 빛입니다.

그 아이디어는 어리석음으로 어두웠던 순간을 지혜의 빛으로 환히 밝힙니다. 내가 아이들과 관계 속에서 혼자 화가 치밀 때에도 성령님은 잠시 기다리라고 하십니다. 그러다 어느 순간 기발한 아이디어를 주십니다. 나는 성령님과 눈빛을 교환하며 희열을 느낍니다. 지혜가 빛을 발하는 순간이기 때문입니다.

둘째, 성령님께서 주신 아이디어로 내 삶이 바뀝니다.

때로 어떤 문제를 만나 내가 겪을 수 있는 최악의 상황인 것 같지만 나는 하나님이 주신 지혜를 통해 그것을 최고의 것으로 변화시킵니다. 그래서 힘들었던 상황은 온데간데없고 계속 행복한 삶이 이어집니다. 당신에게도 문제를 해결하는 지혜가 가득합니다.

셋째, 성령님께서 주시는 아이디어는 끝이 없습니다. 성령님은 내가 살아가는 동안 한순간도 나를 떠나지 않고 계속 함께 하시며 내게 무한한 아이디어를 주십니다. 그래서 나는 저절로 잘됩니다.

나는 자녀가 세 명인데 그들에게 코치할 때마다 각각 다른 방법으로 합니다. 성령님은 각자에게 필요한 아이디어를 주십니다.

"첫째 딸이 좋아하는 요리를 통해 코치해라."

"아들은 돈을 잘 쓰고 잘 저축하니 경제적으로 코치해라."

"막내딸은 책을 좋아하니 책 도미노를 만들어 함께 놀아줘라."

나는 이런 성령님의 코칭을 억만 번이나 좋아합니다.

당신도 성령님께 코치를 받으면 무한한 아이디어가 떠오릅니다. 그 아이디어를 구체화시키고 실행하므로 행복한 순간을 계속 이어나가십시오. 그러면 날이 갈수록 더 잘될 것입니다.

꿈과 소원 목록을 적고 구하면 기하급수적으로 받는다

당신은 꿈과 소원 목록을 적고 있습니까?

나는 공책에 꿈과 소원 목록을 계속 적었습니다.

"내가 원하는 좋은 지역으로 이사하기, 내가 원하는 멋진 집으로 이사하기, 내가 정말 원하는 차를 사서 드라이브하기, 내가 원하는 책을 마음껏 쓰기, 내가 원하는 강연을 하기, 내가 원하는 건물을 마음껏 사고팔기"등을 적었습니다.

이 중에 현상적으로 본 것들은 두 줄로 긋고 나머지도 믿음의 눈으로 보고 투명 매니큐어로 두 줄을 그었습니다. 투명하다고 해서 줄이 아니라고 할 수 없습니다. 고무줄도 줄이고 낚싯줄도 줄입니다. 결국은 둘 다 줄입니다.

이미 경험한 소원 목록도 경험하지 않은 소원 목록도 결국은 하나님께 다 말한 것입니다. 어떤 것은 사람에게, 어떤 것은 하나님께 말한 것이 아니라 시작부터 끝까지 하나님께 다 말했기 때문에 하나님이 들으시고 응답하십니다. 하나님은 내 말을 다 듣고 계시므로 내가 기도하고 구한 것은 시간과 공간을 초월해서 이미 다 받았습니다. 성령 안에서 이미 다 이루어졌다고 믿습니다.

솔로몬이 지혜를 구했는데 하나님은 그가 구하지 않은 부와 명예도 함께 주셨습니다. 나도 하나님께 꿈과 소원 목록을 말했기 때문에 다른 구하지 않은 것도 얻었습니다. 그것이 무엇일까요?

첫째, 나 스스로가 정한 한계에서 벗어나게 되었습니다.

나는 늘 작은 것만 적고 그것이 이루어지고 나면 '이만하면 됐지. 내가 무슨 명품을 누려'라고 생각하곤 했습니다. 출퇴근하며 한 달 벌어 보름 살고 보름은 대충 먹고 살았습니다. 그래도 하루 벌어 하루 먹고 사는 하루살이 인생은 아니었습니다. 삼일천하도 아니었습니다. 보름살이 인생이었습니다. 당신은 어떤가요?

지금은 다릅니다. 내 인생이 바뀌었습니다.

하나님께서 주신 음식의 명품인 '곡채과 소양가생'(곡식, 채소, 과일, 소고기, 양고기, 가금류, 생선)을 매일 먹습니다. 나에게 주신 명품 집인 깨끗한 아파트에서 8시간 동안 잠을 푹 잡니다.

나에게 주신 명품 다리와 명품 얼굴을 하고 명품 공원에서 산책을 즐깁니다. 나는 명품을 즐기는 것이 억만 번이나 행복합니다. 장인이 한 땀 한 땀 손으로 만든 것이나 공장에서 정교하게 만든 것만 명품이 아닙니다. 진짜 명품은 하나님이 만드신 내 몸과 자연 만물입니다. 이 모든 것을 최대한 누려야 합니다.

둘째, 내가 정한 개수보다 기하급수적인 개수를 빋았습니다.

내 평생 둘만 낳아 키우고 살 줄 알았는데 최근에 예쁜 딸을 한 명 더 받았습니다. 와, 기하급수적인 옷 몇 천 벌이나 신발 몇 만 켤레보다 더 좋습니다. "자녀 한 명은 100조 원 이상의 가치가 있다"고 김열방 목사님의 책에서 읽었기 때문입니다. 내 재산이 갑자기 100조 원이나 늘었으니 이것이 기하급수적으로 늘어난 것이 아니고 무엇이겠습니까? 자식은 여호와의 주신 기업입니다.

셋째, 나는 성령님을 많이 좋아합니다. 예전에도 좋아했지만 요즘의 나를 돌아보니 성령님을 더 많이 좋아하는 것 같습니다. 서울목자교회에서 온전한 복음의 말씀을 들으며 믿음이 더 좋아졌습니다. 믿음은 들음에서 난다고 하신 하나님 말씀에 감사드립니다. 얼마 전에 하나님은 내게 이 말씀으로 축복하셨습니다.

"내가 네 말대로 하여 네게 지혜롭고 총명한 마음을 주노니 네 앞에도 너와 같은 자가 없었거니와 네 뒤에도 너와 같은 자가 일어남이 없으리라. 내가 또 네가 구하지 아니한 부귀와 영광도 네게 주노니 네 평생에 왕들 중에 너와 같은 자가 없을 것이라."(왕상 3:12~13)

당신이 얻지 못한 것은 구하지 않았기 때문입니다.

하나님의 자녀는 하나님 아빠에게 무엇이든지 구하면 다 받습니다. 당신도 지금 꿈과 소원 목록을 적고 그것을 성령님께 말하십시오. 그분은 하나님이시며 구하지 않은 부와 기적을 함께 주실 것입니다. 당신과 나는 "아, 행복합니다" 하며 지내면 됩니다.

예수님이 말씀하셨습니다. "너희가 내 이름으로 무엇을 구하든지 내가 행하리니 이는 아버지로 하여금 아들로 말미암아 영광을 받으시게 하려 함이라."(요 14:13) 주저하지 말고 구하십시오.

꿈과 소원 목록을 적고 구하면 기하급수적으로 받습니다.

당신이 원하는 것이 무엇인지 정확하게 알고 부탁하라

당신은 스케일링을 받아 보았습니까?

내가 스케일링을 처음 받으러 갔을 때 치과의사 선생님은 "6개월마다 한 번씩 받아야 합니다. 치실도 음식물 먹은 후에 꼭 해야 합니다"라고 말했습니다. 나는 "와 , 이렇게 고통스러운 걸 6개월 마다 한 번씩 받으라고?" 그래도 그렇게 해야 치아도 썩지 않고 튼튼해지고 구내염도 사라진다고 하니 그렇게 하기로 했습니다.

스케일링하는 동안은 정말 힘들었습니다. 내 치아를 완전히 다 드러내고 세탁하는 것처럼 느껴졌습니다. 어느 날 나는 주일 설교 시간에 김열방 목사님이 "여러분, 스케일링을 할 때는 80퍼센트만 해 달라고 말하세요"라고 하신 말씀을 유념해서 들었습니다.

그리고 다음에 가서 스케일링할 때 나는 "너무 완벽하게 하지 말고 80퍼센트 정도만 해주세요. 그리고 겉에 드러나는 치아 위주로 해주세요. 속까지 다 드러내면 제 치아가 너무 아픕니다"라고 요청했습니다. 그러니 간호사와 의사가 알아듣고 적절하게 잘 해 주었습니다. 또 나는 자주하던 치실 작업도 거의 안합니다.

치아는 오복(五福) 중의 하나라는 말이 있습니다. 예수님 믿는 사람은 오복을 모두 받고 평생 건강하게 살아야 합니다.

첫째, 곡채과소양가생(곡식, 채소, 과일, 소고기, 양고기, 가금류, 생선)을 먹고 건강하고 날씬하게 살아야 합니다. 하나님이 먹지 말라고 명령하신 '낙지, 문어, 새우, 조개' 등은 바다에서 깨끗하지 못한 생물입니다. 나는 이것들을 완전히 끊었습니다.

둘째, 건강한 삶의 습관이 몸에 배이게 해야 합니다. 하루에 8시간씩 잠을 푹 자고 하루에 한 시간이라도 꾸준히 산책하십시오.

셋째, 오복 중 하나인 치아를 잘 관리하십시오. 치아가 건강하고 튼튼해야 음식을 잘 씹고 그것을 우리 몸속에서 소화도 잘 시킵니다. 치과의사에게 진찰받고 있더라도 당신이 원하는 것이 있을 때 당당하게 요청해야 합니다. 나는 "스케일링을 약하게 해 주세요"라고 요청하므로 내가 원하는 치아 건강을 얻었습니다. 깊이 파면 잇몸이 다 상합니다. 나는 또 서울목자교회 인터넷 카페에 있는 올바른 양치법을 읽고 양치할 때마다 그대로 실천합니다.

하나님은 그분의 자녀가 연약하거나 아프지 않고 '완벽한 건강'을 원점으로 설정하길 원하십니다. 그러니 깨끗한 음식을 먹고 꾸준히 산책하십시오. 또한 주위 사람에게 원하는 것이 있다면 무엇이든지 당당하게 부드러운 미소를 띠고 요청하십시오.

당신이 원하는 것이 무엇인지 알고 하나님께나 주위 사람들에게 정확하게 요청하십시오. 그러면 다 얻습니다. 이것이 '구찾두 마인드'입니다. 하나님께 구하고 환경에서 찾고 주위 사람에게 부탁하므로 두드리십시오. 그러면 얻고 찾고 문이 열릴 것입니다.

"구하라, 그리하면 너희에게 주실 것이요. 찾으라, 그리하면 찾아낼 것이요. 문을 두드리라, 그리하면 너희에게 열릴 것이니 구하는 이마다 받을 것이요. 찾는 이는 찾아낼 것이요. 두드리는 이에게는 열릴 것이니라. 너희 중에 누가 아들이 떡을 달라 하는데 돌을 주며 생선을 달라 하는데 뱀을 줄 사람이 있겠느냐? 너희가 악한 자라도 좋은 것으로 자식에게 줄 줄 알거든 하물며 하늘에 계신 너희 아버지께서 구하는 자에게 좋은 것으로 주시지 않겠느냐?"(마 7:7~11)

당신은 바보가 아닌 천재다. 당신 안에 지혜가 가득하다

당신은 지혜롭습니까?

나는 지혜롭습니다. 내 안에 하나님이 주신 지혜가 가득합니다. 나는 오늘 설거지를 하다가 한 가지 해결해야 할 문제가 문득 생각나서 성령님께 물었습니다.

"성령님, 어떻게 할까요?"

이번 문제에 대해 성령님은 단순히 지시를 내리시기보다는 '은하야, 너는 지혜로운 자다'라고 한마디만 하셨습니다.

나는 성령님의 답을 듣고 억만 번이나 기뻤습니다.

성령님께서 지혜 있다고 하셔서 나는 지혜로운 자가 되었습니다. 성령님께서 지혜를 주시고 나를 믿어 주셨습니다. 나는 지혜롭게 문제를 잘 해결해 나가는 천재적인 사람입니다.

성경에 나오는 인물 중에 지혜를 얻은 사람이 많습니다.

우리는 지혜라고 하면 '솔로몬'만 떠올리지만 사실 아브라함, 이삭, 야곱, 요셉, 모세, 다윗, 마태, 마가, 누가, 요한, 베드로, 바울 등이 모두 하나님께 지혜를 얻었습니다. 그들에게 지혜를 주신 분은 예수님이십니다. 예수님은 지혜 그 자체이십니다.

나는 이 내용을 주일 설교 말씀에서 김열방 목사님을 통해 배웠습니다. "여러분, 예수님은 스스로 계시는 분이십니다. 지혜 그 자체이십니다. 그분이 우리 안에 실제로 살아 계십니다. 그러므로 우리는 솔로몬보다 더 큰 지혜를 받았습니다. 천재입니다."

나는 이 말을 듣고 큰 충격을 받았습니다.

"지혜는 그 행한 일로 인하여 옳다 함을 얻느니라. 심판 때에 남방 여왕이 일어나 이 세대 사람을 정죄하리니 이는 그가 솔로몬의 지혜로운 말을 들으려고 땅 끝에서 왔음이거니와 솔로몬보다 더 큰 이가 여기 있느니라.”(마 11:19, 12:42)

지혜이신 예수님께서 우리 안에 실제로 임하여 계십니다. 그분은 곧 예수 그리스도의 영이신 성령님이십니다. 당신이 예수를 구주로 믿고 있다면 당신에게 성령님이 가득히 계십니다. 그러므로 당신은 멍청한 바보가 아닌 지혜가 가득한 천재입니다.

문제가 생기면 당신 안에 계신 성령님께 지혜를 구하십시오.

나는 성령님께 제한 없이 지혜를 구합니다. 어떻게요?

첫째, 일상생활에서 계속 성령님께 묻습니다.

어제는 쌀을 구입하면서 물었습니다. “성령님, 백미를 10kg과 20kg중 어떤 걸로 구입할까요? 저희는 현미를 더 많이 넣기 때문에 백미는 조금만 있어도 되는데요.” 성령님은 아기가 아직 현미를 충분히 소화시키지 못하니 20kg으로 구매하라고 하셨습니다.

둘째, 책을 선물로 줄때도 지혜를 구합니다.

며칠 전 한 고객이 우리 아기에게 크리스마스 선물을 주고 싶다며 찾아왔습니다. 나는 기뻐하며 선물을 받았습니다. 그리고 성령님께 “저도 선물하고 싶은데 어떤 걸로 할까요?”라고 물었습니다. 그리고 나는 성령님이 일러주신 대로 〈예수님이 십자가에서 다 이룬 복음〉이란 책과 과일을 선물로 갖다 드렸습니다.

셋째, 돈을 결제해야 할 것에 대해 지혜를 구합니다.

“성령님, 저는 살림하면서 이것저것 결제해야 할 것이 많습니다. 하지만 책을 또 구입해서 읽고 싶습니다. 어떻게 할까요?”

성령님은 얼마 안 되는 책은 편하게 구입하라고 하셨습니다.

당신도 성령님께 제한 없이 지혜를 구하십시오.

하나님은 각 사람이 필요한 지혜를 구할 때마다 최고의 것으로 주시는 좋은 분이십니다. 지혜가 있으면 모든 문제가 해결됩니다.

"너희 중에 누구든지 지혜가 부족하거든 모든 사람에게 후히 주시고 꾸짖지 아니하시는 하나님께 구하라. 그리하면 주시리라. 오직 믿음으로 구하고 조금도 의심하지 말라."(약 1:5~6)

태양보다 더 큰 빛이 당신을 둘러 비추고 있다

당신은 크리스마스를 좋아합니까?

나는 크리스마스 단어만 떠올려도 엄청 즐거워집니다.

와, 기분이 최고조로 업 됩니다. 초등학교 때 시골에서 아빠는 해마다 크리스마스트리를 만들어 주셨습니다. 뒷산에서 직접 큰 나무를 가져다가 큰 화분에 심어 주면 트리 장식은 내가 했습니다. 나는 양말, 별, 지팡이 등을 그려 예쁜 색깔을 내고 오려 나무에 걸었습니다. 그리곤 왈츠에 맞는 춤을 추곤 했습니다.

예수님은 하나님의 아들로 크리스마스 날 우리를 위해 태어나셨습니다. 그리고 우리의 죄를 짊어지고 십자가에서 피 흘리며 돌아가신 후 부활하셨고 하늘로 올라가셨습니다. 그리고 오순절 이후로 우리 각 사람의 몸에 영으로 찾아오셨습니다. 그분은 성령님이십니다. 성령님은 우리 안에 거하시는 예수님이십니다.

나는 21살에 성령님을 만나고 성령님과 다시 태어났습니다.

예수님께서 태어나신 크리스마스가 행복한 기념일이라면 내가 성령님과 함께 다시 태어난 날은 영원히 행복하고 영원히 잊을 수 없는 내 영혼의 기념일입니다. 성령님이 나의 모든 날을 책임지고 행복하게 만들어 주시기 때문입니다.

당신도 나처럼 행복해지고 싶다고요? 어떻게 하면 될까요?

첫째, 예수님을 믿는다고 말하십시오.

예수님이 당신 대신 십자가에서 죽으시고 부활하셨습니다. 이 사실에 대해 단순히 "아멘"이라고 말하십시오. 그러면 구원 받습니다. 아멘은 "네, 믿습니다"라는 의미입니다. 예수님을 구주로 믿으면 당신의 모든 죄는 사함 받고 당신의 영혼은 성령으로 거듭나게 됩니다. 그 순간 당신의 얼굴에 크리스마스트리처럼 환한 빛이 실제로 밝혀집니다. 그 빛은 바로 예수님이십니다.

둘째, 예수님을 믿는 동시에 성령 충만함을 함께 믿으십시오.

성령 충만은 땀이 나도록 기도해서 받는 것이 아닙니다. 하나님께서 당신이 예수님을 구주로 믿는 순간에 성령 충만을 가득히 부어 주셨습니다. 성령님을 한 방울이나 한 컵, 한 동이 주신 것이 아닙니다. 부족분을 당신의 땀과 피와 눈물로 채우라고 하지 않았습니다. 그러면 완전한 선물이 될 수 없습니다. 성령은 선물입니다. 성령님은 하나님이십니다. 하나님은 크신 분입니다. 우리가 어떤 종교 행위를 통해 키울 수 있는 것이 결코 아닙니다.

당신 안에 성령님이 한강처럼 가득히 들어와 계십니다.

셋째, 당신은 이미 성령 충만하기 때문에 성령님과 늘 행복할 날만 남았습니다. 그분은 당신에게 모든 것을 넘치게 주시는 분입니다. 나는 내가 책에 적은 꿈을 내 안에 계신 성령님과 함께 하나씩 모두 이루어 왔습니다. 그리고 앞으로 태어날 꿈도 이미 믿음으로 다 받았다고 내 책에 적었습니다. 그것은 과거형입니다.

성령님과 함께 하면 모든 것을 넘치게 받아 누리며 다른 모든 사람보다 몇 십 년을 앞서갑니다. 그리고 안전합니다. 당신도 안전한 행복을 누리십시오. 크리스마스트리의 환한 빛보다 더 밝은 빛이 당신을 둘러싸고 있습니다. 그것은 예수님의 광채입니다.

"가는 중 다메섹에 가까이 갔을 때에 오정쯤 되어 홀연히 하늘로부터 큰 빛이 나를 둘러 비치매……."(행 22:6)

당신과 내 얼굴에서 예수님의 광채가 납니다.

| 크리스마스 원피스 |

행복한 크리스마스
예수님 생일날.

이번에는 주일날이라서
더 행복해.

어릴 때
예쁜 원피스를
부모님을 통해
내게 선물하신
하나님 아빠.

나는 원피스를 입고
너무 좋아
빙글 빙글
돌아보았지.

오늘은
우리 셋째 딸이
빙글 빙글
돌며 춤춘다.

식구들 모두
함박웃음으로
배꼽 잡았다.

하나님과 함께
축하 파티하며
즐거운 성탄 예배를
드린다.

하나님,
억만 번이나
감사합니다.

하나님이 손가락 하나만 까닥하면 다 된다

당신은 비행기를 타 보았습니까?

나는 지금 비행기를 타고 이 글을 씁니다.

비행기가 이륙하는 순간에 귀가 먹먹해지는 것을 없애려고 침을 몇 번 삼켰습니다. 잠시 후 기장님의 안내 방송이 나왔습니다.

"오늘은 날씨가 화창해서 왼쪽에 울릉도와 대마도가 보입니다. 즐거운 여행되시기 바랍니다."

나는 그동안 비행기를 저녁과 밤에만 타 봤습니다. 그런데 지금은 낮 시간에다 날씨까지 좋아서 바다 위에 있는 작은 쓰레기까지 다 보입니다. 자동차와 땅과 섬들이 작게 보입니다. 나는 주일 예배 때 김열방 목사님께서 주신 말씀이 생각났습니다.

"여러분, 하나님이 보시기에는 여러분이 겪는 모든 문제가 다 작은 것들입니다. 전능하신 하나님이 손가락 하나만 까딱하시면 10년, 100년 동안 해도 안 되던 일들이 하루 만에 다 됩니다."

비행기에서 보면 땅과 바다에 있는 섯늘이 모두 미니어처(miniature, 실물과 같은 모양으로 정교하게 만들어진 작은 모형)처럼 작게 보입니다. 하나님이 보시기에는 세상 모든 것들과 우리가 원하는 꿈과 소원들이 미니어처처럼 아주 작습니다. 하나님은 우주에 손을 얹고 말씀 한마디로 다 이루시는 분입니다.

"천지와 만물이 다 이루어지니라."(창 2:1)

"다 이루었다."(요 19:30)

나는 비행기 안에서 성령님과 시를 씁니다.

| 성령의 비행기 |

나는 성령의
비행기를 타고
얼마나 빠른 길로
왔는지 모릅니다.

시끌벅적한 기차는
가까운 거리도 오래 걸렸는데
조용한 비행기를 타니
내가 원하는 목적지에
순식간에 도착했습니다.

내 꿈과 소원 목록
부모님 해외여행 보내드리기
가족과 함께 해외여행 다녀오기
비행기를 타고 다니며
전국과 세계에 내 책을 홍보하기 등
성령님이 함께하시면 어느 날
하루 만에 다 이루어집니다.

놀라지 마라.
안심하라.
내가 은하 너의
하나님이라.

사랑한다.
은하야.

사랑하는 성령님,
억만 번이나
감사하고 사랑합니다.

나는 한결같이 긍정 마인드로 산다

당신은 한결같은 마음이 있습니까?

나는 한결같은 마음이 있습니다. '한결같은'이란 '처음부터 끝까지 변함없이'라는 뜻을 가지고 있습니다. 나는 어떤 나쁜 환경이나 힘든 문제에 부딪쳐도 긍정적으로 생각하는 '한결같은 긍정 마인드'를 가졌습니다. 한결같은 긍정 마인드는 내 꿈을 이루는데 있어 큰 힘이 됩니다. 절대 포기하지 않게 하는 강한 원동력이 됩니다. 그래서 나는 지금까지 성공의 길을 걷고 계속 달립니다.

나의 한결같은 긍정 마인드 가지는 '성령 충만'이란 나무에 달려 있습니다. 나무가 모든 수액을 각각의 가지에 계속 공급하는 것처럼 나는 저절로 성령 충만을 늘 공급받으며 성령님과 동업합니다. 나는 거침없이 모든 일을 성령님과 함께 마음껏 합니다.

"성령님, 감사합니다."

"성령님, 행복합니다."

"성령님이 잘하고 있다고 하시니 다 잘되고 있습니다."

그렇게 지나고 한 해를 돌아보니 나는 성령 충만 나무의 가지로 아주 튼튼하게 잘 자랐습니다. 한결같은 긍정 마인드로 빛이 나는 사람이 되었고 빛을 지혜롭게 전달하는 사람이 되었습니다.

나처럼 지혜로운 사람이 되려면 어떻게 해야 할까요?

첫째, 아침마다 성령님께 인사하며 말을 거십시오.

나는 성령을 체험한 이후로 아침에 눈을 뜨면 한결같이 성령님께 먼저 인사를 합니다. "성령님, 안녕하세요. 오늘도 참 좋은 날입니다. 성령님, 사랑합니다. 감사합니다. 행복합니다." 그리고 미소를 지으며 웃습니다. 하루를 거의 그렇게 웃으며 보냅니다.

둘째, 가장 좋은 시간에 성령님과 산책하십시오.

나는 매일 한결같이 성령님과 함께 산책합니다. 세상에서 가장 럭셔리한 것은 빌딩 안에 있지 않습니다. 자연 만물에 있습니다. 당신도 하루 중 날씨가 가장 좋은 시간에 가장 멋진 옷을 차려 입고 우아하게 산책하십시오. 동네를 산책하며 자연을 즐기십시오.

성령님께 이렇게 말씀드리면 됩니다.

"성령님, 함께 걸으시지요."

셋째, 365일 한결같이 잘된다고만 말하십시오.

나는 한결같이 "다 잘됩니다. 다 나았습니다"라고만 말합니다.

몇 주 전에 친정아버지가 쓰러지셔서 병원에 갔습니다. 병원을 다녀온 큰언니는 아버지가 헛소리를 자꾸 하신다며 머리가 안 좋은 것 같다고 많이 걱정했습니다. 나는 '치료를 받아 잠깐 헛소리를 하고 계신다'고 성령님으로부터 듣고 깨달아 알았습니다.

나는 아버지를 만나 안아 드리고 병에 대해서는 머리에 손을 얹고 소리 내어 병을 내 쫓고 "다 나았음. 깨끗함" 하고 말한 후에 집으로 돌아왔습니다. 그리고 친정 부모님과 함께 가지 못해 아쉬웠지만 가족들과 아기 돌잔치 기념 여행을 다녀왔습니다.

그리고 2주가 흐른 지금 아버지는 아주 건강하게 잘 지내십니다. 할렐루야!

넷째, 비가 오나 눈이 오나 한결같이 주님을 좋아하십시오.

나는 비가 오나 눈이 오나 한결같이 주님을 좋아합니다. 그냥 그분이 좋습니다. 주님을 좋아하는 당신과 나에게 그분이 주신 한결같은 긍정 마인드가 가득합니다. 이것을 믿기 바랍니다.

"예수께서 이르시되 할 수 있거든이 무슨 말이냐 믿는 자에게는 능히 하지 못할 일이 없느니라 하시니……."(막 9:23)

하나님 만난 이야기를 책에 담아 책 전도를 하라

당신은 집에 방문한 사람에게 책을 준 적이 있습니까?

나는 집에 오는 분께 어떻게 하면 내 책을 전할까 생각했습니다. 그러던 어느 날 아기가 쓰던 물품을 중고로 팔려고 벼룩시장에 내놓았습니다. 한 중년 여자가 연락을 해 왔고 자신의 딱한 사정을 내게 말했습니다. 나는 내가 쓰던 물품은 그냥 드리겠다고 말한 후에 내가 쓴 책은 꼭 사서 읽으시라고 권했습니다.

그분은 한동안 답장이 없었습니다. '믿부결주'

믿음으로 부탁하고 결과는 주님께 맡겼습니다. 나는 행복한 마음으로 푹 잤습니다. 다음날 그분에게서 연락이 왔습니다. 그분이 우리 집에 와서 물품과 함께 책도 가져가셨습니다. 그렇게 나는 그분에게 내가 쓴 〈꿈과 소원 목록을 적으면 그대로 된다〉를 팔았습니다. 그분과 책을 들고 인증샷도 찍었습니다.

나는 성령님과 산책하며 이렇게 말씀드렸습니다.

"성령님, 그분이 내 책을 읽고 예수님을 영접하게 해주세요. 온전한 복음을 깨닫고 행복해지게 도와주세요. 부탁합니다."

성령님은 내게 '잘했다'고 칭찬하셨습니다.

나는 책을 전할 수 있는 장소에 제한을 두지 않습니다.

어떻게 하면 어디서든 마음껏 책을 전할 수 있을까요?

첫째, 나는 어디서든 성령님께 도움을 구합니다.

"성령님, 이분에게도 책을 전하고 싶습니다. 어떻게 할까요?"라고 성령님께 귓속말을 합니다. 그러면 성령님께서 내 마음에 세미한 음성으로 말씀하십니다. 나는 성령님이 책을 전하라고 하시면 전하고 전하지 말라고 하시면 전하지 않습니다.

둘째, 상대방에게 나의 진심을 담은 말을 정중하게 해야 합니다. 상대방은 나를 처음 보거나 며칠 봤거나 혹은 오랫동안 알고 지낸 사람일 수도 있습니다. 사람마다 그에 합당한 정중한 태도와 말을 생각해서 지혜롭게 잘 사용해야 합니다.

셋째, 믿음으로 부탁했으면 결과는 하나님께 맡겨야 합니다.

나는 작은 부분은 상대방이 원하는 대로 해주고 큰 것을 얻습니다. 큰 것 곧 온전한 복음을 전하는 일은 하나님께 맡깁니다.

"성령님, 도와주세요."

나는 몇 번의 경험을 통해 깨달았습니다. 인생의 변화는 언제 어디서든 한순간에 찾아올 수 있다는 것을, 책을 통해서든 어떤

장소에서 특별한 사람을 만나면서든 말입니다. 당신이 성령님의
음성을 듣고 순종할 때 온전한 복음이 한순간에 전해집니다.

하나님은 홀연히 하루 만에 역사하십니다. 하나님은 의성건부
지평생(의, 성령 충만, 건강, 부요, 지혜, 평화, 생명)을 한순간에
주십니다. 당신도 하나님을 믿고 어디서든 성령님께 도움을 구해
당신이 쓴 책을 전하기 바랍니다. 이것이 책 전도의 비결입니다.

성령님은 지금도 책을 통해 일하십니다.

당신이 원하는 것을 정확하게 부탁하라

당신은 원하는 것을 당당히 요구합니까?

나는 내가 원하는 것을 당당히 요구합니다.

나는 아침에 카페나 도서관에 가서 책을 읽습니다. 지난주에
카페에서 생과일주스를 한 잔 시켰습니다. 내가 좋아하는 키위
주스를 마시며 아기와 함께 책을 읽고 밖에 지나가는 차도 내다보
며 행복한 시간을 보냈습니다. 키위 주스는 꽤 달콤하고 맛있었
습니다. 그래서 나는 '혹시 시럽을 넣었나?' 하고 생각했습니다.
안타깝게도 다 먹고 나서야 그런 생각이 들었습니다.

나는 카페 여직원에게 물었습니다. "여기에 시럽 넣었나요?"

"네, 두 번 정도 펌핑했어요. 조금 넣었어요."

"다음부터 제 것은 시럽 넣지 말아 주세요. 저도 그때마다 말씀
드릴게요."

"네."

예전에 주일 설교 말씀에 시럽을 많이 먹는 것은 건강에 좋지 않다고 들었습니다. 아이들은 꼭 생과일주스를 먹였는데 시럽을 넣었다니, 아이들한테 미안한 생각이 들었습니다. 그동안은 미처 생각하지 못했지만 "시럽 넣지 말아 주세요"라고 미리 말해야겠다고 다짐했습니다. 당신도 건강에 안 좋은 시럽은 먹지 마십시오.

하나님의 자녀는 왕의 자녀입니다. 왕의 자녀는 당연히 최고의 것을 먹어야 합니다. 미국산 밀가루로 만든 과자, 첨가물이 들어간 식품들, 달콤하지만 몸에 안 좋은 음식들을 먹는 습관을 졸업해야 합니다. 그러려면 어디서나 깐깐하게 부탁해야 합니다.

100세 시대, 건강하고 날씬하게 살려면 어떻게 해야 할까요?

첫째, 당신의 몸이 하나님의 성전임을 잊지 말아야 합니다.

당신 안에 계신 성령님을 생각하면 밖에 나가서 음식을 먹을 때도 저절로 좋은 것만 찾게 됩니다. 나는 외식을 잘 하지 않지만 꼭 외식하게 되는 경우에는 "성령님, 이것을 먹을까요?"라고 여쭈어 봅니다. 그러면 성령님께서 내 마음에 세미한 음성으로 '먹어라. 먹지 마라' 등으로 대답해 주십니다.

둘째, 그때마다 생각나는 것을 바로바로 요청해야 합니다.

며칠 전 가족과 피자를 사 먹으며 나는 미리 "베이컨은 빼 주세요"라고 요청했습니다. 그러니 피자를 먹고 나도 느끼함이나 더부룩함이 없었습니다. 베이컨을 빼도 얼마든지 피자가 맛있습니다.

셋째, 미처 요청하지 못하고 나중에 깨달았다면 메모해 두어야 합니다. 그러면 똑같은 실수를 반복하지 않게 됩니다. 어떤 사람은 말합니다. "뭐 그런 사소한 것까지 신경을 쓰고 살아. 바쁜 세상에 대충 먹지." 먹는 것은 결코 사소한 것이 아닙니다. 먹는 것으로 우리의 건강을 지킬 수 있습니다. 건강을 잃으면 가정도 자녀도 돈도 다 잃습니다. 당신이 먹는 음식은 삼사 대까지 갑니다.

하나님은 그분의 자녀에게 완벽한 건강을 주셨습니다. 이것을 믿고 완벽한 건강을 유지하기 위해 최고의 음식만 선택하십시오.

식당에 가면 왕의 자녀로서 당당하게 요청하십시오.

깨끗한 것만 먹어도 당신의 잔이 넘칩니다.

모든 것은 때가 있고 성령님은 그때를 알려주신다

당신은 하나님께서 때를 알려주심을 믿습니까?

나는 하나님께서 때를 알려주심을 믿습니다. 예수님의 재림은 우리가 그때를 알 수 없습니다. 아버지만 아십니다. 하지만 이 땅에서 일어나는 수많은 사건들에 대해서는 성령님께 물으면 때를 알려주십니다. 해가 뜰 때가 있고 질 때가 있습니다. 봄 여름 가을 겨울도 때가 있습니다. 꽃이 필 때가 있고 질 때가 있습니다.

어떤 일이 진행되는 것도 시작할 때가 있고 마칠 때가 있습니다. 그때를 우리는 다 알 수 없지만 전지하신 성령님께 여쭈면 알려주십니다. 성령님은 '그 일을 지금 당장 해라, 내일 해라, 좀 더 기다려라, 내게 맡겨라'고 우리 마음에 말씀하십니다.

나는 어제 "다음 달에 책을 구매할게요"라고 말한 분께 책 구매에 대해 부탁하는 문자를 보냈습니다.

"사장님, 안녕하세요. 많이 바쁘시지요? 다름이 아니라 사장님께서 지난번에 이번 달에 책을 구매하신다고 말씀하셔서 문자 드립니다. 사진 중에 하나를 선택하셔서 문자 주시면 바로 택배 작업해서 보내드리도록 하겠습니다."

이렇게 카톡 문자를 보냈고 나는 '믿부결주'(믿음으로 부탁했으면 주님께 맡긴다) 하였습니다. 가끔 나는 메모를 하지 않아 잊어버릴 때가 있습니다. 그럴 때 성령님께서 '잘 생각해 봐'라고 말씀해 주십니다. 어떻게 하면 이런 음성을 들을 수 있을까요?

첫째, 일어나서 잠들 때까지 성령님을 바라볼 때 알려주십니다. 내가 화장을 하려고 거울을 보는 순간 성령님께서 '나와 대화하자'고 말씀하십니다. 그러면 나는 환하게 웃으며 성령님께 말을 겁니다. "성령님, 예쁘게 화장하도록 도와주세요."

둘째, 마음에 들려오는 성령님의 음성에 귀를 기울이면 온전한 복음이 담긴 책을 선물하거나 판매할 때를 알려주십니다.

나는 길을 가다가 아들 친구 엄마를 만났습니다.

그때 성령님께서 내 마음에 말씀하셨습니다.

'저 엄마는 예수님을 믿지 않는 거 알지? 오늘은 못 전했지만 찜해 두었다가 다음에 반드시 온전한 복음을 전해라.'

이런 성령님의 음성을 듣고 나면 다음날부터 산책하러 밖에 나갈 때 꼭 종이 가방에 책을 담아 들고 다닙니다.

셋째, 적당하고 정확하게 부탁할 때를 알려주십니다.

내가 아침 일찍 책을 홍보할 문자를 보내려고 하면 성령님께서

'지금 하지 말고 9시 30분 이후에 해라'고 말씀하십니다. 또 어떤 때는 '식사 준비 시간에는 충분히 양해를 구한 후에 그 사람이 괜찮다고 하면 책을 홍보해라'고 말씀하십니다. 이처럼 모든 것이 때가 있습니다. 당신도 때를 잘 분별하는 지혜를 구하십시오.

"날 때가 있고 죽을 때가 있으며 심을 때가 있고 심은 것을 뽑을 때가 있으며……."(전 3:2)

꿈과 소원 목록에 대해서도 다 이루어질 때가 있습니다.

그러므로 빨리 안 이루어진다고 마음이 조급해지거나 염려 근심할 필요가 전혀 없습니다. '꿈과 소원 목록을 적으라'고 하신 분도 성령님이시고 '받았다고 믿으라'고 하신 분도 성령님이십니다. 또 '받았다고 믿고 감사하라. 그 문제를 내게 맡기고 앞으로 나아가라'고 하신 분도 성령님이십니다. 모든 꿈이 이루어지도록 이끄시는 분도 성령님이십니다. 당신과 나의 모든 꿈과 소원이 하나님이 주시는 적당하고 정확한 때에 "짠!" 하고 나타날 것입니다.

성령님과 동업하며 크게 생각하십시오.

시도해야 얻는다. 시도하지 않으면 빈손이다

당신은 최근에 무엇을 시도해 봤습니까?

나는 온전한 복음과 자기 계발의 지혜를 담은 책을 팔기 위해 시도해 봤습니다. 시도한다는 말은 말 그대로 '해보는 것'입니다. 결과에 연연하지 말고 일단 해봐야 합니다. 하나님을 믿는 우리는 결과는 주님께 맡기고 성령님의 음성을 따라 무엇이든 과감히 시도해야 합니다. 시도해야 얻습니다. 시도하지 않으면 없습니다.

이미 내 손에는 원하는 것이 없습니다. 그러므로 일단 시도해야 합니다. 시도하면 잃는 것이 아니라 원하는 것을 얻습니다.

나는 최근에 미리 적어 둔 꿈을 이루기 위해 몇 군데 들러 내 책을 팔아 보았습니다. 온라인, 오프라인이든 제한을 두지 않았습니다. 내 책을 보자마자 사람들은 일단 말이 없어집니다. 그리고 "와, 정말 대단하시네요"라든지 "죄송합니다. 다음에 꼭 구입하겠습니다"라고 말하기도 합니다. 뭐든 일단 시도해 봐야 압니다. 나는 성령님께서 주시는 생각을 통해 깨달음을 얻습니다.

'다음에는 그분 입에서 아멘 소리가 나오게 해라.'

'그 사람은 분명히 연락이 온다.'

당신도 시도하면 깨달음이 옵니다. 사람들의 반응이 두렵다고 아무것도 시도하지 않으면 성령님을 의지할 일도 없고 그분의 음성을 들을 일도 없습니다. 무엇이든 일단 시도하십시오.

어떻게 하면 담대히 시도할 수 있을까요?

첫째, 성령님이 주시는 음성이나 생각을 시도하십시오.

나는 성령님을 알기 전에는 많은 부분에 있어 아예 시도조차 하지 않는 사람이었습니다. 그러나 성령님을 모시고 다니면서부터는 조그만 것부터 큰 것까지 모두 시도하게 되었습니다. 그 결과 나는 사람과의 관계, 일처리에 대해서 아주 강해졌습니다.

시도하지 않고 가만히 있으면 강해질 일이 없습니다.

둘째, 시도했으면 결과에 상관없이 깨달음이 따라 옵니다.

깨달음이 온다는 것은 내게 큰 유익입니다. 내가 책을 홍보하고 뒤돌아서는 순간 '은하야, 뭔지 알겠지?' 하고 성령님은 깨달음을 주십니다. 그러면 생각이 커지고 내 마음이 더 강해집니다.

셋째, 내가 원하는 것을 이미 받은 사람처럼 행동하고 말하십시오. 예수님은 기도하고 구한 것은 받았다고 믿으라고 하셨습니다. 받았다고 믿으면 실천해야 합니다. 나는 책을 권하고 바로 발송 작업을 해 놓습니다. 그러면 그 택배가 갈 때가 되면 갑니다.

넷째, 시도하기를 마쳤으면 자신에게 시간을 주십시오.

거울을 보고 웃을 시간, 산책할 시간, 내 주변을 정리할 시간, 가족과 함께 TV를 시청할 시간, 내가 좋아하는 스포츠를 즐길 시간 등, 십계명을 어기지 않는 것이라면 어떤 시간이든 좋습니다.

당신이 시도하는 무엇이든지 하나님께서 좋은 결과를 미리 예비해 두셨음을 믿고 그 모든 과정을 즐기십시오. "우리가 알거니와 하나님을 사랑하는 자 곧 그의 뜻대로 부르심을 입은 자들에게는 모든 것이 합력하여 선을 이루느니라."(롬 8:28)

큰 인물은 자기 마음을 잘 경영한다

당신은 자기 관리를 잘하고 있습니까?

하나님이 주신 마음을 당신이 잘 관리해야 합니다.

"무릇 지킬 만한 것보다 더욱 네 마음을 지키라. 생명의 근원이 이에서 남이니라."(잠 4:23)고 했기 때문입니다. 자기 마음을 지키는 것을 다르게 말하면 '절제' 또는 '근신하는 마음'으로 표현됩니다. "하나님이 우리에게 주신 것은 두려워하는 마음이 아니요 오직 능력과 사랑과 근신하는 마음이니……."(딤후 1:7)

"For God did not give us a spirit of timidity, but a spirit of power, of love and of self-discipline."

self-discipline은 '자기 훈련, 자기 관리'를 의미합니다.

당신은 자신의 마음을 잘 관리하고 있습니까?

나는 오늘 아침에 마음을 관리하는데 잠깐 실패했습니다.

아들이 아직 이른 감이 있는데 목을 따뜻하게 하는 털실 액세서리인 넥 워머(neck warmer)를 사 달라고 했습니다.

나는 성령님께 여쭈었습니다. "성령님, 지금은 넥 워머를 할 날씨가 아닌데요. 기다리라고 할까요?" 그리고 기다렸습니다.

아들은 저녁에 또 내게 와서 말했습니다.

"엄마, 넥 워머 주문하셨어요?"

"아니, 찾아보긴 했어. 이건 어떠니?"

나는 미리 찜해 둔 넥 워머를 아이폰으로 보여주었습니다.

아들은 좋다고 말했습니다. 넥 워머는 만 원이 조금 넘었는데 내가 주문 완료하자 아들이 나에게 5천 원을 주었습니다. 나는 5천 원 대신 〈성령님과 실제적인 교제법〉 책을 한 권 사라고 권했습니다. 그리고 지금 아들에게서 답을 기다리고 있습니다.

어쨌든 넥 워머가 도착해 아들이 오늘아침 넥 워머를 하고 갔습니다. 그런데 금방 아들에게서 문자가 왔습니다.

"엄마, 넥 워머를 잃어버렸어요."

나는 순간 "그러게, 놔뒀다가 추우면 하고 가라니까 뭐하러 들고 가서 잃어버리니?" 하고 버럭 화를 냈습니다. 그리고 아들이 학교 가는 길을 되짚어가며 넥 워머를 찾으러 갔는데 없었습니다. 오는 길에 '성령님께 여쭈어 보았으면 화를 내지 않고 아들에게 잘 이야기할 수 있었을 텐데' 하고 후회했습니다.

당신은 나처럼 후회하지 말고 성령님께 묻기 바랍니다. 자녀가 자신의 물건을 잃었을 때 어떻게 훈육해야 할지 물으십시오.

순간마다 후회하지 않으려면 어떻게 해야 할까요?

첫째, 항상 깨어 있어야 합니다.

성령님을 항상 바라보고 있으면 자녀에게 화를 내는 대신 다른 지혜를 주시어 더 좋은 관계를 형성하도록 도와주십니다. 성령님은 나에게 '화를 가라앉히고 아들이 물건을 잃은 것에 대해서는 한 번 더 물건의 소중함을 말해 주고 하나님께 구하면 더 좋은 물건을 주시니 소원 목록에 적도록 유도하라'고 하셨습니다.

둘째, 특히 자녀를 훈육할 때는 성령님께 한없이 여쭈어야 합니다. 자녀는 내 것이 아닙니다. 나와 다른 인격을 가진 하나님의 자녀이기 때문입니다. 당신이 자녀와 함께 지낼 때 오직 성령님의 인도하심으로 마음 조절을 잘할 수 있기를 바랍니다.

"또 아비들아, 너희 자녀를 노엽게 하지 말고 오직 주의 교훈과 훈계로 양육하라."(엡 6:4)

성령님과 함께하면 자녀 코칭이 즐겁습니다.

당신의 집안은 매일 천국같이 행복합니까?

당신은 매일 천국같이 행복하게 살고 있습니까?

나는 하루하루가 천국입니다. 우리 집안도 천국입니다.

얼마 전 하나님께서 주신 막내딸을 볼 때면 억만 번이나 웃음과 감사가 터져 나옵니다. 아기가 신기한 행동이나 귀여운 모습일 때 나 혼자 보고 웃는 것이 아까워서 남편과 큰딸과 아들에게도 좀 보라고 권합니다.

"여보, 가람이가 앉아 있는 것 좀 보세요. 뒷모습이 어쩜 저렇게 귀여울까요."

"애들아, 가람이 넘 귀엽지 않니?"

이럴 때마다 가족들은 나에게 맞장구를 쳐주었습니다.

나는 "와! 행복해"라고 말했습니다. 하루는 다른 날과 같이 아기를 보고 있는데 하나님이 말씀하셨습니다.

"은하야, 너는 내 아기야, 내가 너를 낳았고 독생자 예수를 십자가에 못 박히게 해서 너에게 성령을 부어 주었단다. 네가 가람이를 귀여워하는 것처럼 나도 네가 무척 귀엽고 사랑스럽단다. 네 안에 계신 성령님이 너를 그렇게 귀여워하신단다."

"와와와, 성령님, 억만 번이나 행복합니다. 저를 아기처럼 귀여워 해주시는 분은 성령님뿐이세요. 그래서 억만 번이나 행복해요."

성령님은 평소에 내가 어떤 좋은 일로 인해 기뻐하는 것도 좋아하시지만 내가 아기처럼 성령님을 보기만 해도 웃을 때 더욱 기뻐하십니다. 이보다 더 행복할 수 있을까요?

당신도 나처럼 천국을 누리는 것이 가능합니다. 어떻게요?

첫째, 성령님의 얼굴을 보고 미소 짓고 사는 곳이 천국입니다.

내가 기뻐하기만 해도 성령님은 "잘한다, 잘하고 있다, 잘했다"라고 칭찬을 많이 해주십니다. 나는 그 말씀이 억만 번이나 좋습니다. 당신도 성령님의 칭찬을 많이 듣기 바랍니다.

둘째, 성령님과 산책하는 시간이 천국같이 행복합니다.

가슴이 확 트이고 "아! 사는 게 정말 재밌다"라는 말이 저절로 나옵니다. 당신도 성령님께서 산책하러 가자고 하실 때는 바로 산책하러 나가기 바랍니다. 성령님과 가족과 함께 걸으며 웃고 대화하는 것이 바로 천국의 삶입니다. 당신과 내가 천국같이 살다가 천국으로 갈 것을 확신합니다.

"또 여기 있다 저기 있다고도 못하리니 하나님의 나라는 너희 안에 있느니라."(눅 17:21)

인생에서 가장 위대한 만남은 성령님과의 만남이다

당신은 인생에서 가장 최대의 것을 만났습니까?

나는 인생에서 최대의 인격이신 성령님을 만났습니다.

어느 날 딸이 나에게 말했습니다.

"엄마의 인생 음식이 뭐야?"

"인생 음식? 그게 뭔데?"

"내 인생 음식은 치킨이야. 그러니까 엄마가 지금까지 먹어본 음식 중에 최고로 맛있었던 음식이 뭐냐는 거지?"

"인생 라면, 인생 치킨, 인생 친구, 인생 여행."

요즘 학생들이 최고로 좋은 것을 나타낼 때 쓰는 표현이랍니다. 내가 여태껏 살아오면서 제일 좋은 것은 성령님을 만난 것이라고 생각합니다. 그리고 인생 책인 〈성령님과 실제적인 교제법〉을 만났습니다. 이 책은 김열방 목사님이 쓰신 책인데 내가 대학생 때 처음 읽고 내 인생이 완전히 바뀌었습니다.

예전에 나는 자존감이 낮고 소심한 성격이었고 직장에선 뭐든지 예스맨이었으며 안 괜찮은데 다 괜찮다고 말하던 사람이었습니다. 그러나 〈성령님과 실제적인 교제법〉을 읽고 난 후 나는 하나둘씩 달라졌습니다. 어디를 가든 "성령님, 함께 가시지요" 하며 성령님을 내 앞에 모시니 누구를 만나도 움츠러들지 않았고 당당하게 기를 펴고 다녔습니다.

전에 분당에 있는 어린이집에서 내게 보조 교사부터 시작하라고 했을 때에도 나는 정교사 할 만한 곳을 다시 찾아서 정교사부터 시작했습니다. 시간이 지나고 지금 생각해보니 정말 잘한 일이었습니다. 나는 사람들이 만들어 놓은 회사 직급 체계를 시간과 순서에 맞춰 꼭 그대로 따라야 할 필요는 없다고 느꼈습니다.

나는 내가 하고 싶은 것부터 성령님과 함께 했습니다. 그리고 즐겁게 일했습니다. 성령님과 함께 직장을 다니니 더 낙천적인 성격으로 변했고 인내심도 생기고 성실함까지 갖추게 되었습니다. 당신도 인생 책을 만나고 당신의 인생을 책으로 써내십시오.

그러면 나처럼 성령님과 함께 다니며 원하는 것을 마음껏 할 수 있습니다. 성령님과 함께라면 당신의 인생이 달라집니다.

성령님과 함께 할 때 어떤 일이 일어날까요?

첫째, 시간 부자로 살게 됩니다.

성령님께서 만나지 말라고 하시는 만남은 아예 만들지 않기 때문에 나 자신을 계발할 시간이 더 많아집니다.

둘째, 삶이 더 풍요로워집니다.

성령님께 묻고 돈을 관리하기 때문에 채워질 곳간에는 채워지고 꼭 써야 할 곳에만 쓰게 됩니다. 그래서 더 풍요로워집니다.

셋째, 나 자신을 소중히 여기기 때문에 내 안에서 행복이 넘치고 그 행복을 주위에 전염시킵니다. 주변을 보십시오. 행복한 사람의 얼굴만 봐도 당신의 입 꼬리가 올라가지 않나요?

당신도 이 땅에서 나처럼 인생에 소중한 책을 만나고 또 그런 책을 직접 써서 행복을 전염시키는 최고의 삶을 살기 바랍니다.

"우리가 보니 이 사람은 전염병 같은 자라."(행 24:5)

돈에 대한 근심을 작은 물건처럼 가볍게 잡어던지라

당신은 돈에 대한 근심이 있습니까?

지금은 그렇지 않지만 예전에는 나도 돈에 대한 근심이 꽤 있었습니다. 하루는 결제해야 할 몇 가지를 두고 걱정했습니다.

'아, 또 결제할 날이 다가오네.'

그래서 나는 하나님께 미리 구한 돈의 두 배를 어디에 있는지 찾아보았습니다. 그리고 찾은 돈으로 청구서를 다 결제했습니다.

어느 주일날 아침에 나는 또 잠깐 돈에 대한 근심을 했습니다.

그러나 잠시 후에 교회 갈 준비를 하다 보니 근심을 잊었습니다. 교회에서 설교 말씀을 들으며 신나게 "아멘, 아멘, 억만 번이나 감사합니다"라고 했습니다. 예배가 끝나고 아들이 택시 타면 멀미한다고 해서 집으로 돌아오는 길에 버스를 탔습니다.

나는 버스에서도 아기를 챙겨야 해서 바빴습니다. 아기가 칭얼 대서 어르고 있었습니다. 그때 버스에서 방송이 나왔습니다.

"이번 정류소는 양재 꽃시장입니다."

나는 무의식중에 "아멘, 억만 번이나 감사합니다"라고 말했습니다. "푸하하하하하." 나는 성령님과 배꼽을 잡고 웃었습니다.

내가 성령님과 함께 정신없이 아이들을 돌보다가 스피커에서 나오는 안내 방송이 목사님의 설교 말씀인 줄 알고 순간 "아멘, 아멘" 했던 것입니다. 하나님은 그렇게 웃으라고 하셨습니다.

"은하야! 너는 웃는 모습이 예쁘고 잘 어울린다. 근심하는 모습은 너무 안 어울려."

"성령님, 제가 근심해서 죄송해요. 속상하셨죠."

"이제 나는 잊었다. 지금 푸하하하하하 하고 웃었잖아. 그렇게 웃으면 돼. 내일 일은 내일 하면 돼."

성령님은 이렇게 유머러스한 부분도 있으시며 통쾌하신 분입니다. 내 모든 근심 걱정을 한 번에 웃음으로 날려 버리십니다.

당신도 염려 근심을 한방에 날려 버리십시오. 어떻게요?

첫째, 돈에 대한 근심 걱정이 작은 물건이라고 생각하십시오.

그것을 잡아채서 던져 버리십시오. 내 손 안에 오래 가지고 있을 필요가 없습니다. 염려한다고 해서 바뀌는 건 없습니다. "너희 중에 누가 염려함으로 그 키를 한 자나 더할 수 있느냐."(마 6:27)

둘째, 근심 걱정은 긴 드라마의 한 장면일 뿐입니다.

어느 날 남편과 드라마를 보고 있었습니다. 주인공이 위험한 상황에 몰린 것을 보고 내가 말했습니다.

"아, 저러면 안 되는데. 불쌍해서 어떡해."

그러자 남편이 옆에서 말했습니다.

"이제 저 사람이 이 사람하고 잘돼서 결국은 좋게 끝나. 드라마잖아."

나도 하나님이 만들어 놓으신 드라마에 출연한 주인공입니다. 하나님은 주인공인 나를 복주십니다. 나는 작은 문제로 근심하지만 하나님은 전체를 다 알고 계십니다. 그래서 나는 저절로 잘됩니다. 내 삶의 드라마는 하나님의 대본대로 인생 역전합니다.

내 삶은 어떻게 해서든 행복한 장면으로 바뀌고 해피엔딩으로 끝납니다. 내가 저지르고 진행하는 모든 일도 결국 해피엔딩입니다. 당신이 하고 있는 작은 근심이 얼마 있지 않아 사라진다는 것을 믿으십시오. 성령님께서 다 잘되게 하십니다.

엄마라면 은하처럼 자녀를 코치하라

당신은 자녀들이 함께 있어 행복합니까?

나는 자녀들로 인해 억만 번이나 행복합니다.

자녀는 그냥 두면 안 됩니다. 유대인들처럼 엄마가 코치해야 합니다. 앉았을 때나 일어났을 때나 부지런히 코치해야 합니다.

하루는 첫째 딸이 "엄마, 교회를 왜 다녀야 돼?"라고 물었습니다. 그런 질문을 예상치 못한 나는 살짝 당황하며 말했습니다.

"성령님과 함께 예배하려고 교회에 가는 거지. 하나님이 사랑하는 사람들은, 그리고 하나님을 사랑하는 사람들은 예배하러 주일마다 모든 일을 멈추고 교회에 가는 거야."

딸은 "아!" 하며 고개를 한 번 끄덕였습니다.

나는 계속 말을 이어갔습니다.

"그리고 하나님은 예배를 통해 우리에게 큰 복을 많이 주시잖아. 의성건부지평생도 주셨잖아. 따라 해봐. 나는 의인이다. 나는 성령 충만하다. 나는 건강하다. 나는 부요하다. 나는 지혜롭다. 나는 평화를 가졌다. 나는 생명을 가졌다."

딸은 나를 따라 말했습니다.

그리고 우리는 하던 일을 계속했습니다.

내가 초등학교 때 "왜 교회에 가야 해요" 하고 묻던 작은 언니에게 엄마가 말씀하셨습니다.

"하나님이 너를 얼마나 사랑하시는데. 그리고 매일 얼마나 많은 복을 주시는데, 당연히 교회에 가서 예배해야지."

그리고 엄마는 더 구체적인 대답을 하진 않았습니다. 아마 그 당시 엄마도 교회에서 배운 적이 없었기 때문이었을 겁니다.

나는 또 아들 때문에 요즘 행복합니다. 아들은 내가 보기에 핸드폰 게임을 꽤 오랫동안 하는 편입니다. 하지만 아들은 아침에 제일 먼저 책부터 읽습니다. 아들이 책을 골라 오면 읽을 페이지는 내가 정해 줍니다. 그리고 책을 읽은 후 요점 한 가지씩 말해 줍니다. 오늘은 '천재' 그제는 '자산가' 등을 말했습니다. 그러면 나는 날짜를 적고 아이들마다 말한 요점을 따라 적습니다.

나는 이런 과정이 억만 번이나 행복합니다. 책을 쓰기 전에는 이런 구체적인 방법을 생각하지 못했습니다. 책을 쓰다 보니 핵심 단어가 떠올랐습니다. 핵심 단어를 잘 붙들면 그 분야에 대한 지혜가 폭발적으로 터집니다. 전체가 다 이해됩니다. 나는 이렇게 아이들과 책으로 소통하는 것이 억만 번이나 행복합니다.

당신도 아이들과 온전한 복음이 담긴 책을 통해 소통하십시오.

나도 아이들도 책이 최고의 권위를 가지고 있음을 압니다.

선명한 글자로 인쇄되어진 책은 신적인 권위가 있습니다.

이 책과 같은 좋은 책을 만나면 인생이 바뀝니다.

나와 아들은 이미 책을 써낸 작가이고 나의 딸도 이미 책을 써서 내게 보낸 원고가 있습니다. 우리는 책을 대단하게 여기며 책이 주는 소중함을 알기에 함께 책을 씁니다. 우리는 이렇게 책을 읽고 책을 쓰며 책의 내용으로 소통하기 때문에 더 행복합니다.

당신도 책을 쓰십시오. 인생이 바뀝니다.

"이제 가서 백성 앞에서 서판에 기록하며 책에 써서 후세에 영원히 있게 하라."(사 30:8)

당신도 책 쓰기로 인생 2막을 열라

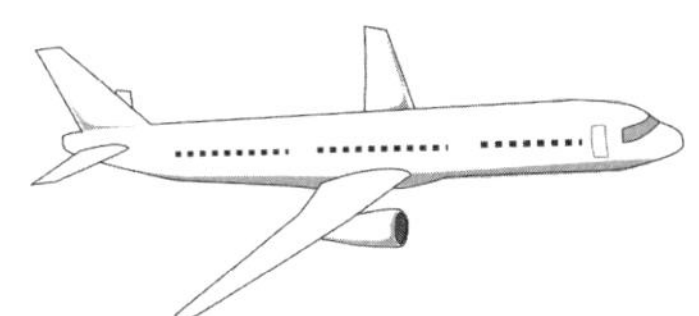

당신은 당신의 위치에서 삶에 회의를 느낀 적이 있습니까?

사업자든 직장인이든 주부든 학생이든, 당신의 삶에 만족하며 살고 있습니까? 회의를 느꼈지만 특별한 탈출구를 찾지 못해 수십 년을 헤맸던 나는 탈출구를 찾았습니다. 내가 좋아하는 책을 읽는 '독자의 위치'에서 내 책을 좋아할 고객들을 위해 책을 쓰는 '작가의 위치'에 올라서기로 한 것입니다.

전업 주부, 책 쓰기로 인생 2막을 열라

내게는 우연히 찾아온 기회였습니다. 늘 2퍼센트 부족한 나의 신앙생활에 도움을 얻을 수 있기를 간절히 사모하고 있던 차에 김열방 목사님이 쓴 〈예수님이 십자가에서 다 이룬 복음〉이라는 책을 접하므로 내 인생에 변화가 시작되었습니다.

고민하는 동안에 시간은 계속 흘러갔고 결국 나는 나에게 주신 재물 얻을 능력이 책을 쓰는 것이라는 것을 깨달았습니다. 하나님이 내게 책 쓰는 재능을 주셨습니다. 나는 책을 쓰면서 내 인생에 대해, 또 내 책을 통해 변화될 사람들에 대해 많은 생각을 하게 되었습니다. 과연 어떤 일이 일어날까요?

나는 매일 내 삶의 스토리와 깨달음을 책으로 쓴다

책은 끝에서부터 써야 합니다. 내 인생의 끝은 어디일까요?

바로 오늘입니다. 지금까지 살아온 내 인생의 끝은 오늘이기 때문에 오늘 일어난 일부터 책을 쓰면 된다는 말입니다.

나는 생각해 보았습니다. '왜 끝에서부터 써야 할까?'

그것은 예수님이 십자가에서 다 이룬 복음 안에 이미 내 모든 꿈과 소원도 다 이루어져 있기 때문입니다. 먼 훗날 나의 지나온 날들을 회상하며 책을 쓸 수도 있지만 그것이 가능하리라는 보장은 없습니다. 그때의 깨달음들이 새록새록 생각날 리도 없습니다.

그러므로 오늘 삶의 스토리와 깨달음을 책으로 써야 합니다.

오늘보다 더 귀한 날은 없습니다. 오늘은 어제 죽은 누군가가 10억을 주고라도 사고 싶었던 천금을 주고도 못 바꾸는 귀한 날입니다. 그래서 나는 이 귀한 시간에 책을 쓰고 있습니다.

내가 예전에 그랬던 것같이 삶이 무기력하고 무엇을 해야 할지 몰라 막막하지 않습니까? 하루하루가 공허하고 우울하지 않습니까? 나는 그런 어려움을 겪고 있는 사람에게 행복한 인생 2막을 열수 있게 도움을 주고자 '책 쓰기와 1인 사업 코칭'을 합니다.

나의 전업은 복음 전도입니다. 1인 사업은 부업입니다. 그렇다고 부업을 소홀히 하지는 않습니다. 왜냐하면 부업이 곧 전업과 연결되기 때문입니다. 당신이 나를 만나 책 쓰기와 1인 사업 코칭을 받으면 인생이 바뀔 것입니다. 나처럼 한없이 행복해지고 마음껏 책을 쓰고 1인 사업을 하게 될 것입니다.

나는 무엇이든 할 수 있는 큰 믿음을 가지고 있다

당신은 믿음의 검을 가지고 있습니까?

나는 믿음의 검을 가지고 있습니다. 하루는 잠이 오지 않아 뒹굴뒹굴하고 있는데 성령님의 세미한 음성이 들렸습니다.

'내 딸아, 너는 믿음의 검을 높이 쳐들어라.'

'네? 그게 무슨 말씀인가요?'

주님은 내게 세미한 음성으로 이렇게 가르쳐 주셨습니다.

'믿음의 검을 폼이나 장식용으로 달고 다니지 말고 높이 쳐들어 사용하라. 사람들이 겨자씨 만한 믿음은 다들 가지고 있는데 그것을 사용하지 않고 있다. 경건의 모양은 있지만 능력이 없다.'

주님은 계속 내 마음에 말씀하셨습니다.

'모세와 함께 광야의 길을 걷다가 원망하므로 불뱀에게 물린 자들 중에 장대에 매단 놋뱀을 쳐다본 자는 다 살았듯이 너는 믿음의 검을 높이 쳐들어 그것을 바라보는 자들이 나를 영접하고 나와 함께 인생을 행복하게 살아가게 했으면 좋겠다.'

그래서 나는 내 감정과 느낌과 주변 상황이 어떠하든 상관없이 믿음의 검을 높이 쳐들기로 했습니다. 믿음의 검은 무엇일까요? 기도하고 구한 것을 받았다고 믿는 '믿음의 선포'를 말합니다.

요셉이 채색 옷을 입고 꿈을 꾸었을 때 부모와 형제들이 내게 '절할 것이다'가 아니라 '절했다'고 믿음의 검을 들었을 때 그 결과는 시간과 공간을 초월해 성령 안에서 이미 이루어진 것과 같았습니다. 당신도 믿음으로 기도한 것은 다 받은 줄로 여기고 맘껏 꿈꾸며 앞으로 나아가십시오. 이미 당신 안에 큰 믿음이 있습니다. 인생은 꿈대로 믿음대로 다 이루어집니다.

또 하루는 이런 생각, 저런 생각에 뒹굴뒹굴하면서 "성령님, 사랑합니다. 사랑합니다, 성령님"이라고 했더니 내 마음에 이런 세미한 음성이 들렸습니다. '사랑하는 딸아, 내가 너를 축복한다. 올해는 내가 너희 가정에 백배를 넘어서 천배의 복을 셀 수 없을 정도로 부어 줄 것이다. 너는 믿음의 깃발을 들고 네가 꿈꾸는 곳에 주저하지 말고 그 깃발을 꽂으라. 내가 다 이루리라.'

'성령님 사랑합니다. 성령님 고맙습니다. 성령님 행복합니다.'

가슴 떨리고 행복합니다. 막연한 것 같아도 '내 삶이 어떻게 백배도 아닌 천배라고? 도대체 어떤 걸까? 정말 믿을 수가 없어. 순

간 내가 뭘 잘했었지? 앞으로 뭘 해야지?' 이런 생각을 하고 있을
때 내 안에 계신 성령님은 전혀 다르게 말씀하셨습니다.

'무엇을 하고자 하는 네 생각을 다 내려놓아라. 오직 믿음으로
만 살아라. 믿음의 법, 성령의 법을 따라 살아라. 오직 의인은 믿
음으로 말미암아 살리라 했으니 이 말을 잊지 말고 꼭 기억해라.'

'성령님, 감사합니다. 아멘.'

나는 모든 일이 저절로 잘되는 행복한 여자다

당신은 모든 일이 잘되고 있습니까?

어떤 것에 매여 끙끙거리며 잘되기를 원하지는 않습니까?

나는 저절로 잘되고 있습니다. 율법이 아닌 온전한 복음을 믿
고 믿음의 꿈을 꾸기 시작한 날로부터 날마다 더 부요하고 날마다
더 잘되고 있습니다. 복 있는 사람은 복을 따라다니지 않아도 복
이 날마다 나를 따라다닙니다. 복 있는 사람은 시냇가에 심은 나
무가 철을 따라 열매를 맺음같이 계속 잘됩니다.

복 있는 사람은 1년에 한 번, 3년이나 10년에 한 번 열매를 맺
는 것이 아니라 철을 따라 분기별로 열매를 맺습니다. 그 잎사귀
가 마르지 아니하고 하는 일이 날마다 형통합니다. 왜냐하면 믿
음의 깃발을 들고 나아가기 때문입니다. 내가 하는 것은 믿음의
꿈을 꾸고 기도한 것은 받은 줄로 믿고 나아가는 것뿐입니다.

어떻게 그것이 가능하냐고요? 내 안에 예수님이 실제로 살아

계신다는 사실을 알고 또한 믿기 때문입니다. 그분은 전능하고 완전하신 분이십니다. 스스로 계신 분이십니다. 당신은 당신 안에 실제로 예수님이 살아 계신다는 사실을 알고 있습니까?

처음 듣는 얘기라고요. 다음 구절을 읽어보십시오.

"내가 그리스도와 함께 십자가에 못 박혔나니 그런즉 이제는 내가 사는 것이 아니요 오직 내 안에 그리스도께서 사시는 것이라. 이제 내가 육체 가운데 사는 것은 나를 사랑하사 나를 위하여 자기 자신을 버리신 하나님의 아들을 믿는 믿음 안에서 사는 것이라."(갈 2:20)

오늘도 나는 두 명과 믿음의 교제를 나누었습니다.

한분은 자신이 부정적인 생각을 하며 살고 있고 그것이 자신의 신앙이 변화되지 않은 이유라는 것을 4년 만에 깨달았다고 했습니다. 무심코 내뱉는 말들이 사실의 관점에서 정죄하고 판단한다는 것을 몰랐다는 것입니다. 또 한분은 온전한 복음을 애기할 때 자신을 내려놓고 눈망울이 초롱초롱하며 스펀지처럼 받아들였습니다. 나는 어떻게 신앙 생활해야 하는지 설명해 주었습니다.

"자아가 일어나 떠들며 정죄하고 판단하는 것을 멈추어야 한다. 오직 예수님이 십자가에서 다 이룬 복음을 믿는 것과 내 안에 한강처럼 가득히 들어와 계신 성령님과 날마다 교제하며 행복하게 사는 것이 진정한 그리스도인의 삶이다."

믿음은 긍정의 힘도 초월합니다.

하나님을 믿으십시오.

나는 꿈을 향해 날아가는 믿음의 비행기를 탔다

당신은 꿈이 있습니까? 꿈이 있다면 그 꿈을 이루기 위해 어떤 선택을 하며 어떻게 달려가고 있습니까? 밤낮 쉼 없이 육체에 땀을 흘리며 스펙을 쌓기 위해 노력하고 있지는 않습니까?

인생은 공부가 아닌 선택에 달려 있습니다. 어떤 선택을 하느냐가 성공을 결정짓습니다. 선택은 성공이란 닻을 단 인생의 배 키를 움직이는 것과 같습니다. 순간마다 선택을 잘해야 합니다.

나는 나의 꿈을 이루어 주는 '성령의 비행기'를 탔습니다.

나는 날마다 새로운 꿈을 꾸며 '믿음의 비행기, 성령의 비행기'를 탑니다. 나는 내가 꿈꾸는 모든 것을 성령의 비행기에 실었습니다. 내 몸도 일등석에 앉아 최고의 안락을 누리며 여행합니다.

그 꿈의 무게 곧 내 인생의 짐은 비행기가 다 싣고 가기 때문에 나는 편히 쉬며 모든 것을 누리기만 하면 됩니다. 꿈의 무게가 너무 무겁다고요? 걱정하지 마십시오. 성령의 비행기는 거뜬히 그 모든 것을 싣고 목적지까지 가볍게 날아가니까요.

비행기는 어떤 교통수단보다 조용하고 안전하게 가장 빨리 목적지에 도달합니다. 인생은 밤낮 자기 머리를 굴리며 하루 종일 쉼 없이 땀 흘리며 힘쓰고 애쓴다고 성공하는 것이 아닙니다. 성령님께 맡겨야 합니다. 인생의 짐은 성령님이 지십니다.

당신이 해야 할 일은 맘껏 꿈꾸는 것입니다. 그리고 나와 같이 성령의 비행기에 몸을 싣고 맘껏 누리며 여행하면 됩니다.

문득 이런 예화가 생각이 납니다.

어떤 시골 할머니가 도시로 상경해서 택시를 타게 되었습니다. 그 할머니는 택시를 타고도 계속 무거운 짐을 머리에 이고 있었습니다. 택시 기사는 "할머니, 그 짐을 내려놓으세요. 그 짐도 함께 계산이 되는 겁니다"라고 말했습니다. 그래도 할머니는 어쩔 줄 몰라 하며 "몸을 실어 주는 것도 감사한데 짐까지 내리는 것은 예의가 아니지"라고 대답했습니다. 당신은 깨달았습니까? 구원 받은 것뿐만 아니라 모든 짐까지 그분이 값을 다 지불하셨습니다.

"수고하고 무거운 짐 진 자들아, 다 내게로 오라. 내가 너희를 쉬게 하리라. 나는 마음이 온유하고 겸손하니 나의 멍에를 메고 내게 배우라. 그리하면 너희 마음이 쉼을 얻으리니 내 멍에는 쉽고 내 짐은 가벼움이니라 하시니라."(마 11:28~30)

성령의 비행기를 탄 사람은 다 맡기고 쉬면 됩니다.

성령의 비행기가 지금도 쌩쌩 잘 날고 있습니다.

나는 날마다 놀라운 기적을 체험하며 산다

당신은 날마다 기적을 기대하는 삶을 살고 있습니까?

지하철을 타고 가는데 왼쪽 다리에 보조기를 한 사람이 지팡이를 짚고 지나가기에 주변에 자리가 없어 그런가 보다 하고 일어났더니 손을 내밀며 구걸하는 것이었습니다. 나는 순간 당황했지만 이내 주님께 감사의 기도를 드렸습니다. 어떤 상황이든 내게 일어나는 모든 일들이 당연한 것이 아니라 날마다 기적의 삶이라는 것을 깨닫는 시간이었습니다. 기적은 아주 멀리 다른 곳에서부터 크게만 다가오는 것이 아니라 내 마음에서부터 잔잔하게 샘물처럼 터져 나온다는 사실을 알아야 합니다. 창조적인 부도 마음에서부터 부요 의식을 가질 때 시작됩니다. 그러므로 모든 일에 감사하십시오. 당신은 얼마나 많은 감사를 하며 살고 있습니까?

수없이 많은 기적들이 당신의 삶을 에워싸고 있음에 감사합니까? 아침에 눈을 뜨고 일어났다는 것, 호흡할 수 있다는 것, 아침 식사를 하고 출근하고 등교할 수 있다는 것, 온몸이 건강하게 움직이는 것, 두 다리로 걸어 다닐 수 있고, 두 팔로 사랑하는 사람을 안을 수 있고, 맛있는 요리를 할 수 있고, 머리를 감고 샤워도 할 수 있다는 것, 남편과 아이들의 얼굴을 비비고 행복을 얘기할 수 있다는 것 등 세어 보면 기적은 삶에 무지하게 많습니다.

이런 것은 모두 하나님의 은혜이기에 가능합니다.

당신은 이런 일상적인 것에 감사를 잊고 살지는 않습니까?

당연하다고 여기며 이기적인 생각을 하며 살지는 않습니까?

하나하나 감사하기 시작하십시오. 감사하는 삶을 살 때 감사의 열매가 당신의 삶에 풍성히 맺히게 될 것입니다. 이 글을 쓰고 있는 이 귀한 시간도 허락해 주시고 이렇게 책을 쓸 수 있도록 천재적인 지혜를 주시고 모든 것을 함께 하시는 주님을 찬양합니다.

나는 하루 종일 내 마음에서 행복의 고백이 쏟아진다

당신은 하루 종일 마음이 행복합니까? 나는 행복합니다.

나는 매일 아이들과 함께 이런 고백을 하며 잠자리에 듭니다.

“성령님, 사랑합니다. 성령님, 오늘도 함께 해주셔서 행복한 하루였습니다. 성령님, 꿈속에서 뵈어요.”

오늘도 그렇게 말하고 잠자리에 들려는데 아들이 물었습니다.

“엄마, 엄마 생일 선물은 무엇으로 할까요?”

처음에는 늦은 시각이라 내일 이야기하면 좋을 것 같다고 했지만 내일까지 기다리기 힘들어하기에 아들에게 내가 말했습니다.

“그럼 성령님께 물어보지 않겠니? 성경에 나오는 믿음의 사람들은 다 성령님께 물었단다. ‘이건 이렇게 할까요? 저건 어떻게 할까요? 이랬어요. 저랬어요’ 등등, 아브라함도 이삭도 야곱도 요셉도 다윗도 솔로몬도 항상 성령님께 물었단다. 너도 물어보렴.”

“네, 알았어요. 엄마” 하더니 이내 “아하, 알았어요” 하며 만족해하며 금방 꿈나라로 여행하는 아들, 너무나 기특합니다.

“성령님, 사랑합니다. 사랑합니다. 사랑합니다.”

편의점에 들러 교통카드 충전을 하는 중에 곰돌이 젤리가 눈에 들어온 아들, 먹고 싶다고 합니다. 예배 끝나고 집에 가는 길에 사준다고 했습니다. 그런데 음식은 배를 위해 있지 입이 즐거우라고 있는 것이 아니라는 말씀에 망설였습니다. 물론 먹는 즐거움을 빼 놓을 수는 없습니다. 합성 첨가물이 섞인 것은 입을 위해 있지 배를 위해 있는 것이 아닙니다. “과자 같은 걸 자꾸 먹으면 피부 가려움이 올라오니 먹지 말자” 하고 아들에게 사주지 않았습니다. 아들은 집으로 돌아오는 길이 재미없다고 시큰둥했습니다.

그러나 오는 길에 깨끗한 기름으로 튀겨 파는 치킨을 사 먹자고 했더니 "알았어요. 엄마, 엄마 말대로 작은 것을 순종했더니 더 좋은 것을 얻었네요" 하며 "엄마, 고맙습니다"라고 얘기하는 예성이가 대견하고 자랑스럽습니다. "사랑해 아들."

하나님은 감사하는 자에게 더 좋은 것을 주신다는 것을 깨닫는 시간이었습니다. 아, 너무나 행복합니다.

당신도 식물로부터 자유를 얻으십시오.

식물은 혀를 위해 있지 않고 배를 위해 있습니다. 혀를 위해 화학 첨가물이 섞인 것을 많이 먹으면 건강이 무너집니다. 하나님이 먹으라고 한 '몸에 좋은 것만' 먹어야 건강하게 오래 삽니다.

"식물은 배를 위하고 배는 식물을 위하나 하나님이 이것저것 다 폐하시리라. 몸은 음란을 위하지 않고 오직 주를 위하며 주는 몸을 위하시느니라."(고전 6:13)

어떤 것을 먹든지 이것이 배에 들어갔을 때 좋은 것인가 하는 것을 따지십시오. 당신이 먹는 것이 삼사 대까지 갑니다.

식물은 먹지 않아도 부족함이 없고 먹어도 풍족함이 없습니다.

"식물은 우리를 하나님 앞에 세우지 못하나니 우리가 먹지 아니하여도 부족함이 없고 먹어도 풍성함이 없으리라."(고전 8:8)

성경에 나오는 많은 사람들이 먹는 것 때문에 넘어졌습니다.

에서는 팥죽 한 그릇에 장자권을 팔았고 후회해도 소용없었습니다. 이스라엘 백성들도 먹는 것 때문에 광야에서 원망했고 많은 사람이 심판 받아 죽었습니다. 먹는 것을 초월해야 하나님께 크게 쓰임 받습니다. '곡채과 소양가생' 깨끗한 것만 먹으십시오.

"곡식, 채소, 과일, 소고기, 양고기, 가금류, 생선."

그러면 당신의 몸에 있는 병이 사라지고 건강해집니다.

눈에 보이는 현상보다 중요한 것은 하나님의 말씀이다

당신은 선악과에 대해 아십니까?

선악과는 '선과 악을 알게 하는 나무'입니다.

이 선과 악을 알게 하는 것은 지식에서 오고 이 지식은 사실이라는 세계에서 옵니다. 당신은 하나님의 말씀을 신뢰합니까? 아니면 사실에서 오는 지식을 더 신뢰합니까? 사실보다 더 중요한 것은 말씀입니다. 하나님의 말씀을 따라 살아야 합니다.

〈하룻밤에 보는 성경 이야기〉라는 책에는 이렇게 나옵니다.

"잘 들어라. 이것은 매우 중요한 것이다. 동산에 있는 모든 나무의 열매는 너희가 따먹어도 좋지만 이 나무의 열매는 절대로 먹으면 안 된다. 사람이 이 열매를 먹게 되면 자기 행위의 착함과 악함을 이해하기 시작할 것이다. 이것은 영혼의 모든 평화가 종결됨을 의미한다. 그러므로 너희는 이 무시무시한 결과를 인정하고 이 나무의 열매로부터 떠나 있어야 한다."

하지만 안타깝게도 선악과를 한 번 먹으므로 인류는 자기 행위의 착함과 악함을 이해하게 되었고 그때부터 모든 영혼의 평화는 종결되고 말았습니다. 그 후로 사람들은 말씀으로 순종하는 삶보다는 선악을 분별하는 삶(사실을 보는 삶)이 시작되었습니다.

즉 인간은 모든 만남과 사물에 대해서 말씀으로 순종하는 삶보다는 모든 것을 선악의 눈으로 착함과 악함을 판단하게 된 것입니다. 말씀을 믿는 삶에서 사실을 판단하는 수준으로 전락하므로 서로를 판단하고 정죄하는 인생이 되었습니다. 그런 저주받은 수준으로 떨어져 모든 믿음과 만남의 평화가 종결되고 말았습니다.

하나님의 말씀을 무시하고 인간의 이성으로 모든 것을 판단하는 수준으로 떨어지니 두려움이 밀려왔습니다. 이처럼 사실만 가지고 판단하고 매이는 삶이 풀리기 위해 어떻게 해야 할까요?

하나님의 말씀을 믿고 순종하는 삶이 회복되어야 합니다.

말씀은 영원하지만 사실 곧 현실과 현상은 계속 변하기 때문입니다. 현실과 현상을 믿으면 그것을 바로 잡기 위해 온갖 행위를 하게 됩니다. 온갖 우상 숭배, 율법 행위, 고행과 도를 닦음, 명상과 훈련 등을 동원하게 됩니다. 그것은 오뚝이를 거꾸로 세우려는 것과 같습니다. 이 모든 율법 행위에는 저주가 있을 뿐입니다.

과연 길이 없을까요? 있습니다. 이 모든 율법의 저주를 속량하신 예수그리스도의 온전한 복음을 받아들이면 됩니다.

"사람이 의롭게 되는 것은 율법의 행위로 말미암음이 아니요 오직 예수 그리스도를 믿음으로 말미암는 줄 알므로 우리도 그리스도 예수를 믿나니 이는 우리가 율법의 행위로써가 아니고 그리스도를 믿음으로써 의롭다 함을 얻으려 함이라. 율법의 행위로써는 의롭다 함을 얻을 육체가 없느니라. 그러므로 사람이 의롭다 하심을 얻는 것은 율법의 행위에 있지 않고 믿음으로 되는 줄 우리가 인정하노라."(갈 2:16, 롬 3:28)

문제가 반복되면 현상이 아닌 원인을 치료해야 한다

에덴은 '기쁨'이며 동산은 '쉼, 안식'이란 뜻이 있습니다.

당신의 삶은 기쁨과 쉼이 있습니까? 나의 삶에는 하나님이 주시는 기쁨과 쉼이 있습니다. 인생의 문제를 다룰 때 근본적인 뿌리를 제거하지 않으면 계속해서 악순환이 발생합니다.

집에서 키우는 화초를 생각해 보십시오. 잎이 마르고 시들시들할 때 물만 주어서 해결되는 것도 있습니다. 하지만 그렇지 않고 뿌리부터 손봐야 하는 경우도 있습니다. 삶 또한 그렇습니다.

겉으로는 드러나는 질병과 재정적인 궁핍과 파괴적인 생활 습관들은 육안으로 보이는 일시적인 현상들입니다. 이것들을 해결하겠다고 외적인 것을 다루면 일시적으로 좋은 결과를 얻습니다.

하지만 뿌리의 상태를 확인하고 적절한 조치를 취한다면 잎사귀나 가지 등에 외적으로 나타나는 것들은 자연히 해결될 수 있을 것입니다. 뿌리가 건강하면 다른 모든 것들 역시 자연스럽게 건강해지기 때문입니다. 그럼 왜 뿌리가 중요할까요? 뿌리가 모든 생명체의 근원이 되기 때문입니다. 해결 방법이 무엇일까요?

현대 의학은 수많은 질병의 원인이 '스트레스'라는 뿌리와 연관이 있다고 합니다. 그렇다면 스트레스는 왜 생길까요?

현대 의학은 '두려움이 스트레스의 뿌리다'라는 사실을 밝혀냈습니다. 전문가들은 '모든 두려움이 스트레스를 동반한다'고 합니다. 이 두려움은 공황 장애나 영구적 불안 상태로 나타날 수도 있고 또한 장기적 수면 장애, 지속적인 불안, 산란한 마음 상태 등을 야기할 수 있다고 합니다. 이처럼 두려움이란 반드시 손봐야 할 결정적인 뿌리로 보이지만 가장 깊은 뿌리는 아닙니다.

영적인 영역에서 보면 죄와 율법의 저주 때문임을 알게 됩니다. 죄의 삯은 사망이고 율법의 저주는 인간에게 엄청난 불안과 두려움이라는 스트레스를 안겨 줍니다. 이러한 죄와 율법의 저주를 해결할 수 있는 길은 무엇일까요? 그것은 오로지 죄가 없는 하나님의 아들 예수 그리스도가 이 땅에 인간의 몸을 입고 오셔서 십자가에 매달려 우리 대신 피와 땀과 눈물을 흘리며 값을 다 지불하고 마치신 일 곧 복음의 능력으로만 가능한 것입니다. 복음은 모든 믿는 자에게 구원을 주시는 하나님의 능력입니다.

어떤 경우에도 자신을 정죄하거나 판단하지 마라

당신은 그 뿌리를 발견하는데 관심이 있습니까?

스트레스나 두려움보다 더 깊고 음흉한 그 뿌리를 발견하기 위해 한 걸음 더 나아가고 싶지 않습니까? 그것이 무엇일까요?

성경은 그 깊은 뿌리가 '정죄'라고 합니다. 그것은 모두 아담과 하와가 에덴동산에서 선과 악을 알게 하는 나무의 열매를 따먹었을 때 시작되었습니다. 그때부터 인간은 양심을 발달시켰습니다.

양심이란 우리 내면에 있는 무엇, 즉 선과 악을 아는 것입니다. 우리의 양심은 정의와 옳은 것을 이해하고, 죄가 있으면 징벌을 받아야 한다고 외치게 합니다. 그리고 계속 정죄하므로 인간으로 하여금 자신의 죄에 대해 스스로 징벌하게 만드는 것입니다.

모든 사람은 양심의 고발과 정죄와 죄책감에 짓눌려 패배의 삶은 살아가게 되는 것입니다. 그러나 믿는 자는 불신자들과 다른 것이 있습니다. 믿는 자는 예수 그리스도가 십자가에서 다 이루신 복음의 능력을 소유하고 있기 때문에 사탄과 양심이 우리를 향해 던지는 어떤 비난이나 고발이나 정죄나 죄책감도 거부할 수 있는 특권이 있다는 것입니다. "우리가 마음에 뿌림을 받아 악한 양심으로부터 벗어나고 몸은 맑은 물로 씻음을 받았으니 참 마음과 온전한 믿음으로 하나님께 나아가자"(히 10:22)고 했습니다.

당신은 이 특권을 소유했습니까? 아직 소유하지 않았다면 어떻게 해야 할까요? 지금 당장 예수를 구주로 믿어야 합니다. 그리고 복음의 능력으로 무장해야 합니다. 믿음의 방패를 가지십시오.

그리스도 안에 있다면 다음의 사실을 굳게 믿으십시오.

첫째, 당신의 마음이 예수님의 피 뿌림을 받아 악한 양심으로부터 벗어났다는 사실을 믿어야 합니다. 악한 양심이란 우리의 죄와 잘못을 끊임없이 의식하여 자신도 모르게 자신의 형벌을 예상하는 것입니다. 그것은 율법의 정죄 아래 있는 양심입니다.

둘째, 당신이 하나님의 은혜로 예수님의 피 뿌림을 받은 선한 양심을 가졌다는 사실을 믿어야 합니다.

셋째, 당신은 죄를 의식하며 살아가는 대신 언제나 용서를 의식하며 살아가야 합니다. 당신은 '용서 받은 의인'입니다.

넷째, 당신이 부족하여 넘어질 때에도 그리스도 예수 안에 있는 의로움을 믿고 일어서야 한다는 것입니다. 의인은 일곱 번 넘어져도 다시 일어납니다. 당신은 그리스도 안에 있습니다.

다섯째, 당신은 예수님의 피 뿌림을 받은 선한 양심을 가졌으므로 선과 악을 아는 지식을 따라 살지 않아도 된다는 사실을 믿어야 합니다. 선한 양심인 그리스도의 양심을 따라 살면 됩니다.

사탄과 악한 양심이 던지는 정죄와 고발은 당신에게서 하나님과의 친밀한 교제를 빼앗아 갑니다. 많은 사람들이 십자가의 능력을 의지하여 자신의 삶에서 율법과 악한 양심의 정죄를 뿌리 뽑을 수 있음에도 불구하고 죄책감과 정죄로부터 자유로워지기 위해 여전히 '자신들의 노력'을 의지하고 있습니다. 자신이 옳다고 여기는 행위를 더 많이 하려고 애쓰고 있습니다. 하지만 행위를 통해서는 하나님 앞에 의롭다 함을 얻을 육체가 하나도 없습니다.

그러므로 예수님이 십자가에서 당신 대신 피와 땀과 눈물을 흘리며 값을 다 지불하고 다 이루었습니다. 이러한 예수님이 다 이룬 복음을 믿으면 율법주의 행위에서 자유를 얻고 행복해집니다.

히브리어로 사탄은 '하 사탄'(Ha Satan)인데 '고발하는 자'란 의미입니다. 사탄은 정죄와 참소의 전문가입니다. 사탄의 정죄를 받는 사람들은 그것이 성령님께서 죄를 지적해 주시는 것이라고 생각하기도 합니다. 그래서 자신에 대해 부정적인 생각을 갖는 것이 당연하다고 믿습니다. 물론 성령님이 죄에 대해 책망하십니다. 하지만 그리스도인이 아닌 '세상'을 책망하십니다. 어떤 책망일까요? 예수를 믿지 않는 것에 대한 책망입니다. "그가 와서 죄에 대하여, 의에 대하여, 심판에 대하여 세상을 책망하시리라. 죄에 대하여라 함은 그들이 나를 믿지 아니함이요."(요 16:9)

성령님은 결코 성도를 비난하고 참소하고 정죄하지 않으십니다. "그러므로 이제 그리스도 예수 안에 있는 자에게는 결코 정죄함이 없나니 이는 그리스도 예수 안에 있는 생명의 성령의 법이 죄와 사망의 법에서 너를 해방하였음이라"(롬 8:1~2)고 했습니다. 성도가 죄를 지었을 때는 성령님이 근심하고 슬퍼하십니다.

그리스도 안에 있는 당신을 정죄할 수 있는 존재는 없습니다.

나는 이것을 알고부터 나의 의로움이 아닌 하나님의 의를 이해하게 되었습니다. 하나님의 의에는 진정한 자유와 안식, 쉼이 있습니다. 하나님의 의는 내 안에 살아 계신 예수 그리스도입니다.

하나님이 내 안에 계시고 내가 하나님 안에 거하고 있습니다.

"누구든지 예수를 하나님의 아들이라 시인하면 하나님이 그의 안에 거하시고 그도 하나님 안에 거하느니라."(요일 4:15)

그래서 나는 의인이고 행복합니다.

일중독에서 빠져나오니 내 마음에서 생수가 터져 나왔다

당신은 여전히 목마르지 않습니까?

목마름을 해결하기 위해 뭔가 해야 하는데 하지 않으니 몸이 근질근질하지 않습니까? 나는 행동파였습니다. 무엇이든 하는 것을 좋아했습니다. 하루가 모자랄 정도로 일하고 또 일했습니다. 몸이 녹초가 되어도 잘하고 있다고 생각했습니다. 그것이 내가 살아 있는 이유라고 생각했습니다. 정작 쉴 때도 뭔가 해야 할 것

같은 일중독에 대한 금단 현상이 있는 사람처럼 불안해했습니다.

쉼이 주어질 때도 어떻게 쉬어야 하는지 몰랐습니다. 그러니 행복도 안식도 찾기 어려웠습니다. 더 많이 일하는 것이 나의 사명이라고 생각하며 앞만 보고 정신없이 달렸습니다. 물론 앞만 보고 달리는 것은 좋습니다. 그러나 그 앞이 어떤 방향인가, 제대로 된 방향인가를 한번쯤은 고민해 봐야 합니다.

나는 달리다가 '이게 아닌데, 이게 아닌데' 하면서도 멈추는 법을 몰랐습니다. 아니 멈추고 싶지 않았습니다. 왜냐하면 거기에 내 인생을 걸었기 때문에 포기하기에는 너무 아깝다는 생각이 들어서입니다. 몇 년의 고심 끝에 겨우 돌아설 수 있었습니다.

나를 너무나도 사랑하시는 하나님이 나를 전적으로 이끌었기 때문에 거부할 수 없이 거기서 빠져나올 수 있었습니다. 놀랍게도 일중독에서 빠져나왔으며 내 인생이 한없이 행복해졌습니다.

예전에는 날마다 목이 말라 헐떡거리며 고통을 겪었는데 지금은 전혀 목마르지 않고 생수의 강이 내 안에서 한강처럼 철철 흐르고 있습니다. 내 안에 성령의 기름 부음이 넘쳐 나고 있습니다.

당신도 일중독에서 빠져나오십시오. 더 많은 봉사와 훈련, 노동과 종교 행위를 통해 목마름이 해결되는 것이 아닙니다. 오직 예수 그리스도를 믿음으로 그 배에서 생수의 강이 흐르게 됩니다.

"명절 끝날 곧 큰 날에 예수께서 서서 외쳐 이르시되 누구든지 목마르거든 내게로 와서 마시라. '나를 믿는 자는' 성경에 이름과 같이 그 배에서 생수의 강이 흘러나오리라 하시니 이는 '그를 믿는 자들이 받을 성령'을 가리켜 말씀하신 것이라."(요 7:37~39)

그렇습니다. 행위가 아닌 믿음입니다.

나에게는 영원한 애인인 성령님이 있다

당신은 애인이 있습니까? 있다면 어떤 애인입니까?

애인이라는 존재는 전부입니다. 애인을 생각하면 할수록 가슴이 벅차고 활력이 넘치고 날마다 보고 싶고 나의 모든 꿈과 소원을 함께 하고 싶고 늘 사랑스럽고 가슴이 콩닥콩닥 뜁니다.

결혼하기 전에는 배우자가 될 사람과 만날 때 애인이라 지칭합니다. 그러나 결혼하고 나서는 애인이라기보다는 누구의 남편, 아내로 지칭되면서 애인일 때 가졌던 감정들은 무뎌집니다. 현실에 다가서기 위해 몸부림치고 애쓰면서 애인에 대한 감정이 사라지기도 합니다. 나는 지금도 변함없이 남편을 많이 사랑합니다.

그러나 내게는 영원한 사랑의 애인이 있습니다. 그 영원한 애인을 당신에게 소개하고자 합니다. 그분은 어제나 오늘이나 영원토록 동일하게 나를 사랑하시는 분인데 곧 예수님이십니다.

바울은 그분이 남편이라고 했습니다. "내가 너희를 정결한 처녀로 한 남편인 그리스도께 드리려고 중매함이로다."(고후 11:2)

모든 그리스도인은 한 남편이신 예수님을 사랑해야 합니다.

나는 온 마음을 다해 예수님을 사랑합니다.

당신도 그분과의 사랑에 푹 빠지십시오.

나에게는 영원한 부자인 하나님 아빠가 있다

당신은 어떤 아빠와 함께 살고 있습니까?

아빠가 안 계신다고요. 그럴 수도 있습니다. 하지만 내가 말하는 아빠는 육신의 아빠가 아니라 하늘 아빠를 말합니다.

당신은 아빠에 대한 행복한 기억과 추억들을 얼마나 많이 가지고 있습니까? 나도 아빠에 대한 행복한 기억들을 많이 가지고 있지만 영원히 함께 할 수도 없고 영원하지도 않습니다.

그러나 하늘 아빠는 모든 만물의 주인입니다. 나는 그분의 사랑스런 딸입니다. 그래서 나는 행복합니다. 나는 그분이 만든 모든 것을 누리며 살 수 있는 특권을 받았습니다.

예전에 나는 내가 아는 선에서만 행복을 누리고 축복을 받았습니다. 나를 낳아 주신 육신의 아빠는 눈에 넣어도 아프지 않을 정도로 나를 아끼고 사랑해 주셨습니다. 그러나 그 사랑은 한계가 있었습니다. 이제 나에게는 자기의 하나뿐인 독생자 예수를 아낌없이 내주면서까지 나를 사랑해 주시는 하늘 아빠가 있어서 너무나 행복합니다. 그분은 나를 영원히 사랑하십니다.

"내가 무궁한 사랑으로 너를 사랑한다."(렘 31:3)

나에게는 자신의 전부를 내준 친구 예수님이 있다

당신은 친구가 많이 있습니까?

어떤 부류의 친구들입니까? 어릴 적 친구, 학교 친구, 사회 친구, 동네 이웃 등 많은 친구들이 있을 것입니다. 그 친구들과 어떤 것을 나누고 있습니까? 아무런 사심 없이 모든 것을 함께 나눌 수 있는 그런 친구가 있습니까? 나는 지금도 나를 표현하는 것에 서툴지만 그래도 나를 전적으로 믿어 주고 지지해 주는 멋진 친구가 생겨서 얼마나 다행이고 행복한지 모르겠습니다.

예전에는 그 친구의 사랑을 받아들이기에 활짝 열린 마음이 아니었습니다. 내가 필요로 할 때만 도움을 청하고 내가 적적할 때만 위로를 구하고 내가 위기에 처할 때만 도움의 손길을 필요로 하는 참 이기적인 나였습니다. 그럼에도 불구하고 그 친구는 혼자 끊임없이 나를 짝사랑했습니다. 이제나 저제나 나와 함께 대화하고 먹고 마시고 걷고 뛰고 싶어서 하루가 천 년같이 천 년이 하루같이 나를 기다려 준 참으로 아름답고 고마운 친구입니다.

이 친구를 당신에게 소개하고자 합니다.

이분은 바로 예수 그리스도입니다. 메시아 곧 구원자이며 예수의 영으로 오신 성령님입니다. 놀랍지 않습니까?

"사람이 친구를 위하여 자기 목숨을 버리면 이보다 더 큰 사랑이 없나니 너희는 내가 명하는 대로 행하면 곧 나의 친구라. 이제부터는 너희를 나의 종이라 하지 아니하리니 종은 주인이 하는 것을 알지 못함이라. 너희를 친구라 하였노니 내가 내 아버지께 들은 것을 다 너희에게 알게 하였음이라."(요 15:13~15)

이 성령님은 급하고 강한 바람처럼 일하십니다.

당신은 그런 성령님을 얼마나 존중하고 있습니까? 당신이 하나님의 영인 성령님을 존중할 때 당신의 인생이 더 높은 차원의 수준으로 들어가게 됩니다. 나는 당신을 최고 수준의 차원으로 초청하고자 합니다. 성령님은 당신에게 있어 가장 좋은 친구가 되십니다. 매사에 성령님을 존중히 모시고 다니며 그분과 친밀하게 교제를 나누십시오. 그분께 당신의 마음을 털어놓으십시오.

성령님은 당신을 시기하기까지 사모하십니다.

"너희는 하나님이 우리 속에 거하게 하신 성령이 시기하기까지 사모한다 하신 말씀을 헛된 줄로 생각하느냐."(약 4:5)

성령님은 나를 변호하시는 전담 변호사다

당신은 어떻게 의를 얻었습니까?

행위로 의롭게 되었습니까? 아니면 예수님을 믿는 믿음으로 의롭게 되었습니까? '의로움'이란 올바른 행위가 아닌 올바른 믿음으로 인해 하나님 앞에 올바로 서는 것입니다. 행위가 초점이 아닙니다. 우리가 이 사실을 놓치고 살 때가 많지만 그때마다 성령님이 다시 깨우쳐주고 상기시켜 주십니다.

하나님이 당신에게 긍휼과 자비를 베푸셨습니다.

"내가 그들의 불의를 긍휼히 여기고 그들의 죄를 다시 기억하지 아니하리라"(히 8:12)

성령님은 우리를 돕는 분이십니다. 그분은 우리의 모든 죄를 꼬치꼬치 지적하면서 달달 볶아대기 위해서 오신 분이 아닙니다.

우리를 돕기 위해 우리 안에 살도록 보내심을 받은 분입니다. 쉴 새 없이 잔소리를 해대며 들볶는 사람과는 함께 살 수 없습니다.

성령님은 하나님의 영원한 의를 깨우쳐 주시므로 우리가 의인답게 살도록 돕기 위해 보냄을 받으신 분입니다.

"성령이 친히 우리의 영과 더불어 우리가 하나님의 자녀인 것을 증언하시나니 자녀이면 또한 상속자 곧 하나님의 상속자요 그리스도와 함께 한 상속자니……."(롬 8:14~16)

그러므로 순간마다 성령님께 도움을 구하십시오.

그분이 의인답게 살도록 도우실 것입니다.

나는 천재적인 책 쓰기로 인생 2막을 열었다

당신은 책 쓰기를 시도해 본 적이 있습니까?

책 쓰기는 내 인생의 터닝 포인트가 되었습니다. 나는 책 쓰기로 인생 2막을 열었습니다. 내가 이런 작가의 삶을 살 거라곤 상상도 하지 못했습니다. 남들과 같은 그저 평범한 삶이었습니다.

그런 내가 나의 위치를 럭셔리의 세계에 두고 의식 수준을 높였더니 놀랍게도 내 생각이 변하고 삶이 변하고 신분이 변하고 환경이 변하고 행동이 변했습니다. 그 누구도 범접하지 못하는 나만에 세계가 펼쳐졌습니다. 이런 세계를 당신도 누리기를 원합니다. 당신도 나처럼 책을 쓰십시오. 당신의 삶이 풍요해집니다.

남이 써 놓은 수천 권의 책을 읽는 것보다 한 권이라도 자신의 책을 쓰는 것이 자기 계발에 더 큰 도움이 됩니다. 당신이 30년, 40년의 인생을 살았다면 당신에게는 어마어마한 삶의 내용과 깨달음들이 있습니다. 그것을 모두 책으로 써내면 됩니다. 물론 나쁜 것을 다 쓸 필요는 없습니다. 피할 것은 피하고 알릴 것만 쓰면 됩니다. 왜 책에 쓰냐고요? 책에 쓰지 않으면 다 잊히고 사라지기 때문입니다. 책에 써진 것만 당신의 역사입니다.

그러므로 만사를 제쳐 두고 책 쓰기를 하십시오.

나는 천재작가와 강연가로 세계를 날아다닌다

당신의 삶은 요즘 어떻습니까?

나는 믿음의 눈으로 미래를 바라보면서 내가 원하는 모든 것을 하나씩 이루고 있습니다. 나는 책을 통해 나 자신의 가치를 낯은 사람들에게 알리고 있습니다. 당신도 나처럼 책을 쓰므로 당신의 독특한 삶과 깨달음, 당신의 천재적인 재능과 전문적인 지식을 모든 사람에게 알려야 합니다.

하나님은 각자에게 독특한 재능 곧 '재물 얻을 능'을 주셨습니다. 당신 안에 있는 지혜와 지식을 끄집어내어 그것으로 재물을 얻으십시오. 어떻게 하면 되냐고요? 책을 쓰면 됩니다.

"나의 재능이 무엇인지 모르겠어요?"

네, 맞습니다. 지금까지 자신의 재능을 살리는 창조적인 것보다는 교과서를 달달 외우는 주입식 교육을 받아왔기 때문에 그렇습니다. 그리고 이것저것 많이 할 수는 있는데 정확하게 무엇을 잘하는지 모를 수도 있습니다. 그것을 찾아내는 게 책 쓰기의 비밀입니다. 책을 쓰면 당신 자신과 재능을 발견하게 됩니다.

두려움의 언덕 저 너머에 있는 당신의 모습을 상상해 보십시오. 두려움은 나의 성공을 막고 있는 장애물입니다. 두려움을 넘어서십시오. 그러면 당신은 할 수 있습니다. 책을 써야겠다고 결단하십시오. 책이 당신을 성공자로 세우는 초석이 될 것입니다.

크게 생각하라. 인생은 결국 생각한 대로 다 된다

나는 매일 가장 큰 사치를 누립니다.

모두들 가고 없는 나만의 시간에 성령님과 산책하고 나만의 공간에서 커피를 마시며 생각하고 책을 쓰는 사치입니다. 불필요한 일에는 시간과 돈을 투자하지 않습니다. 당신도 돈을 많이 벌고 싶습니까? 그럼 부요해지기 위한 생각을 많이 하면 됩니다.

직장 생활할 때는 '어떻게 하면 월급을 조금 더 받을 수 있을까'에 연연하며 조금 더 주는 곳에서 스카우트 제의가 들어오면 그곳으로 옮기곤 합니다. 이제는 그런 것이 아닌 당신의 몸값을 어떻게 높일까를 생각해야 됩니다. 내가 말하는 몸값은 어딜 가도 당당히 받을 수 있고 요청할 수 있는 몸값을 말하는 것입니다. 그러려면 1인 기업가가 되어야 합니다. 1인 기업가의 몸값은 바닥으로 내려올 일이 없고 계속 높아지기 때문입니다. 계속해서 제품이 생기고 고객이 생기고 가치가 높아지기 때문입니다.

당신은 깨달았습니까? 당신의 몸값을 남이 정해주는 것이 아니라 당신 자신이 정해야 합니다. 당신의 삶과 깨달음을 담은 책을 써내 퍼스널 브랜딩 해야 합니다. 당신의 가치를 높여야 합니다.

지금은 회사를 다닐지라도 반드시 어느 때가 되면 독립하게 됩니다. 그때를 위해 준비해야 합니다. 10년은 금방 지나갑니다.

성경에 나오는 모든 인물은 하나님의 음성을 듣고 자신의 미래를 준비했습니다. 노아는 방주를 만들며 미래를 준비했고 아브라함 이삭 야곱 요셉 모세 다윗 솔로몬도 모두 미래를 준비했습니다. 당신도 10년, 100년을 내다보며 미래를 준비하십시오. 매일 아침 10분이라도 혼자만의 시간을 가지며 책을 읽고 생각하십시오. 깨달음을 얻으십시오. 자기 계발에 투자하십시오.

나는 책 쓰기로 나의 존재와 사업을 홍보한다

당신은 어떻게 당신의 사업을 홍보하고 있습니까?

나는 책 쓰기로 나를 홍보하고 내 사업을 홍보하고 있습니다.

내가 어떤 일을 하고 어떤 제품이 있고 어떤 지혜가 있는지를 홍보합니다. 당신도 당신의 사업을 홍보하고 싶습니까? 책부터 써 내십시오. 처음부터 퍼스널 브랜딩 하는 두꺼운 단 권을 써내는 것도 좋지만 그게 좀 부담스러우면 유연하게 공동 저자부터 함께 출발해도 좋습니다. 나도 공동 저자부터 시작했습니다. 책을 통해 당신의 인지도가 높아지고 가치도 백배로 증가될 것입니다.

나는 책 쓰기로 나의 존재 가치를 억만 배로 높였다

당신은 자신의 가치가 얼마나 된다고 생각하십니까?

예전에 나는 너무나 소극적이었습니다. 다른 사람이 시키는 것은 아주 잘했지만 한쪽에는 늘 아쉬움이 있었습니다. 나의 의식 수준이 낮아 내 가치가 어느 정도인지를 깨닫지 못했습니다.

그런 내가 책을 써내므로 나의 가치가 높아졌습니다. 나의 신분이 독자에서 작가 선생님으로 상승되었습니다. 다른 사람이 나의 가치를 높여 주는 경우도 있지만 나 스스로가 나에게 높은 가치를 부여했을 때 그에 걸맞은 삶을 살게 된다는 것을 깨달았습니다. 그래서 나는 나의 위치를 최하에서 최상으로 바꾸었습니다.

독자에서 저자로, 청중에서 강연자로, 소비자에서 생산자로, 내는 자에서 받는 자로, 빌리는 것에서 빌려 주는 자로, 심는 자에서 거두는 자로, 하녀에서 여왕으로, 노예에서 귀족으로, 참새 마인드에서 독수리 마인드로, 생쥐 마인드에서 사자 마인드로, 거지 마인드에서 억만장자 마인드로, 애굽과 광야 마인드에서 가나안 마인드로 나의 위치를 완전히 바꾸었습니다.

또한 나의 가치를 백배로 증가시켰습니다. 어떻게 되었을까요? 내 삶이 바뀌었습니다. 내 생각이 바뀌고 말이 바뀌고 행동이 바뀌고 하는 일이 바뀌었습니다. 이것이 곧 지혜입니다. 다른 그 무엇을 통해서도 불가능한 일이었지만 책 쓰기를 통해 이루어졌습니다. 당신도 책을 써내십시오. 책은 가문의 영광입니다.

내 책은 나와 가족과 가문의 영원한 유산입니다.

당신의 가치를 백배로 증가시키는 비결

나는 책 쓰기로 나의 존재 가치를 높였습니다.

당신도 책 쓰기로 당신의 존재 가치를 높이고 싶지 않습니까?

당신은 결코 그렇게 평범하게 살아야 하는 하찮은 존재가 아닙니다. 당신은 존귀하고 소중하며 가치 있는 존재입니다. 단지 어떻게 당신의 존재 가치를 알려야 할지 몰라서 그저 그런 삶을 살고 있을 뿐입니다. 나도 그랬습니다. 그러던 중 어느 날 천재가 쓴 책을 읽고 나서 나의 정체성이 회복되고 가치를 백배로 증가시키는 길을 발견했습니다. 나는 하녀가 아닌 왕비였습니다.

제일 무서운 족쇄가 생각의 족쇄입니다. 당신에게도 당신의 발목을 잡고 있는 어떤 족쇄가 있지 않습니까? 그 족쇄를 풀고 당장 탈출하십시오. 당신은 할 수 있습니다. 생각을 바꾸십시오.

'나는 주부야, 아무것도 할 수 없어.'

'나는 학벌이 없어. 어리석고 미련해.'

'나는 책을 많이 안 읽었어. 아직 부족해.'

언제쯤 주부의 일이 끝나겠습니까? 할머니가 되어도 주부의 일은 계속 됩니다. 언제쯤 학벌 높이는 것이 끝나겠습니까? 박사 학위를 몇 개나 받고도 학생 가방을 메고 다니는 사람이 많습니다. 언제까지 수만 권의 책을 읽기만 하겠습니까? 책을 읽는 것은 끝이 없습니다. "다 이루었다"고 말하며 끝에서부터 시작해야 합니다. 모든 성공의 끝은 책 쓰기입니다. 책부터 쓰십시오. 어떤 생각이든 당신의 마음을 묶고 있는 족쇄라면 그것을 벗어버려야 합니다. 예수님은 "할 수 있거든이 무슨 말이냐? 믿는 자에게는 능치 못할 것이 없다"고 하셨습니다. 믿으면 무엇이든 가능합니다.

자신의 가치를 높이는데 있어 가장 좋은 것은 책을 쓰는 것입니다. 책이 없으면 허접한 스펙만 나열하게 됩니다. 아이들이 가져온 분기별 방과 후 수업 신청서에 끼워진 한 장의 허접한 전단지를 볼 때 '만약 이 사람이 책을 쓴 사람이었다면 자신의 가치를 더 높게 평가 받았을 텐데' 하는 아쉬움이 들었습니다.

이처럼 상품 사진만 가득히 담긴 한 장의 팸플릿이 아닌 당신의 삶과 깨달음을 담은 두꺼운 책을 통해 당신을 브랜드화 하여 마케팅에 최대한 활용해야 합니다. 그러면 억대 수입을 올립니다.

그냥 평범한 직원이 와서 물건을 소개하면 고객들은 모두 귀를 막아 버립니다, 하지만 나처럼 책을 쓴 작가가 와서 자신의 경험을 통한 생활에 꼭 필요한 지혜를 이야기하면 다들 '와, 대단해 하며 뭔가 얻어 갈게 없나' 하며 귀를 쫑긋 세우고 듣습니다.

내가 쓴 책을 아이들한테도 한 권씩 사인해서 선물했더니 덩달아 "우리 엄마가 최고야"라며 좋아했습니다. 학교에 책을 들고 가서 선생님과 친구들한테 프로필 사진을 보여 주며 "우리 엄마가 쓴 책이야, 우리 엄마 작가야"라며 자랑하고 오기도 했습니다.

지인 중에 작가가 있다는 말을 들으면 "그 작가님의 책을 사서 읽어야지. 사인도 받고 사진도 찍어야지"라며 긍정적인 반응을 보이게 됩니다. 주변 분들은 직접 내가 사인한 책을 주문하기도 했습니다. 놀랍지 않습니까? 당신도 지금 당장 책을 쓰십시오.

안 된다는 핑계를 버리고 초 긍정으로 가라

당신은 어떤 사람입니까?

긍정적인 사람입니까? 부정적인 사람입니까? 나는 긍정적인 사람입니다. 내가 생각하고 꿈꾸는 것은 무엇이든 가능하다고 믿습니다. 부정적인 사람은 어떤 일을 하던 안 된다며 부정적으로 생각합니다. 그런 부정적인 사람과는 말을 섞지 말아야 합니다.

내가 예전에 직장 생활할 때 일을 시키면 무엇이든지 "안 될 것 같은데요?"라는 말부터 하는 직원이 있었습니다. 물론 몰라서 그럴 수도 있겠지만 그는 아예 해보지도 않고 말부터 부정적으로 하는 사람이었습니다. 처음에는 그럴 수도 있겠다 싶었지만 알고 보니 그 사람은 원래 그런 사람이어서 너무나 싫었습니다.

부정적인 사람은 매사에 안 된다는 생각과 말에 사로 잡혀 있습니다. 그들은 사장이나 상사가 어떤 것을 시켜도 안 된다는 말부터 먼저 하고 안 되는 이유와 핑계를 찾았습니다. 그런 사람은 회사에 오래 있을 수 없습니다. 어떤 상사가 그런 직원을 원하겠습니까? 그와 반대로 자신이 해보지 않은 일이지만 어떻게든 결과물을 내려고 긍정적인 사고를 가지고 접근하는 사람도 있습니다. 긍정적인 사람은 매사에 된다는 생각과 말만 합니다. 그들은 사장이나 상사가 시키면 "네, 가능합니다. 해보겠습니다"라고 대답하며 모든 가능한 방법을 찾아 시도합니다.

그런 직원이 나는 좋았습니다. 나 또한 상사로부터 오더를 받았을 때 긍정적으로 반응했습니다. 정말로 한 번도 해보지 않은 일을 해내라고 할 때는 앞이 캄캄한 적이 한두 번이 아니었지만 '할 수 있다, 해 보자, 해내야 한다'는 긍정적인 마음을 갖고 혼자 힘으로 안 되면 주위 사람들에게 협력을 요청하고 또 주위에 있는 모든 도구를 사용하여 어떻게든 그 일을 해내므로 회사에 큰 이익을 냈습니다. 당신도 긍정적으로 생각하면 다 할 수 있습니다.

"내게 능력 주시는 자 안에서 내가 모든 것을 할 수 있느니라." (빌 4:13)

동네 아줌마에서 작가 선생님으로 신분 상승하라

책을 써내는 것도 그렇습니다. 긍정적이고 적극적이고 건설적이고 창조적이고 낙천적인 마음을 갖고 과감히 시도해야 합니다. 그러면 어떻게든 책을 쓰고 출간하는 길이 열리게 됩니다.

책을 내면 당신의 인생은 이전과는 완전히 달라집니다. 남편이 당신을 존중하게 되며, 아이들은 당신을 존경하게 되며, 모든 친척, 친구, 지인들이 대단하다고 인정하게 됩니다.

당신이 지금 주부로 정신없이 아이를 키우며 살림을 하고 있다 할지라도 만약 하루에 30분이라도 시간 내어 책을 쓴다면 그 책을 통해 당신의 인생은 완전히 바뀔 수 있습니다. '동남아' 곧 '동네에서 남아도는 아줌마'가 되지 마십시오. 책을 써내면 애기 엄마에서 작가 선생님과 강연가와 상담가로 존경받을 수 있습니다.

당신이 남들과 똑같이 사업장에서 직장 생활을 하고 있다 할지라도 퇴근 후에 30분 정도라도 혼자만의 시간을 내십시오. 카페에 앉아 커피를 마시며 10분이라도 책을 읽고 10분이라도 생각하고 10분이라도 책을 쓴다면 당신은 완전히 다른 차원의 독보적인 길을 걷게 될 것입니다. 그렇게 해서 책을 써내면 당신은 전문가로 인정받게 되고 최초로 책을 써낸 자랑스러운 대표 또는 회사의 직원이 되고 모두에게 인정받아 더 넓은 세계로 나아갈 것입니다.

나는 내가 쓴 책으로 전도하고 선교한다

당신은 어떤 방법으로 전도하고 있습니까?

나는 나의 책으로 이미 많은 사람에게 전도하고 있습니다.

전단지를 한 아름 안고 눈바람 맞으며 '길거리 전도' 하는 것도 안 하는 것보다는 잘하는 것이지만 그 걸로는 한계를 많이 느낍니다. 수십만 장을 돌려도 그걸 읽고 교회에 오는 사람은 거의 없습니다. 받자마자 쓰레기통에 버립니다. 요즘은 사람들이 전도지를 받지도 않고 귀찮다며 무시합니다. "내 아내와 아이들도 예수 믿으면 저렇게 길거리 전도 하는 거 아냐?"라고 경계하는 사람도 있습니다. 길거리 전도가 아닌 '책 쓰기 전도'를 해야 합니다.

6000년 동안 하나님의 가장 탁월한 전도 방법은 책 쓰기입니다. 책 쓰기는 하나님의 명령입니다. "이제 가서 백성 앞에서 서판에 기록하며 책에 써서 후세에 영원히 있게 하라."(사 30:8)

모세가 책을 썼고 마태, 마가, 누가, 요한, 베드로, 바울이 모두 책을 썼습니다. 누가는 데오빌로 한 사람을 위해 책을 썼는데 그것이 오늘날 우리에게까지 전해졌습니다. 책은 천 년 갑니다.

성경 기록은 끝났지만 성경을 깨닫고 실천하여 행복해진 간증 곧 '내 이야기와 깨달음을 담은 책 저술'은 지금도 계속 됩니다.

책 전도는 정말 강력합니다. 책은 누구나 좋아합니다. 책은 한 번 소장하면 버리지 않고 이사할 때도 싸 들고 갑니다. 서점에서 책을 사면 자랑스러운 듯 자기 가슴에 꼭 끌어안습니다. 당신이 쓴 책을 선물로 주면 감사하다고 몇 번이고 인사합니다. 당신이 책을 써내면 우리 가문에 작가가 났다며 다들 자랑스러워합니다.

책은 인생 최고의 결과물입니다. 당신이 쓴 책을 보면 친구도 부모도 자녀도 모두 신기해합니다. 당신이 쓴 책은 독자들의 집안 거실과 안방에 꽂힙니다. 그 책에 당신의 이름과 얼굴이 박혀 있습니다. 독자들은 인생 살면서 힘들 때마다 그 책을 다시 꺼내 읽고 또 읽습니다. 줄그어 가며 읽고 여백에 메모합니다.

당신도 책 전도와 책 선교를 하십시오. 가장 강력합니다.

전도라는 진정한 뜻은 '하나님의 도, 믿음의 도, 생명의 도를 전한다'는 말입니다. 불신자들에게 입을 열어 "예수님을 믿으세요"라고 말하는 것은 좋습니다. 하지만 한 걸음 더 나아가 이 믿음의 도를 자세히 가르쳐 믿고 순종함으로 복을 받게 해야 합니다. 그래서 나는 하나님이 제자들을 선택하여 성경을 쓰게 하셨던 방법으로 책을 쓰므로 많은 사람에게 복음을 전하고 있습니다.

내 책은 나의 분신입니다. 내 책이 지금도 내 대신 전국과 세계를 날아다니며 목숨 바쳐 일하고 있습니다. 내 책은 내 대신 홍보하고 영업하는 1인 기업의 직원들입니다. 내 책이 내 대신 가르치고 상담하고 전도하고 선교하고 순교까지 합니다. 책마다 주어진 길과 운명이 있습니다. 태어나는 순간 스스로의 길을 갑니다.

당신은 이렇게 목숨 바쳐 일하는 분신이 있습니까?

당신의 분신을 갖고 싶지 않습니까? 지금 당장 만드십시오.

나는 얼마 전에 나의 첫 책인 〈꿈과 소원의 목록을 적으면 그대로 된다 3〉을 읽은 한 집사님을 만났습니다. 그분과 대화하는 중에 온전한 복음을 전했더니 자신의 간증을 했습니다. 아들이 독감에 걸렸는데 예전의 기도는 "완치될 줄로 믿습니다"라고 했는데 이번에는 자신도 모르게 "완치되었습니다. 감사합니다"로 기도가 되었다는 것입니다. 더 놀라운 일은 독감 판정은 받았지만 전혀 고통 없이 잘 지나갔는데 '왜 기도했는데 독감 판정 났을까?'라는 의심도 들지 않고 믿음으로 감사했다는 것입니다. 할렐루야.

그런 와중에 셀 식구가 집을 구해야 하는데 아직 구하지 못했다고 빡세게 기도해 달라고 부탁했다고 했습니다. 나는 설명했습니다. "그렇게 빡세게 기도해야 응답 받는 것이 결코 아닙니다. 오직 믿음으로 기도해야 응답받습니다. 물론 간절한 마음으로 기도를 부탁한 것은 알지만 그래도 올바른 기도를 해야 합니다."

"집사님, 성경에 없는 말은 하지 마세요. '믿고 구한 것은 받은 줄로 여기라'는 말씀만 기억하세요. 빡세게 열을 내어 기도한다고 하나님이 들어 주시고 작게 한다고 안 들어 주시는 그런 하나님 아니에요. 이제는 사람의 유전에서 돌아서세요. 오직 말씀으로만 나아가세요. 처음에는 율법적인 가르침과 온전한 복음이 섞이므로 잘되지 않고 혼란스러울 때도 있어요. 그렇지만 의지적으로 집사님 안에 계신 성령님을 인격적으로 존중하세요. 성령님을 사랑하세요. 그러면 하나님이 기뻐하십니다."

믿음이 없이는 하나님을 기쁘시게 할 수 없습니다.

"믿음이 없이는 하나님을 기쁘시고 하지 못하나니 하나님께 나아가는 자는 반드시 그가 계신 것과 또한 그가 자기를 찾는 자들에게 상 주시는 이심을 믿어야 할지니라."(히 11:6)

당신은 깨달았습니까? 무언가 열심히 해서 하나님께 받아들여지고 무언가 열심히 하지 않아 받아들여지지 않는 것이 아닙니다. 하나님은 여전히 우리를 사랑하시지만 그분이 '믿음의 하나님'이시므로 오직 모든 것을 '믿음의 법'으로만 받아들이시는 것입니다. "그런즉 자랑할 데가 어디냐 있을 수가 없느니라. 무슨 법으로냐 행위로냐 아니라 '오직 믿음의 법'으로니라."(롬 3:27)

하나님은 오직 믿음의 기도에만 응답하십니다.

"믿음의 기도는 병든 자를 구원하리니 주께서 그를 일으키시리라. 혹시 죄를 범하였을지라도 사하심을 받으리라."(약 5:15)

믿음이 기도가 무엇입니까? 받았다고 믿는 것입니다.

"내가 너희에게 말하노니 무엇이든지 기도하고 구하는 것은 받은 줄로 믿으라. 그리하면 너희에게 그대로 되리라."(막 11:24)

이런 귀한 내용을 만나는 사람마다 일일이 다 설명할 수 없습니다. 그래서 나는 책에 자세히 담았습니다. 내 책을 읽은 사람마다 인생이 바뀌고 있습니다. 이것이 책 상담입니다. 당신도 나처럼 책을 써서 전도하고 선교하고 상담하고 양육하십시오.

나는 아침 드라마를 과감히 졸업했다

당신은 어떤 스펙과 졸업장을 갖고 있습니까?

그런 것을 몇 개나 가지고 있습니까? 아주 많다고요. 아니면 가지고 있는 게 운전 면허증밖에 없다고요. 그래도 괜찮습니다.

나는 특별한 나를 세우기 위해 졸업장을 하나 더 가졌습니다.

그것이 무엇이냐고요? '아침 드라마와 학부모들 모임에 대한 졸업장'입니다. 또래 자녀들의 엄마가 모이면 의사소통이 되어 시간가는 줄 모르고 수다 떨고 점심 먹고 하는데 그러다 보면 반나절은 그냥 지나갑니다. 연예인 이야기, 남편 이야기, 자녀 이야기, 세상사는 이야기가 한편으론 재미있어 보입니다. 하지만 그건 내 시간과 미래를 좀먹는 '시간 도둑'입니다. 아침 드라마도 마찬가지입니다. 아침에 막장 드라마 한 편 보면 금방 오전이 지나갑니다. 그런 드라마와 모임을 과감히 졸업해야 합니다.

나는 그런 것을 다 졸업했습니다. 성경은 말씀합니다.

"세월을 아끼라, 때가 악하니라. 그러므로 어리석은 자가 되지 말고 오직 주의 뜻이 무엇인지 이해하라. 술 취하지 말라. 이는 방탕한 것이니 오직 성령으로 충만함을 입으라."(엡 5:16~18)

당신도 아침 드라마를 과감히 졸업하십시오.

이 습관을 오래 유지하면 할수록 당신의 삶은 미래가 불투명하고 천 년을 하루처럼 아무 의미 없이 흘려보내게 됩니다. 한번뿐인 당신의 소중한 세월을 다 낭비하게 됩니다. 깨달았습니까?

이제 내 삶의 우선순위는 아침 드라마가 아니라 매일 아침에 책을 읽으며 깨달음을 얻는 '혼자만의 자기 계발 시간'으로 시작합니다. 오전에 그 시간을 갖지 않으면 하루가 그냥 지나갑니다.

아이들이 학교에서 돌아오고 남편이 퇴근하면 내 시간은 없습니다. 그들을 섬겨야 하기 때문입니다. 그러나 만사를 제쳐 두고 아침에 혼자만의 시간부터 가지면 하루가 보람되고 알찹니다. 당신도 조용히 혼자 앉아 책 읽고 생각하는 시간을 가지십시오.

그렇지 않으면 남편은 발전하고 아이들은 성장하는데 당신 혼자만 제자리에 멈춰 있게 됩니다. 당신도 계속 발전해야 합니다.

혼자만의 시간을 가지며 날마다 의식 수준을 높이십시오.

당신의 의식 수준만큼 가치 있는 삶을 살게 됩니다.

나는 내 삶과 깨달음을 책에 담는 천재작가다

나는 하루를 천 년처럼 소중하고 알차고 가치 있게 보냅니다.

어떻게 그것이 가능할까요? 책을 읽고 생각하는 시간을 가지기 때문입니다. 그러면 깨달음이 옵니다. 깨달음이 있으면 나의 하루 가치는 천 년보다 더 크고 귀합니다.

작가의 습관, 그것도 남의 논문을 짜깁기하는 '수재작가'나 남의 책을 짜깁기하는 '영재작가'가 아닌 내 삶과 깨달음을 쓰는 '천재작가'의 습관을 들이면 당신도 나처럼 하루를 천 년처럼 가치 있게 살게 됩니다. 당신도 천재작가의 습관을 들이십시오.

천재작가의 습관은 어떤 것이 있을까요?

첫째, 자기 계발을 위한 자기만의 공간이 있어야 합니다.

자기만의 구별된 장소에 가서 혼자 조용히 책을 읽으며 생각해야 합니다. 그러면 깨달음이 옵니다. 그 깨달음이 당신의 인생을 바꾸고 풍요롭게 합니다. 그 깨달음을 책에 쓰면 됩니다.

둘째, 천재가 쓴 책을 사서 읽고 생각해야 합니다.

책을 읽을 때는 바보, 범재, 수재, 영재들의 책, 수만 권이 아닌 몇 권이라도 천재들이 쓴 책을 읽어야 합니다. 천재가 쓴 책 한 권을 사서 읽으면 거기에서 폭발적인 깨달음이 터져 나옵니다.

셋째, 지혜의 영이신 성령님과 산책하며 대화해야 합니다.

나는 날마다 내 안에 계신 성령님과 함께 가슴 뛰는 삶을 살아갑니다. 그래서 내 안에 성령님의 기름 부음이 한강처럼 철철 흐릅니다. 당신도 그렇게 하십시오. 성령님과 '얼대모도' 하십시오.

성령님의 얼굴을 구하십시오.

성령님과 대화하십시오.

성령님을 모시고 다니십시오.

성령님의 도움을 구하십시오.

성령님이 당신 안에 가득히 계시고 당신을 덮고 계십니다.

사람들을 만나겠다고 분주하게 돌아다니지 말고 혼자 조용히 카페에 앉아 그분과 교제를 나누며 책을 읽고 책을 쓰십시오.

그러면 당신의 인생이 바뀔 것입니다.

당신도 나처럼 책을 쓰고 사업하는 꿈을 꾸라

당신은 지금 어떤 일을 하고 있습니까?

당신이 좋아서 하는 일입니까? 아니면 생계를 유지하기 위해 마지못해 그 일을 하며 하루하루 힘들게 연명해 나가고 있습니까? 나도 예전에 그런 사람이었습니다. 칸막이에 갇혀 시간과 돈에 부요하지도 자유롭지도 않은 불행한 삶을 살았습니다.

그러나 이제 나는 내가 좋아하는 일을 하고 있습니다.

예수님은 우리에게 말씀하십니다. "너희는 세상의 빛이다."

자세히 읽어보십시오. "너희는 교회 안의 빛이다"가 아니라 "세상의 빛이다"라고 하셨습니다. 교회 안에서 빛나려고 하지 말고 세상에 나아가 빛의 역할을 감당해야 합니다. 어떻게 가능할까요? 쉽습니다. 책을 쓰고 강연하고 사업하면 됩니다.

"나는 능력이 없어요"라고 말하지 마십시오. "내게 능력 주시는 자 안에서 내가 모든 일을 할 수 있어요"라고 말하십시오. 오직 믿음만 말하십시오. 할 수 없다고 말하며 포기하지 마십시오.

그동안 하나님이 선택하셔서 책을 쓰고 강연하고 사업을 한 사람들은 다들 보통 사람에 불과했습니다. 그러나 그들은 하나님을 믿었고 그로 인해 기름 부음을 받았습니다. 하나님께서는 세상의 미련한 것들을 택하여 지혜 있는 자들을 부끄럽게 하려 하십니다.

"그러나 하나님께서 세상의 미련한 것들을 택하사 지혜 있는 자들을 부끄럽게 하려 하시고 세상의 약한 것들을 택하사 강한 것들을 부끄럽게 하려 하시며……."(고전 1:27)

제자들은 하나님이 부르셨지만 당신은 아니라고요?

그렇지 않습니다. 나도 예전에 그랬습니다. 그러나 지금 손에 들고 있는 이런 천재작가의 책을 접했다는 것 자체가 하나님의 부르심인 것을 기억하십시오. 아무나 이런 책을 접할 수 있는 것이 아닙니다. 당신은 오늘 특별히 하나님께 선택받은 사람입니다.

베드로와 요한도 성령이 임하자 강연하고 저술했습니다.

강연과 저술은 성경에 나오는 인물들의 기본 사항이었습니다. 아브라함과 이삭과 야곱은 양떼와 소떼와 노비와 은금이 많았고 요셉은 국가적으로 장사했고 모세는 정치했고 솔로몬은 무역했고 욥은 사업했습니다. 그들 중 많은 이들이 책을 썼습니다. 저술과 강연, 사업가, 자산가로 한 시대를 이끌며 크게 활동했습니다.

당신도 풍요로운 인생을 살고 싶습니까? 당신이 지금껏 무엇을 하며 어떻게 살아왔던지 잘 하셨습니다. 그러나 이제는 책을 쓰고 강연하고 사업가로 자산가로 위치를 바꾸십시오. 꿈과 소원 목록대로 됩니다. 상상조차 못한 일이지만 이제는 가능합니다.

당신은 존귀한 사람입니다. 그러므로 매일 자유와 행복, 건강과 부요를 누리며 정말 멋진 삶을 살아야 합니다. 천재작가와 강연가, 사업가와 자산가의 길을 가십시오.

자기 계발을 위해 돈을 아끼지 말고 투자하라

당신은 당신을 위해 수입의 몇 퍼센트를 투자하고 있습니까?

요즘에는 많은 사람들이 맞벌이를 합니다. 생활의 경제적 수준은 나아졌지만 정작 자신을 위해서는 몇 만 원도 쓸 줄 모릅니다.

아이들과 남편은 몇 십만 원짜리 옷을 사주면서 자신의 것은 시장에서 5천 원짜리 티셔츠로 만족하며 최하로 살아갑니다.

물론 남편과 아이들이 나의 거울이며 그들을 보며 만족해하는 것 좋습니다. 그러나 그 무엇보다 당신이 더 특별하고 소중하다는 것을 기억해야 합니다. 당신이 있음으로 인해 가정이 행복하고 더 나아가 아름다운 세상이 있는 것입니다.

명절에 며느리들이 모여 이야기합니다. 근육이 뭉쳐도 자신을 위해 마사지 한 번 받지 못하는 사람이 있고 궁상떤다고 손이 떨려 자신을 위해 10원도 못 쓰는 사람이 있습니다. 그에 비해 꼭 10퍼센트는 아니더라도 어느 정도는 자신의 삶을 위해 투자하는 사람이 있습니다. 그런 사람은 성장하고 행복했습니다.

자신에게 투자한다는 것은 자신을 가장 소중히 여기고 존중할 때 가능한 것입니다. 당신은 자신을 얼마나 소중히 여깁니까?

예수님은 이웃을 사랑하되 네 몸처럼 사랑하라고 하셨습니다.

첫째, 하나님을 사랑하라.

둘째, 네 몸을 사랑하라.

셋째, 이웃을 네 몸처럼 사랑하라.

이것이 올바른 가치고 순서입니다. 우선순위를 조정하십시오.

당신의 삶은 어떻습니까? 당신의 미래를 위해 무엇을 하며 시간과 비용을 투자하고 있습니까? 나는 예전에 막연한 믿음을 가지고 살았습니다. 믿음만 많이 해 놓으면 된다고 생각하며 내 곳간 없이 살았습니다. 그러나 나는 깨달았습니다. 믿음의 선진들이 성령님의 음성을 듣고 미래를 위한 곳간을 준비했다는 것을.

성경 인물들은 대부분 책을 쓰고 강연하며 대부호의 길을 갔습니다. 이제 나도 그들처럼 작가와 강연가, 사업가와 자산가, 천재의 길을 가는 것에 투자합니다. 하고 싶은 거 하고 배우고 싶은 거 배웁니다. 당신도 궁상떨지 말고 하고 싶은 거 하며 사십시오.

당신도 책을 쓰고 강연하고 사업하고 자산을 마련하십시오. 당신의 삶과 깨달음을 담은 책 곳간을 만들고 당신의 장밋빛 미래를 위한 부의 곳간을 준비하십시오. 다윗은 자신이 미래를 준비한 것처럼 솔로몬에게도 미래를 준비하라고 가르쳤습니다.

역대상 22장 14절의 다윗이 솔로몬에게 한 말을 들어보십시오.

"내가 환난 중에 여호와의 성전을 위하여 금 십만 달란트와 은 백만 달란트와 놋과 철을 그 무게를 달 수 없을 만큼 심히 많이 준비하였고 또 재목과 돌을 준비하였으나 너는 더할 것이며……."

지금은 구약의 성전 건축 시대가 아닙니다. 내 몸이 하나님의 성전이 되었습니다. 성령의 구름이 내 안에 거하고 있습니다. 지금은 온 천하 만민에게 복음을 전하기 위해 준비해야 합니다.

예수님이 재림하는 그날까지 저술과 강연, 사업과 자산으로 복음을 전파하기 위해 성령님과 동업하며 미래를 준비하십시오.

하나님이 당신을 크게 쓰실 것입니다.

온 천하를 얻어도 자신을 잃으면 다 소용없다

당신은 자기 계발에 얼마나 투자하고 있습니까?

나는 결혼한 지 11년이 되었습니다. 엊그제 결혼한 것 같은데 벌써 강산이 변했고 또 변하고 있습니다. 어른들이 하는 '세월이 금방'이라는 말이 피부로 와 닿습니다. 중요한 건 10년, 20년, 30년이라는 세월에 어떤 사람이고 무엇을 하며 살았냐는 것입니까?

자신을 한 번 돌아볼 시간의 여유조차 없이 살고 있지는 않습니까? 나는 언제까지나 지금처럼 평범하게 살면 나의 미래에 희망이 없다는 것, 어떻게든 이 상황이 개선되지 않으면 안 된다는 것을 깨달았습니다. 그래서 자기 계발을 시작했습니다.

물론 남편 뒷바라지와 자녀 교육은 중요합니다. 하지만 당신의 인생은 더욱 중요합니다. 나는 연년생의 두 아들을 양육함에 너무나 분주한 나머지 새치 염색도 제대로 하지 못하고 살았습니다.

그런데 어느 날 너무나 큰 충격적인 얘기를 들었습니다.

"손자들인가 봐요?"

흐흑, 그날로부터 '이게 아니야, 이렇게 하녀의 생활에 빠져 있으면 안 돼. 나를 찾아야 해'라는 생각에 나를 다듬기 시작했습니다. 사람이 온 천하를 얻고 자신을 잃으면 무슨 소용입니까?

여자라면 꼭 자기 계발에 투자해야 합니다. 자신을 위해 아낌없이, 과감하게, 궁상떨지 말고 시간과 돈을 투자해야 합니다. 의식 수준을 높이므로 자신의 가치를 백배로 증가시켜야 합니다. 외적인 부분에서도 최고의 것으로 선택하고 누려야 합니다. 하지만 그보다 내면의 가치를 증가시키는 책 출간이 훨씬 좋습니다.

어떻게 자기 계발에 투자해야 할까요? 가장 좋은 길은 자신의 삶과 깨달음을 책으로 쓰고 이야기하는 '작가와 강연가'가 되는 것입니다. 그것을 내가 할 수 있다고요? 네, 당신은 할 수 있습니다. 당신은 73억 인구 중에 하나밖에 없는 특별한 사람이니까요.

당신만의 삶과 깨달음을 책에 담으면 됩니다. 쉽습니다.

나는 전능자의 그늘 아래서 행복하게 살고 있다

당신은 누구의 그늘 아래서 살고 있습니까?

다른 어떤 사람의 그늘 아래서 조용히 살고 있습니까? 아니면 자신의 이름 석 자로 사회의 일원으로 당당히 살고 있습니까?

나는 전능하신 하나님의 그늘 아래서 안식하며 평안히 거하고 있습니다. 그런 가운데 하나님은 내 이름을 창대케 하겠다고 약속하셨습니다. "내가 너로 큰 민족을 이루고 네게 복을 주어 '네 이름을 창대케 하리니' 너는 복의 근원이 될찌라."(창 12:2)

그리스도 안에서 아브라함의 복이 내게 임했습니다.

첫째, 하나님은 나로 하여금 큰 민족을 이루십니다.

둘째, 하나님은 다른 사람이 아닌 내게 복을 주십니다.

셋째, 하나님은 내 이름을 창대케 하십니다.

넷째, 하나님은 나로 복의 근원이 되게 하십니다.

남편의 이름도 중요하고 자녀의 이름도 중요하지만 내 이름은 더욱 중요합니다. 여자는 결혼하면 '누구 엄마'로 불립니다. 다들 그렇게 사는 것이 당연한 줄 알지만 사실 그렇지 않습니다. 하나님은 아브라함의 이름만 창대케 하신 것이 아니라 그의 아내 '사라'의 이름도 창대케 하셨습니다. 당신의 이름은 소중합니다.

하나님이 아브라함에게 말씀하셨습니다.

"네 아내 사래는 이름을 사래라 하지 말고 사라라 하라. 내가 그에게 복을 주어 그가 네게 아들을 낳아 주게 하며 내가 그에게 복을 주어 그를 여러 민족의 어머니가 되게 하리니 민족의 여러 왕이 그에게서 나리라."(창 17:15~16)

당신은 당신의 이름 석 자가 잘 불리고 있습니까? 남편, 아내, 자녀들에게 당신의 존재를 인정받고 모든 면에 존경받고 있습니까? 당신이 유명한 사람의 자녀라서 아버지나 어머니의 명분 아래 자신의 이름 석 자 없이 '누구의 아들딸'로 살지는 않습니까?

나는 이제 그런 허울을 다 벗어던지고 살고 있습니다.

어떻게 그것이 가능했을까요? 책 쓰기를 통해서입니다. 나는 내 책에 내 이름과 내 얼굴, 내 삶과 깨달음을 다 담았습니다.

당신도 당신의 이름 석 자로 존경받으며 살고 싶지 않습니까?

그렇게 할 수 있습니다. 남편을 의지하지도 자녀를 의지하지도 세상 왕과 방백을 의지하지 않고도 가능합니다. 하나님을 의지하면서 살면 됩니다. '하나님 앞에 단독자'로 살며 그런 행복한 삶을 책에 쓰면 됩니다. 나는 그 누구도 의지하지 않습니다. 그래서 더욱 행복합니다. 날마다 지존자의 그늘 아래서 안식하며 진정한 행복을 누리며 살고 있습니다. 당신도 그렇게 하십시오.

하나님만 바라보면 하나님이 당신을 높이실 것입니다.

"지존자의 은밀한 곳에 거주하며 전능자의 그늘 아래에 사는 자여, 나는 여호와를 향하여 말하기를 '그는 나의 피난처요 나의 요새요 내가 의뢰하는 하나님이라' 하리니……."(시 91:1~2)

나는 날마다 최고의 것을 누리며 산다

당신은 최고의 길을 선택했습니까?

우리는 모두 나름대로 최선을 다하며 산다고 하지만 자기도 모르게 삶의 목표를 잃어버리고 아름다운 낭만도 놓칩니다. 목적만 향해 정신없이 달려가다 보면 햇빛이 따사로이 비치고 있어도 아무 생각이 없고 계절의 변화에도 감사를 모르고 살게 됩니다.

당신의 삶은 행복합니까? 혹시 삶의 목적과 길을 잃어버려 방황하고 있지는 않습니까? 자신의 삶을 돌아보십시오. 당신은 어떤 것을 누리며 살고 있습니까? 나는 우주의 재벌 총수이신 하나님 아빠와 함께 최고의 것을 누리며 살고 있습니다. 하나님 아버지의 것이 다 내 것이기 때문입니다.

나는 부요 믿음으로 모든 것을 당당히 누립니다. 성경에 "만물이 다 너희 것임이라"(고전 3:21)고 했습니다. 아무리 많은 것을 소유해도 자신이 제대로 누리지 못하면 소용없습니다.

당신도 지금부터 부요 믿음으로 모든 것을 누리십시오.

없다, 없다 하며 궁상떨지 마십시오. 없으면 하나님께 구하면 됩니다. 예수 이름으로 무엇이든지 구하면 하나님이 다 주십니다. 예수님은 제자들에게 "내 이름으로 무엇이든지 내게 구하면 내가 행하리라. 구하라"(요 14:14)고 하셨습니다. 이 말씀을 액면 그대로 믿으십시오. 정말 '무엇이든지'입니다. 무엇이든지 구하십시오. 그러면 어떻게든 다 주십니다. 기적이 일어납니다.

나는 하나님께 무엇이든지 구하고 구한 그것을 다 받습니다.

당신도 무엇이든지 구하면 하나님이 다 주십니다. 하나님께 받아서 하루하루 최대한 많이 누리십시오. 누려야 더 주십니다.

나는 하나님께 최고의 지혜를 받았다

당신은 지혜로운 사람입니까? 나는 지혜로운 사람입니다.

하나님 아버지께로부터 최고의 지혜를 상속받았기 때문입니다.

최고의 지혜는 하나님을 아는 것에서부터 출발합니다.

당신도 지혜를 얻기 원하십니까? "지혜는 그 얻은 자에게 생명 나무라. 지혜를 가진 자는 복되도다"(잠 3:18)라고 했습니다.

공부하고 훈련한 지식을 끄집어내어 사용할 줄 아는 것이 지혜입니다. 알기는 아는데 잘 안됩니까? 지혜를 구하십시오. 지혜가 길모퉁이에서 당신이 불러 주기를 기다리고 있습니다.

나는 매일 순간마다 내 안에 있는 지혜가 나타나기를 구합니다. 당신도 매순간 당신에게 필요한 지혜를 구하십시오. 그러면 하나님이 그때마다 필요한 지혜를 주실 것입니다. "너희 중에 누구든지 지혜가 부족하거든 모든 사람에게 후히 주시고 꾸짖지 아니하시는 하나님께 구하라. 그리하면 주시리라."(약 1:5)

세상은 지혜가 있어야 성공합니다.

당신 안에 하나님이 주신 지혜가 가득합니다. 당신은 그리스도 안에서 바보가 아닌 천재입니다. 당신은 천재입니다. 하나님이 모든 지혜와 총명으로 당신에게 넘치게 하셨기 때문입니다. "이는 그가 모든 지혜와 총명으로 우리에게 넘치게 하셨다."(엡 1:8)

그러므로 "나는 천재다"라고 말하고 믿으십시오.

그러면 지혜가 나타나기 시작할 것입니다.

나는 믿음의 조상이고 복의 근원이다

당신은 어떤 정체성이 있습니까?

나는 '하나님의 자녀'라는 정체성이 있습니다.

나는 단 한번뿐인 인생에서 예수님을 믿고 하나님의 자녀가 되는 것처럼 큰 은혜가 없다고 생각합니다. 이는 기적 중에 기적입니다. 이보다 더 큰 축복이 없습니다. 당신도 예수를 믿으십시오.

예수를 믿으면 이 땅에서 어떤 삶을 살게 될까요?

'아브라함의 믿음'과 '아브라함의 복'을 함께 받아 누리게 됩니다. 아브라함의 믿음으로 의롭다 함을 얻습니다. 아브라함의 복으로 이 땅에서 잘되고 번성하게 됩니다. 나는 믿음으로 말미암아 아브라함의 의와 아브라함의 복을 받은 자가 되었습니다.

"또 하나님이 이방을 믿음으로 말미암아 의로 정하실 것을 미리 알고 먼저 아브라함에게 복음을 전하되 모든 이방인이 너로 말미암아 복을 받으리라 하였느니라. 그러므로 믿음으로 말미암은 자는 믿음이 있는 아브라함과 함께 복을 받느니라."(갈 3:8~9)

아브라함이 받은 복이 무엇일까요? 율법의 저주에서 해방되어 의롭게 되었다는 것입니다. "그리스도께서 우리를 위하여 저주를 받은 바 되사 율법의 저주에서 우리를 속량하셨으니 기록된 바 나무에 달린 자마다 저주 아래에 있는 자라 하였음이라."(갈 3:13)

율법의 저주는 영 혼 육에 흑암의 권세와 사망이 왕 노릇하는 것입니다. 어떤 교사는 "이 땅에서의 삶은 어쩔 수 없이 죄짓고 목마르고 가난하고 어리석은 것이 정상이다"라고 가르칩니다. 아닙니다. 예수를 믿지 않는 사람이 죄의 삯은 사망이므로 하나님과 관계가 끊어져 영적으로 사망 가운데서 살며 목이 마르고 가난한 것입니다. 그런 삶이 정상이라는 말에 속지 마십시오.

예수님이 당신의 죄 때문에 십자가에서 피 흘리며 대신 죽으시고 부활하셨습니다. 그분이 하나님의 아들이심을 믿음으로 당신은 의로워지고 천국에 넉넉히 들어감을 얻게 되었습니다. 율법의 행위를 더 많이 하므로 의로워지는 것이 결코 아닙니다. 착한 일을 많이 하고 고행하고 도를 닦고 수많은 프로그램을 한다고 죽을 때 천국에 들어가거나 이 땅에서 더 많은 복을 받는 것이 아닙니다. 오직 믿음으로 구원받고 믿음으로 모든 복을 받습니다.

당신은 생명 안에서 왕 노릇하며 살고 있습니까? 나는 생명 안에서 왕 노릇하며 살고 있습니다. 예수 그리스도가 내 안에 실제로 살아 계시기 때문에 날마다 예수의 생명이 나타나고 있습니다.

당신이 건강하고 행복한 삶, 율법의 저주로부터 해방된 삶, 아브라함처럼 복의 근원으로 살려면 하나님이 주시는 일곱 가지 선물을 다 받아 누려야 합니다. 그것이 무엇일까요?

첫째, 죄를 사함 받고 의로워지는 것입니다.

둘째, 목마름이 사라지고 성령 충만해지는 것입니다.

셋째, 병이 떠나가고 건강해지는 것입니다.

넷째, 가난의 저주는 떠나가고 부요해지는 것입니다.

다섯째, 어리석음을 졸업하고 지혜로워지는 것입니다.

여섯째, 징계에 대한 두려움이 없이 평화를 누리는 것입니다.

일곱째, 죽음을 이기고 영원한 생명을 받아 누리는 것입니다.

이것을 '의성건부지 평생'이라고 합니다. 온전한 복음입니다.

나를 따라 이렇게 말해 보세요.

"나(최경숙)는 예수님 안에서 아브라함의 복을 받은 자입니다. 그리스도 안에서 나는 의인입니다. 그리스도 안에서 나는 성령 충만합니다. 그리스도 안에서 나는 건강합니다. 그리스도 안에서 나는 부요합니다. 그리스도 안에서 나는 지혜롭습니다. 그리스도 안에서 나는 평화롭습니다. 그리스도 안에서 나는 생명을 누리며 살고 있습니다. 나는 한없이 행복합니다. 나는 천국같이 살다가 천국으로 갑니다."

나는 하나님께 폭포수 같은 은총을 입었다

당신은 이미 복을 받았음을 알고 있습니까?

잠언 8장 35절에 "대저 나를 얻는 자는 생명을 얻고 여호와께 은총을 얻을 것임이니라"고 말씀했습니다. 잠언에서 말하는 지혜는 '지혜의 근원이신 예수님'을 의미합니다. 예수님을 믿는 사람은 생명을 얻은 자입니다. 하나님께 은총을 얻은 자입니다.

당신은 그리스도 안에 있습니까? 그렇다면 새로운 피조물입니다. 사도 바울은 그리스도인이 모든 복을 이미 받았다고 말했습니다. "찬송하리로다. 하나님 곧 우리 주 예수 그리스도의 아버지께서 그리스도 안에서 하늘에 속한 모든 신령한 복을 우리에게 주시되……."(엡 1:3)

와, 놀랍지 않습니까? 하나님께서는 당신이 필요로 하는 모든 것들 즉 치유, 지혜, 계시, 형통함, 기쁨, 평강들을 이미 당신에게 부어 주셨습니다. 당신은 모든 신령한 복을 받았습니다.

하나님의 말씀은 거듭난 당신의 영이 이미 얼마나 온전하고 완전한지를 알려주고 있습니다. 그리고 당신의 영이 하나님의 복과 능력으로 가득하며 영원토록 존재할 것이라는 것을 드러내고 있습니다. 당신의 영은 완전히 구원받았습니다. 예수의 영이신 성령님은 당신과 연합되었습니다. 당신의 영 안에 그의 기쁨, 그의 평강, 그의 지식, 그의 사랑, 그의 열매가 있습니다. 예수님께 해당하는 모든 것은 거듭난 당신의 영에도 해당합니다.

그리스도 안에는 불완전한 것이 없습니다.

당신이 해야 할 일은 단지 말씀을 깨닫고 마음을 새롭게 함으로 그러한 성령님이 당신을 통해 드러나게 하는 것입니다.

당신에게 지금 가장 절실하게 필요한 것은 무엇입니까?

당신의 삶 가운데 크고 작은 많은 것을 전능하신 하나님께로부터 공급받기 위해서는 무엇보다 "하나님은 전능하시다, 나의 하나님이 내 모든 쓸 것을 채우신다"는 믿음을 회복해야 합니다.

누구나 예수를 처음 믿고 성령으로 거듭났을 때는 그런 단순한 믿음을 갖고 있었습니다. 그런데 세월이 지나면서 그 단순한 믿음이 인간의 방법과 행위를 동원하는 복잡한 믿음으로 변질되어 버렸습니다, 다시 처음 믿음을 회복해야 합니다.

하나님을 아버지로 모신 사람은 하나님의 자녀의 권세를 가지게 되었습니다. 하나님의 자녀는 노예가 아닌 왕족입니다. 그런데도 수많은 사람들이 여전히 왕족이 아닌 노예처럼 힘들게 살아갑니다. 거지처럼 가난하게 생활하는 사람들도 많습니다.

예수를 믿고 구원을 얻은 즉시 당신은 새로운 피조물이 되었습니다. 그러므로 밑바닥의 삶에서 완전히 벗어나야 합니다.

그러려면 당신의 의식 수준을 높여야 합니다. 당신이 의식 수준이 높아진 만큼 누리게 됩니다. 당신의 의식 수준이 높아진 만큼 남편과 자녀를 잘 코치하게 됩니다. 나는 성령님과 교제하며 책을 읽으므로 많은 깨달음을 얻었고 의식 수준이 높아졌습니다.

그 결과 남편과 자녀를 잘 코치하고 있습니다.

나는 자녀의 인생을 코치하는 천재코치다

당신은 자녀 양육 코칭을 어떻게 하고 있습니까?

하나님은 내게 맡겨진 자녀들이 노예가 아닌 하늘나라 왕족으로서의 최고의 삶을 살아가는 비결을 깨닫게 해주셨습니다.

그래서 나는 이렇게 말하며 매일 자녀를 코치합니다.

"하나님은 너에게 아주 큰 믿음을 주셨단다. 너는 날마다 그 믿음을 키워 나가야 한다. 믿음을 키워 나가는 방법은 눈에 보이는 현상이 아닌 원하는 것만 말하므로 가능하다. 아무리 힘든 상황이라 할지라도 너희들이 진정 원하는 것들, 꼭 필요한 것들만 말해야 한다. 불평과 원망 대신 믿음의 말만 해야 한다. 소망의 기도가 아닌 믿음의 기도로 모든 기도가 응답받게 된단다. 기도했으면 받았다고 믿고 행동해야 한다. 그러면 다 이루어진단다."

당신도 자녀에게 코치하십시오. 이렇게 말하십시오.

"이건 잔소리가 아닌 단소리야, 엄마가 너를 코치하는 거야."

물론 이런 얘기를 해도 시간이 지나면 잊게 됩니다. 그래서 나는 자녀에게 물려주기 위해 책을 씁니다. 그렇습니다. 최고의 유산은 당신의 삶과 깨달음이 담긴 당신의 책인 것입니다.

자녀가 이 땅에서 성공하도록 돕는 최고의 지혜는 하나님을 아는 것에서 출발합니다. 자녀에게 하나님을 가르치십시오. 앉았을 때나 일어났을 때나 항상 가르치십시오. 자녀를 코치하십시오. 그러면 자녀가 변할 것입니다. 왕족의 삶을 살게 될 것입니다.

"네 자녀에게 부지런히 가르치며 집에 앉았을 때에든지 길을 갈 때에든지 누워 있을 때에든지 일어날 때에든지 이 말씀을 강론할 것이며 너는 또 그것을 네 손목에 매어 기호를 삼으며 네 미간에 붙여 표로 삼고 또 네 집 문설주와 바깥 문에 기록할지니라."

당신이 자녀를 부지런히 코치하면 어떻게 될까요?

"네 하나님 여호와께서 네 조상 아브라함과 이삭과 야곱을 향하여 네게 주리라 맹세하신 땅으로 너를 들어가게 하시고 네가 건축하지 아니한 크고 아름다운 성읍을 얻게 하시며 네가 채우지 아니한 아름다운 물건이 가득한 집을 얻게 하시며 네가 파지 아니한 우물을 차지하게 하시며 네가 심지 아니한 포도원과 감람나무를 차지하게 하사 네게 배불리 먹게 하실 때에……."

첫째, 하나님이 약속한 땅에 들어가게 됩니다. 둘째, 당신이 건축하지 않은 크고 아름다운 성읍을 얻게 됩니다. 셋째, 당신이 채우지 아니한 아름다운 물건이 가득한 집을 얻게 됩니다. 넷째, 당신이 파지 아니한 우물을 차지하게 됩니다. 다섯째, 당신이 심지 아니한 포도원과 감람나무를 차지하게 됩니다. 여섯째, 당신이 배불리 먹게 됩니다. 그럴 때 어떤 일을 해야 할까요?

자손 천대까지 여호와를 경외하도록 책을 써서 남겨야 합니다.

"너는 조심하여 너를 애굽 땅 종 되었던 집에서 인도하여 내신 여호와를 잊지 말고 네 하나님 여호와를 경외하며 그를 섬기며 그의 이름으로 맹세할 것이니라."(신 6:7~13)

입술로만 가르치면 자녀가 금방 잊습니다. 반드시 책에 써서 후세에 남겨야 합니다. 그러면 자손 천대까지 복을 받습니다.

나는 책 쓰기로 매일 더 크게 성공하고 있다

당신은 크게 성공하고 싶습니까?

사회적으로 높은 지위와 명성을 가졌다고 해서 성공했다고 말할 수 있을까요? 아닙니다. 책을 써내야 인정받습니다. 그래서 모든 성공한 사람들이 책을 써내려고 애쓰는 것입니다. 성공 신화로든 에세이든 자서전이든 성공의 끝자락에서 반드시 책을 써야 한다는 생각을 다들 합니다. 당신도 그렇게 생각하지 않습니까?

그렇다면 끝에서부터 시작하면 됩니다. 큰 업적을 이루어 성공하면 책을 써내는 것이 아니라 당신의 삶과 깨달음이 담긴 책부터 써내면 크게 성공하게 됩니다. 책이 성공의 가장 큰 성과물이기 때문입니다. 엄두도 못 낸다고요. 나도 그랬지만 도전했습니다. 그리고 성공했습니다. 나는 성공의 자리로 위치를 바꾸었습니다. 나는 매일 더 크게 성공하고 있습니다. 당신도 도전하십시오.

모든 성공의 끝은 책입니다. 당신이 책 쓰기의 꿈부터 먼저 이루면 다른 꿈들은 저절로 하나씩 다 이루어집니다. 그동안의 삶과 깨달음을 보화로 여기십시오. 그것을 책으로 써내십시오.

나는 천재적인 책 쓰기의 일곱 가지 원리를 알고 있습니다.

당신이 천재작가인 최경숙에게 책 쓰기 코치를 받으면 당신도 삶과 깨달음을 담은 책을 써낼 수 있습니다. 당신만의 스토리와 깨달음을 담아 책을 한 권 써내면 당신은 모든 사람에게 크게 성공했다고 인정받습니다. 책 쓰기에 대한 꿈을 가지고 실천하십시오. 책 쓰기의 꿈은 용기와 믿음 있는 자를 통해 성취됩니다.

지금 당장 용기를 내어 실천하십시오. 만사를 제쳐 두고 당신의 이름과 얼굴이 박힌 책, 당신만의 스토리와 깨달음이 담긴 천재적인 책을 써 내십시오. 그 책이 천 년 동안 남을 것입니다.

나는 책 쓰기로 1인 사업을 한다

내 이름과 내 얼굴, 내 삶과 깨달음을 담은 책은 나만의 1인 플랫폼입니다. 사람들은 내 책을 통해 나를 만나고 기본적인 필요를 공급받습니다. 그리고 더 큰 도움을 얻기 위해 나를 찾아옵니다. 당신도 두꺼운 책을 써내므로 1인 플랫폼을 만드십시오.

성공한 사람들, 억만장자들은 모두 저술과 강연을 통해 자신의 존재와 삶과 깨달음을 세상에 알렸습니다. 책 쓰기의 꿈은 단순한 취미 생활이 아닙니다. 세상을 바꾸는 정신적인 지도자가 되는 길입니다. 왜 다른 할 일도 많은데 꼭 책을 써내야 하냐고요?

첫째, 책 쓰기는 자신을 크게 성장시키고 자신을 이름을 내건 1인 기업을 세우는 일이기 때문입니다. 당신도 책을 쓰십시오.

둘째, 책 쓰기는 평범한 생활에 대혁명을 안겨 주는 위대하고 긴급한 일이기 때문입니다. 이보다 더 귀한 일은 없습니다.

당신만의 깨달음과 스토리로 책 쓰기를 시작하십시오. 머뭇거리고 고민할 시간이 없습니다. 지금 당장 010.5022.9542 로 문자를 보내 "최경숙 회장님, 저도 책 쓰기로 인생 2막을 열고 싶습니다. 1인 사업을 시작하고 싶습니다"라고 코칭을 부탁하십시오. 그리고 등록비를 만들어 정식으로 '최경숙의 책쓰기학교'에 등록하십시오. 구하고 찾고 두드리십시오. 그러면 얻게 될 것입니다.

깨닫는 만큼 얻고 누리게 됩니다. 당신을 축복합니다.

저절로 잘되는 나

초판 1쇄 인쇄 | 2017년 3월 20일
초판 1쇄 발행 | 2016년 3월 25일

지은이 | 김열방 김사라 박경애 박미혜 박수정 오송미 정은하 최경숙

발행인 | 김사라
발행처 | 날개미디어
등록일 | 2005년 6월 9일, 제2005-44호
주소 | 서울특별시 송파구 백제고분로9길 6, A동 3층
전화 | 02)416-7869, 010-2961-8865
메일 | wgec21@daum.net

ISBN : 978-89-91752-65-8 03230

책값 20,000원